中药调剂技术

主编 毛午佳 孙沂 刘裕红

西南交通大学出版社
·成都·

图书在版编目（CIP）数据

中药调剂技术 / 毛午佳，孙沂，刘裕红主编. —成都：西南交通大学出版社，2023.3
ISBN 978-7-5643-9225-3

Ⅰ. ①中… Ⅱ. ①毛… ②孙… ③刘… Ⅲ. ①中药制剂学–高等职业教育–教材 Ⅳ. ①R283

中国国家版本馆 CIP 数据核字（2023）第 052660 号

Zhongyao Tiaoji Jishu
中药调剂技术

主　编／毛午佳　孙　沂　刘裕红	责任编辑／刘　昕
	助理编辑／姜远平
	封面设计／何东琳设计工作室

西南交通大学出版社出版发行
（四川省成都市金牛区二环路北一段 111 号西南交通大学创新大厦 21 楼　610031）
发行部电话：028-87600564　　028-87600533
网址：http://www.xnjdcbs.com
印刷：四川森林印务有限责任公司

成品尺寸　185 mm×260 mm
印张　14　　字数　347 千
版次　2023 年 3 月第 1 版　　印次　2023 年 3 月第 1 次

书号　ISBN 978-7-5643-9225-3
定价　45.00 元

图书如有印装质量问题　本社负责退换
版权所有　盗版必究　举报电话：028-87600562

《中药调剂技术》编委会

主　编　毛午佳（贵阳职业技术学院）

　　　　孙　沂（贵阳职业技术学院）

　　　　刘裕红（贵阳职业技术学院）

副主编　李安桂（贵阳职业技术学院）

　　　　周　立（贵阳职业技术学院）

　　　　李德鑫（贵阳职业技术学院）

　　　　陈湘霞（贵阳职业技术学院）

编　委　（排名不分先后）

　　　　刘　冬（陆军军医大学第二附属医院）

　　　　贾　俊（贵阳康养职业大学）

　　　　刘　甜（贵阳职业技术学院）

　　　　吴　敏（贵阳职业技术学院）

　　　　黄志端（贵阳职业技术学院）

　　　　谭红琴（贵阳职业技术学院）

　　　　张　雪（贵阳职业技术学院）

　　　　张　敏（贵阳职业技术学院）

　　　　董倩伶（贵阳职业技术学院）

　　　　罗维仙（贵阳职业技术学院）

　　　　曾　真（贵州中医药大学第二附属医院）

　　　　梁　祝（贵州中医药大学第一附属医院）

　　　　徐霆婷（贵州中医药大学第一附属医院）

　　　　周　赢（贵州省电力职工医院）

前 言

中药调剂技术是高职院校中药学、药学、药品生产技术等相关专业学生的专业必修课、核心课，同时也是每年全国执业药师资格考试、全国卫生职称考试的必考科目之一。为了适应我国高职院校医药教育事业的发展，结合当前职业院校中药调剂技术课程的实际教学需要，贵阳职业技术学院牵头并组织相关高校、医院专家共同编写了本书。

本书在编写时贯彻"以项目为导向、用任务来驱动"的教学设计理念，编排体系符合高职高专项目化教学的要求，适合全国高职高专中药学、药学、药品生产技术等相关专业学生使用，也可供医药行业从业人员继续教育和培训使用，还可用于中药传统技能竞赛中药调剂项目的培训。本书的编写体现了初、中级医药专门人才所需要具备的中药调剂技术的基本知识和基本技能，结合全国执业药师资格考试、全国卫生职称考试的相关考试要求，体现教考结合，并及时更新现行的药品管理法、中国药典等的相关内容。

本书由六个模块组成。模块一简单介绍了中药调剂的基本知识；模块二介绍了中药饮片调剂技术，由十个项目组成；模块三介绍了中成药调剂技术；模块四介绍了中药采购管理技术；模块五为中药贮藏与养护技术；模块六是技能实训的介绍。

本书的编写得到了陆军军医大学第二附属医院、贵州中医药大学第一附属医院、贵州中医药大学第二附属医院、贵州省电力职工医院、贵阳护理职业学院的大力支持，在此一并致以衷心的感谢。

中药调剂技术在我国处于不断的发展中，由于编写时间仓促，编者水平有限，书中难免存在不足，请广大师生和医药工作者批评指正。

编 者

2022 年 7 月

目 录

模块一 中药调剂基本知识 001

模块二 中药饮片调剂技术 006

 项目一 中药饮片调剂设施和工具 006
  任务一 中药饮片调剂设施 006
  任务二 中药饮片调剂前准备 012
  任务三 中药饮片调剂工具 015

 项目二 审核处方 022
  任务一 审核处方书写 022
  任务二 审核处方的内容 028

 项目三 计价与收费 046
  任务一 计 价 046
  任务二 收 费 048
  任务三 开具收据和发票 049

 项目四 调 配 052
  任务一 调配前的准备工作 052
  任务二 处方调配 053
  任务三 新型中药饮片调配 057

 项目五 复核与包装 064
  任务一 复 核 064
  任务二 包 装 065

 项目六 发 药 071
  任务一 发药常规 071
  任务二 发药交代 072

 项目七 煎 药 079
  任务一 煎药室的设施 079

　　　　任务二　煎药室工作制度、操作常规和质量要求..................081
　　　　任务三　煎药方法 084
　项目八　中药临方炮制..................092
　　　　任务一　中药临方炮制目的..................092
　　　　任务二　常用临方炮制方法..................094
　项目九　中药临方制剂..................100
　　　　任务一　中药临方制剂基本要求..................100
　　　　任务二　常用临方制剂及操作..................100
　项目十　全国中药传统技能大赛中药调剂项目简介..................112
　　　　任务一　全国中药传统技能大赛处方审核要求..................112
　　　　任务二　全国中药传统技能大赛中药饮片调剂要求..................115
　　　　任务三　全国中药传统技能大赛中药调剂操作要点..................119

模块三　中成药调剂技术..................122
　项目一　中成药的分类码放..................122
　项目二　中成药调剂的设施..................125
　项目三　中成药的调剂操作..................126

模块四　中药采购管理技术..................131
　项目一　中药采购的基本流程及原则..................132
　项目二　中药验收流程及注意事项..................134
　项目三　中药采购的主要渠道和方式..................135
　项目四　探讨中药采购新的改革模式..................136

模块五　中药贮藏与养护技术..................139
　项目一　中药库房日常管理..................139
　　　　任务一　中药仓库及设施..................139
　　　　任务二　入库验收..................141
　项目二　中药饮片保管与养护..................146
　　　　任务一　中药饮片贮藏常见变质现象..................146
　　　　任务二　中药饮片贮藏与养护..................151
　项目三　中成药的贮藏与养护..................158
　　　　任务一　中成药贮藏常见变质现象..................158
　　　　任务二　中成药的保管与养护..................159

模块六　技能实训 163

　　实训一　戥秤的使用 163

　　实训二　审　方 165

　　实训三　计　价 173

　　实训四　处方调配 176

　　实训五　发　药 180

　　实训六　煎　药 183

　　实训七　中成药分类码放 185

　　实训八　中成药调剂 188

　　实训九　中药储存与养护 191

　　实训十　中药调剂技能比赛 192

　　附录 1　处方管理办法 196

　　附录 2　处方标准 202

　　附录 3　处方评价表 203

　　附录 4　中药处方格式及书写规范 206

　　附录 5　医疗机构中药煎药室管理规范 207

练习题答案 211

参考文献 213

模块一　中药调剂基本知识

【学习目标】

（1）掌握中药调剂的概念。
（2）熟悉中药调剂的起源与发展。
（3）了解中药调剂人员的职责和中药调剂工作的依据。

一、中药调剂的概念

中药调剂是中药调剂人员以中医药理论为基础，根据医师处方，按照配方程序和原则，及时、准确地将中药饮片或中成药调配给患者使用的过程，它是一项负有法律责任的专业操作技术。

根据调配内容和操作技术的不同，中药调剂可分为中药饮片调剂和中成药调剂两部分。中药饮片调剂是根据医师处方要求，将加工合格的不同中药饮片调剂成可供患者内服或外用的过程。中成药调剂是根据医师处方要求，调配各种中成药，或根据患者的轻微病症来指导患者购买中成药非处方药的过程。

中药调剂工作是一项复杂而严谨的技术工作，它直接关系到中医临床治疗效果和用药安全。只有符合医师处方要求，正确无误地调配药物，才能使中医理法方药取得一致，更好地为广大患者服务。

二、中药调剂的起源与发展

中药调剂的起源和发展，经历了长期的实践过程，历代前贤逐渐积累了极为丰富的经验，从而使中药调剂形成为学术性、技术性较强的一门学科。据《战国策》记载，远在夏禹时代，我们的祖先已能人工酿酒。甲骨文中有"鬯其酒"的记载。后汉班固《白虎通义·考黜篇》注释："鬯者，以百草之香，郁金合而酿之为鬯。"郁金是一种药用植物，以此根合而酿酒，酒色黄如金。可见，"鬯其酒"就是一种经过调剂配制而成的色美味香的药酒，这是较早的中药调剂实践。

中药调剂最早的文献记载是《汤液经法》。《汤液经法》相传为商代伊尹所著，是劳动人民长期采药用药及烹调实践经验的总结。《史记·殷本纪》记载："伊尹……以滋味说汤。"汤液即汤剂，汤液的发明和使用，标志着中药调剂的诞生，推动了中医药的发展。

周代的宫廷医生已有明确的分工。据《周礼·天官》记载，当时的"医师"为众医之长，"掌医之政令，聚毒药以供医事。"医师之下设有"府"职，掌司药物。这是中国医药史上有关专职药物调剂的最早记载。

我国现存最早的医方书《五十二病方》载方约300首，已有丸、散、汤等剂型。如所载的4个治疗外伤、疥癣的水银膏方，主要用猪脂作基质，个别还配有丹砂、雄黄等制成软膏，标志着中药调剂实践已具雏形。

成书于春秋战国时期的《黄帝内经》，总结了有关处方、配伍的理论。《素问·至真要大论》记载："主病之谓君，佐君之谓臣，应臣之谓使，非上下三品之谓也。"该书记载了简单的方剂13首，在《灵枢·邪客》中有"半夏汤"的记载，"其汤方，以流水千里以外者八升……沸置秫米一升，治半夏五合……去其滓，饮汁一小杯，日三，稍益，以知为度……久者，三饮而已也。"即是一个调剂实例。《黄帝内经》的出现为中药调剂理论的形成初步奠定了理论基础。

秦国统一六国，建立起中央集权的封建帝国，据杜佑《通典》记载："秦有太医令丞主医药。"东汉建武元年（公元25年），朝廷曾设置药丞、主药、主方等职分管皇帝的药品和配方，自此医事管理与药事管理开始有较明确的分工。

汉平帝时，"元始五年，举天下通知方术本草者所在，诏传遣诣京师"，就是指政府出面组织医药人员从事本草的编纂工作。故于后汉时出现了我国第一部总结药物作用基本规律的药物学专著《神农本草经》。《神农本草经》是我国现存最早的药物学专著。该书收药365种，具体介绍了药物的采收、配伍及加工炮制方法，药物质量的优劣与真伪鉴别，以及用法与服法等调剂知识。

东汉名医张仲景所著《伤寒杂病论》中，记载了丰富的调剂内容。如中药制剂除汤剂外，还有文蛤散吹鼻、蜜煎导方做肛门栓剂、猪胆汁方灌肠、捣韭汁滴耳、头风摩散作散剂、蛇床子散为坐药等，都对后世有极大影响。尤其对汤药的调剂要求，包括煎药的火候，溶媒（酒、蜜、浆水、泉水、井华水等），煎法（水煮、去渣再煎、分煎、渍干、取汁、先煎、后下、烊化、冲服等），服法（温服、顿服、分次或连续服、逐渐加量及发病前服等），以及服量、禁忌等，论述详尽。且强调药物调剂必须遵循一定法度，不可违背药性。

从秦到汉，有关药物调剂的分工更见精细。如西汉时设典领方药、本草待诏，东汉时设有药丞、中宫药长、尝药太医等职，均从事中药调剂工作。嗣后，晋沿汉魏旧制。北周至唐皆设有"主药"，专司调剂管理。

晋代葛洪编著的《肘后备急方》，收载成药数十种，在配方、制作方法上又有新的发展，如羊肝丸，采用动物脏器羊肝配伍黄连治目疾。所收载之剂型有铅硬膏、蜡丸、锭剂、条剂、灸剂、熨剂等，并著有《抱朴子内篇》专论炼丹。

南朝刘宋时，雷敩撰成《雷公炮炙论》三卷。该书讨论了药物的炮炙和熬煮、修治等调剂理论和方法，对后世影响甚大。

梁代陶弘景著《本草经集注》，设"合药分剂"专篇论述药物调剂方面内容，所收载成药剂型有酒剂、丸剂、散剂、膏剂等，该书就古今药用度量衡制进行了有益的考证。

唐代的"太医署"设有府、士药、药童、药园师、药园生等，以司药职。由唐政府颁行《新修本草》载药844种，被公认是世界上最早由国家颁行的药典。该书在补充古书未载药品，修订内容有错的记载，介绍和规范药物的性味、产地、功效、禁忌等方面，做了大量工作。

孙思邈的《备急千金要方》中，记载了大量有关处方用药、服药、藏药等的调剂知识，并具体介绍了称、斗、升、合、铁臼、算筛、刀、磁钵等中药调剂工具，很有现实意义。

宋代已将药物调剂知识作为翰林医官考核录用的重要内容。据《宋会要·职官》载，至和二年诏提举医官院：自令试医官并问所出病源，令引医经、本草、药之州土、主疗及性味、畏恶、修制次第、君臣佐使、轻重奇偶条对之，每试十道，以六通为合格。

宋熙宁九年（公元1076年），京城开封设立了"太医局卖药所"（又名"熟药所"，后改称"惠民局"），专门从事贮备药材，调制成药，出售丸、散、膏、丹和中药饮片，为我国乃至世界上官办商业性药房之始。公元1103年又增设了"修和药所"（后改称"和剂局"），分设在淮东、淮西、襄阳、四川等地，为官营制药工厂，专制"熟药"（即中药制剂），以供药局销售。这些官办药事机构遍及各州、府和军队。据《梦梁录》载，南宋时京城及各地官办"惠民药局"已达70余所，私家药铺则难以计数。宋徽宗崇宁年间（公元1102—1106），太医局拟定制剂规范，称《和剂局方》，公元1107—1110年，医官陈师文、裴宗元等曾加以校正，该书是和剂局的制剂规范。后几经补修，改名《太平惠民和剂局方》，颁行全国。

金元时期仍沿用"惠民药局"。据《元典章》载，元政府重视药品管理，一再明令禁售毒剧药品。公元1268年严禁售乌头、附子、巴豆、砒霜和堕胎药。公元1272年禁止假医游街售药并规定卖毒药致人于死者，其买者、卖者均处死。公元1311年又规定禁售大戟、芫花、藜芦、甘遂等计12种药材。至今，这些毒剧药材仍然是中药调剂中必须重视的。

明、清时期是我国资本主义萌芽和发展的阶段。当时私人资本开办的药店已很兴盛，是一个医药事业蓬勃发展的重要历史阶段。郑和七下西洋，与30多个国家建立了贸易关系，促进了我国医药的交流。这一时期在国内已形成一定规模的以河北安国、江西樟树、河南禹县、安徽亳县等地为代表的医药市场集散地，出现了北京著名的"同仁堂""万锦堂"等药店。如河北安国市场当时被誉为天下第一药市，据清雍正时期进士刁显祖所作《祁阳赋》记载："年年两会，冬初春季，百货辐辏，商贾云集，药材极山海之商，布帛尽东南之美……"可知药市已相当繁荣。当时成药业在安国药材商业中占非常重要的组成部分，生产出售的成药约计500多种，剂型有丸、散、膏、丹、水、露、酊、酒等。由于在药物配制和操作技术、保管、禁忌等方面积累了不少经验，产品质量较好，凡标有"祁"字商标的成药深受药商和患者欢迎，产品畅销全国各地，有的品种还远销到香港及东南亚各国。当时来自全国各地的药商云集安国，经营药品的店堂商号鳞次栉比，据清末历史资料记载不下500余家。

明至清代影响深远的制药学专著《炮炙大法》，叙述了400余种药物的产地、采集、药质鉴别及炮制方法，并附用药凡例，介绍制药、煎药、服药禁忌、妊娠禁忌等内容，是学习研究中药调剂的重要资料。

清代的药事管理基本上承袭前朝旧制，另设有管理大臣，对生药库按月、季清点校对，以杜绝差错，并规定药铺卖出药材因辨认不清而致人于死者，均以过失杀人论处。这些刑律基本上仿效明制，有效地保证了中药调剂工作的正常开展。

清代有代表性的药学专著有赵学敏的《本草纲目拾遗》、吴其濬的《植物名实图考》、吴仪洛的《本草从新》等。这些著作都不同程度地完善了中药调剂的内容。

> **知识链接**
>
> ### 明清四大药店
>
> 明清最为著名的民营药店有广州陈李济、汉口叶开泰、北京同仁堂和杭州胡庆余堂。广州陈李济创建于公元1600年（明万历二十八年），清代同治皇帝因服其"追风苏合丸"，药到病除，称其神效。由此，以"杏和堂"为商号的广州陈李济，名噪大江南北。汉口叶开泰始创于公元1637年（明崇祯十年），叶开泰的先祖叶文机从江苏来汉口，在大码头鲍家巷租赁一店屋，悬壶应诊，是为"叶开泰"之始。它的自制名药参桂鹿茸丸、虎骨追风酒，名闻遐迩，远销海外。北京同仁堂创建于公元1669年（清康熙八年），自公元1723年开始供奉御药，其产品以"配方独特、选料上乘、工艺精湛、疗效显著"而享誉海内外。杭州胡庆余堂是公元1874年（清同治十三年），由晚清"红顶商人"胡雪岩为"济世于民"而开始筹建，并于光绪四年在大井巷店屋落成并正式营业，胡庆余堂药店以宋代皇家的药典为本，选用历朝历代的验方等，以研制成药著称于世。

到了近代，由于大量西药输入，充斥我国市场，而国内药商多追求药品的形色和营利，忽视药物质量，甚至有人为牟取暴利，常以伪充真，以劣充优，危害人民健康和生命。为了纠正这些不良倾向，近代不少医药专家长期致力于药物鉴别和炮制的研究，为中药调剂的发展做出了较大贡献。其中，如曹炳章《增订伪药条辨》（1927年）、陈仁山《药物出产辨》（1931年）、沈家征《中药药物形态学》（1931年）、杨叔澄《制药学大纲》（1938年）等，都是这一时期药物鉴别和炮制法的专著，对于提高药剂人员鉴别药物的能力、丰富药物知识、确保调剂质量有着重要作用。

中华人民共和国成立以来，医药事业快速发展，对中药调剂提出了更高的要求。工业化、电子化的社会迫切地要求中药调剂实现规范化。借鉴历代中药调剂的管理办法，国家和各省市相继颁布了一系列药品管理的法律法规等。如每5年都重新修订一次的《中华人民共和国药典》，又如《中华人民共和国药品管理法》《药品经营质量管理规范》《中药炮制规范》《药品标准》《处方管理办法》等。根据这些药政管理法律法规，各地分别制定了有关中药调剂的管理制度，如处方管理制度、调剂工作制度、汤剂制备制作规程、特殊中药的调剂和管理等。

在中药调剂人才培养方面，国内各中医药院校都设有中药调剂课程，学习中药调剂相关的理论知识和法律规范等，并在实习期间锻炼其调剂技能。同时，调剂行业的专家编写了适合当前应用的一系列的中药调剂书籍，如《中药调剂与养护学》《实用中药临床调剂技术》《中药调剂员》等。

由于电子化、信息化的社会大发展，中药调剂结合现代科学技术得到了阶段性的提高。例如条形码技术、智能调配技术以及全自动药品单剂量分包机等，不仅提高了配方的准确率，确保了用药安全，同时提高了药师的工作效率，使药师的工作重点从简单繁重的机械性工作转到患者用药指导等药学服务方面。为了监督中药调剂是否规范合理地进行，方便患者治病服药，医疗机构设立了临床中药学服务机构，指导监督中药的保管、配制、使用的合理性，并向患者提供用药咨询等。

三、中药调剂人员的职责

按照国家职业资格要求，中药调剂人员必须具备中医药专业知识，熟悉中药调剂理论和操作技能，身体健康，并取得中药调剂员证。中药调剂工作关系到患者用药的安全有效，影响到人的健康和生命，因此，中药调剂人员不仅要刻苦钻研业务，掌握中药调剂的专业知识和技能，还必须时刻牢记自己的职责。

（1）中药调剂人员要忠诚于人民健康事业，热爱本职工作，救死扶伤，实行人道主义，全心全意为人民服务。要熟练掌握中医药学基本理论知识和调剂业务技能，并且不断学习、了解、掌握中医药有关学科的新理论、新成果、新技术。能正确遵照有关法规制度进行操作，对用药者应负责解答有关用药咨询，主动提示相关注意事项。

（2）必须贯彻质量第一的原则，调配处方要做到准确无误、药味齐全、剂量准确、清洁卫生。严格按照《中药饮片调剂规程》所列处方的药味应付进行调剂，严禁以伪充真，以次充好，生制不分，乱代乱用，必须确保中药的调剂质量。

（3）按照医师处方要求，依据《中药饮片调剂规程》《中药炮制规范》《药品管理法》等有关规定，进行中药饮片和中成药的调剂。对于违反规定的处方，调剂人员有权拒绝调剂。

（4）调剂的处方中含有毒性和麻醉性中药时，必须遵照《毒性、麻醉性药品管理办法》和有关法规进行特殊管理。

（5）根据医师处方要求，负责临时炮制加工。

（6）解答中成药、中药饮片的用法、用量、使用注意、功效、煎煮方法等用药咨询。

四、中药调剂工作的依据

中药调剂学习和工作必须参考的有关法律、法规有《中华人民共和国药品管理法》《中华人民共和国药典》《药品经营质量管理规范》《中华人民共和国卫生部药品标准》《处方管理办法》《处方药与非处方药分类管理办法》《医疗用毒性药品管理办法》《中药饮片调剂规程》《中药饮片炮制规范》等。

模块二　中药饮片调剂技术

饮片调剂按工作流程分为调配前准备、审方、计价、调配、复核和发药等六个环节。调配前需进行查斗、领药、装斗等操作，审方、计价是调配的前提，调配是中药饮片调剂的主要内容，复核是确保用药安全的关键，发药是药物到患者手中的最后一环，这是一个不可分割的连续过程。

项目一　中药饮片调剂设施和工具

【学习目标】

（1）掌握斗谱编排原则、禁忌及戥秤的结构和使用。
（2）熟悉中药饮片调剂的设施及中药饮片调剂前准备工作内容和要求。
（3）了解戥秤等中药调剂工具的使用。

中药饮片调剂工作目前仍按传统调剂模式进行。工作场所主要是中药店和医院的中药房。所需要的主要设施有盛放中药饮片的饮片斗架、贵细中药柜、毒性中药柜及中药调剂台等。所用的工具主要有计量工具、碎药工具、清洁工具、包装工具等。

任务一　中药饮片调剂设施

一、饮片斗架

（一）饮片斗架的设置

饮片斗架也叫格斗橱、百眼橱、百药斗，由众多的药斗抽屉组合而成，用于盛装中药饮片，供调剂处方使用。饮片斗架是中药饮片调剂室的主要设施，通常要求封闭较严密，能防虫蛀、鼠咬，并防串味、掉屑等，适合中药饮片的贮藏。

饮片斗架通常为木制，也有不锈钢、铝合金等金属制造品。其规格可根据调剂室的面积大小和业务量的多少来确定。一般斗架高约2 m，宽约1.5 m，厚约0.6 m。可按"横七竖八"或"横八竖八"排列，每架放置60~70个药斗，一般中药房可配备此类药斗柜3~5架，并根据工作需要配备几组饮片斗架（图2-1-1）。

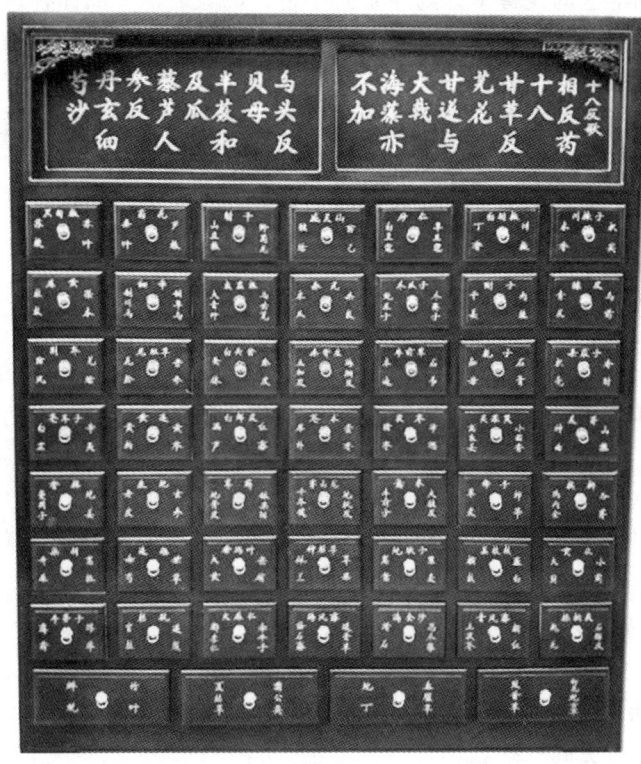

图 2-1-1 饮片斗架

药斗分大小两种,通常小药斗位于斗架的上部,每个药斗又可分为 2~3 格;大药斗设在斗柜最下层,通常设置 3 个。下层大药斗不分格或分为 2 格用来盛装某些体积大而质地轻泡的中药,也可盛装用量大的中药。药斗正面中心是拉手,周围写着斗内的中药名称(图 2-1-2)。

图 2-1-2 药斗

在中药饮片调配区的设备中，药斗是必不可少的盛装饮片的储存设备。由于中药品种繁多（一般都有五六百种至一千多种），而且其质地坚松不一、用量有多有少、药性有相须相反之别，有些饮片外形类似，有些饮片名称易混，有些饮片含有剧毒，有些饮片价格昂贵。为了将这些品质各异、种类繁多的中药饮片合理有序地存放，中药行业通过多年的实践经验总结出一套存放中药饮片的科学规律，即"斗谱"。

中药斗谱是指一组药柜中各斗及斗内前后格饮片存放顺序的规律。过去各家药店斗谱的编排虽不完全统一，但基本一致。不论是医院药房还是经营药品企业，应该继续和发扬这一传统经验，不应忽视中药斗谱的编排规律，不辨药性，零乱杂陈，任意改变存放顺序，这不仅给调剂人员在操作上带来诸多不便，也易出现不应有的差错事故。

（1）中药饮片斗架一般由木质材料或与木材性能相似的高密板材制成。根据药店（药房）经营规模及区域性用药品种的多少而确定斗架及药斗的数量。常规中药饮片斗架应符合以下要求：

① 药柜、药斗的材料应使用无毒、无污染木材及油漆。

② 药柜应封闭、防尘、防虫、防鼠。每组药柜上下左右全封闭，除药斗可抽开自如，其他部位不得有缝隙；每个药斗为独立的，四周封闭具防鼠功能。

③ 每个药斗内凡装有两种以上（含两种）的饮片者，应有套盒，以方便清洁、养护、盘存。

④ 药柜最下层的药斗，一般应距地面 15 cm 以上，亦可因地制宜，潮湿多雨的南方、距城市较边远的地区可更高一些。

⑤ 毒性中药不能装斗（炮制品除外），而应设专柜，要求：结构牢固，双锁管理，分别由专管人员和具有中药师以上技术职称的人员共同负责管理，包括验收、销售的全过程。

⑥ 贵细中药材除柜台必备的样品外，应设专柜加锁管理，实行双人签收与核发手续，避免发生差错，造成经济损失。如进口西洋参、燕窝、西红花、麝香、冬虫夏草、鹿茸、熊胆等。

（2）斗架均为多格抽屉式组合柜，一般按"横七竖八"或"横八竖八"排列。每个大斗分为 3 格（个别用量大的饮片也可分为 2 格），每格存放一种饮片。在整架药斗最下层专设一些特大斗，用于存放质地轻泡的饮片，亦有的特大斗安顿在调剂台内侧，更便于取用。

（3）注意"冷、热搭配"的合理性。斗架的摆放一般是根据营业厅的面积和经营中、西、成药的品种规模而确定的，无一定式来约束，有正面朝外呈"一"字摆放的，有"凹"字形或"丁"字型不等，总之在分类装斗原则前提下，必须充分考虑调剂取药的方便。斗架过高则操作不便，往往一剂中药的调剂花费时间过长，这样会给调剂人员和顾客双方带来烦恼，因此，斗架的设计不宜过高。常用中药饮片装斗宜在当胸上至额头下，下至腰部以上，不常用及体轻用量少的品种置于上部；量大质轻泡的宜装在底部大斗中，质重的矿物药宜置于下部大斗格中分存；外用药应置于远端大斗格分存；蜜炙类饮片，若装于斗内，应有容器另装加盖，或另柜用容器陈列。

（4）每个中药斗抽屉表面通常写有 3 味药的药名，各个斗位中要放置中药饮片名称卡片（即：包装袋上的商品卡片，可以将其剪下，放到药斗中，随批更换），卡片要标有名称、批号、产地、等级、产地等信息。

> **知识链接**　　　　　　　　药斗药名书写格式
>
> 　　药斗外部饮片的名称多用油漆书写,字体多用楷体,且大小适中,分布匀称,字符间距小于药名间距,字体颜色应与药斗颜色应有较大反差,如黑斗白字或红斗白字。
>
> 　　1. 分3个药斗书写格式
>
> 　　(1)"上一、右中、左内三",即最外一格的药名写在上边,从左向右横写;中间一格的药名写在右边,从上向下竖写;最里一格的药名写在左边,由上向下竖写。
>
> 　　(2)顺时针排列,即最外一格的药名写在左边,从上向下竖写;中间一格的药名写在上边,从左向右横写;最里一格的药名写在右边,从上向下竖写。
>
> 　　2. 分2格药斗书写格式
>
> 　　外格药名在右、里格药名在左;如左右分格则药名写在相应的格处,竖写横写均可。
>
> 　　3. 分4格药斗书写格式
>
> 　　药斗左右各写2个,若竖写应外右里左,若横写应外上里下。
>
> 　　4. 不分格的药斗书写格式
>
> 　　药名横写,拉手左右各一。

(二)斗谱编排原则

斗谱是指斗架上药斗内所盛装药物的顺序规律。斗谱的编排主要是为便于记忆,方便调剂,减轻劳动强度,提高配方速度,避免发生差错事故,同时也有利于药品的管理。尽管中药品种繁多,各医院、药房有自己的治疗侧重和用药特点,斗谱不可能千篇一律,但中药行业多年来通过实践经验总结逐渐形成的一套相对合理的斗谱编排规律,仍有一定的指导意义。

1.斗谱编排常规

(1)按中药材名称首字笔画排序分类。如《中华人民共和国药典》2020版一部、《中药大辞典》均采用此种分类法,其优点是将所收载的全部中药材名称(含中成药)纳入笔画索引表,查阅方便。

(2)按自然分类法分类。此分类法是根据原生药的原植物在自然界中的位置,运用分类学的门、纲、目、科、属、种的分类方法。本法有助于了解药用植物或动物在自然界的位置、形态特征和彼此间的关系,也有助于在同科属研究中寻找具有类似化学成分的新药源。而对于矿物药则不便纳入归类。

(3)按药用部位分类。即根据植物药入药部位的不同将药材分为根及根茎类、茎木类、皮类、叶类、花类、种子与果实类、全草类等,这种方法一般运用在《中药鉴定学》《炮制学》《药材学》等方面,其优点是便于掌握植物药材的形态特征,有利于同类药物性状的比较。

(4)按药物化学成分分类。即根据药物中含有的有效成分或主要成分分类。如碳水化合物、有机酸、酚类、挥发油、树脂、苷类、生物碱等。

（5）按中药的功效分类。此分类法是在中医学基础理论指导下，按照药物功效的共性进行分类的方法，将药材分为解表药、清热药、泻下药、祛风湿药、芳香化湿药、利水渗湿药、温里药、理气药、消食药、驱虫药、止血药、活血祛瘀药、化痰止咳平喘药、安神药、平肝息风药、开窍药、补虚药、收涩药、涌吐药、外用药及其他等约二十大类。以上几种分类方法的选择源于不同的目的。

2. 斗谱编排禁忌

（1）形状类似的饮片不宜放在一起，以防混淆。如山药片与天花粉片；炙甘草片与炙黄芪片；天南星片与白附子片；土茯苓片与粉草藤；血余炭与干漆炭；韭菜子与葱子等。

（2）有配伍禁忌的饮片不允许同放一斗或上下、邻近药斗。如甘草与京大戟、甘遂、芫花、海藻；乌头类（附子、川乌、草乌）与半夏的各种炮制品（清半夏、法半夏、姜半夏、半夏曲等）、瓜蒌类（瓜蒌、瓜蒌皮、瓜蒌子、瓜蒌仁霜）与天花粉、白及、白蔹；藜芦与丹参、南沙参、北沙参、玄参、苦参、白芍、赤芍、细辛；芒硝、玄明粉与三棱；人参（生晒参、红参、白糖参等）与五灵脂；丁香、母丁香与郁金；肉桂、官桂、桂枝与赤石脂、白石脂等。

（3）有恶劣气味的中药不与其他药物放在同一个药斗。如鸡矢藤、阿魏等。

（4）毒性中药和麻醉中药、细料药不能放在一般药斗内，必须设毒剧药专柜，细料专柜存放。

此外，为防止灰尘污染，有些中药不宜放在一般的药斗内。如熟地黄、龙眼肉、青黛、玄明粉、乳香面、没药面、儿茶面、生蒲黄、血竭面等，宜存放在加盖的瓷罐中或玻璃瓶内，以保持清洁卫生。图 2-1-3 为中药斗谱编排参考图。

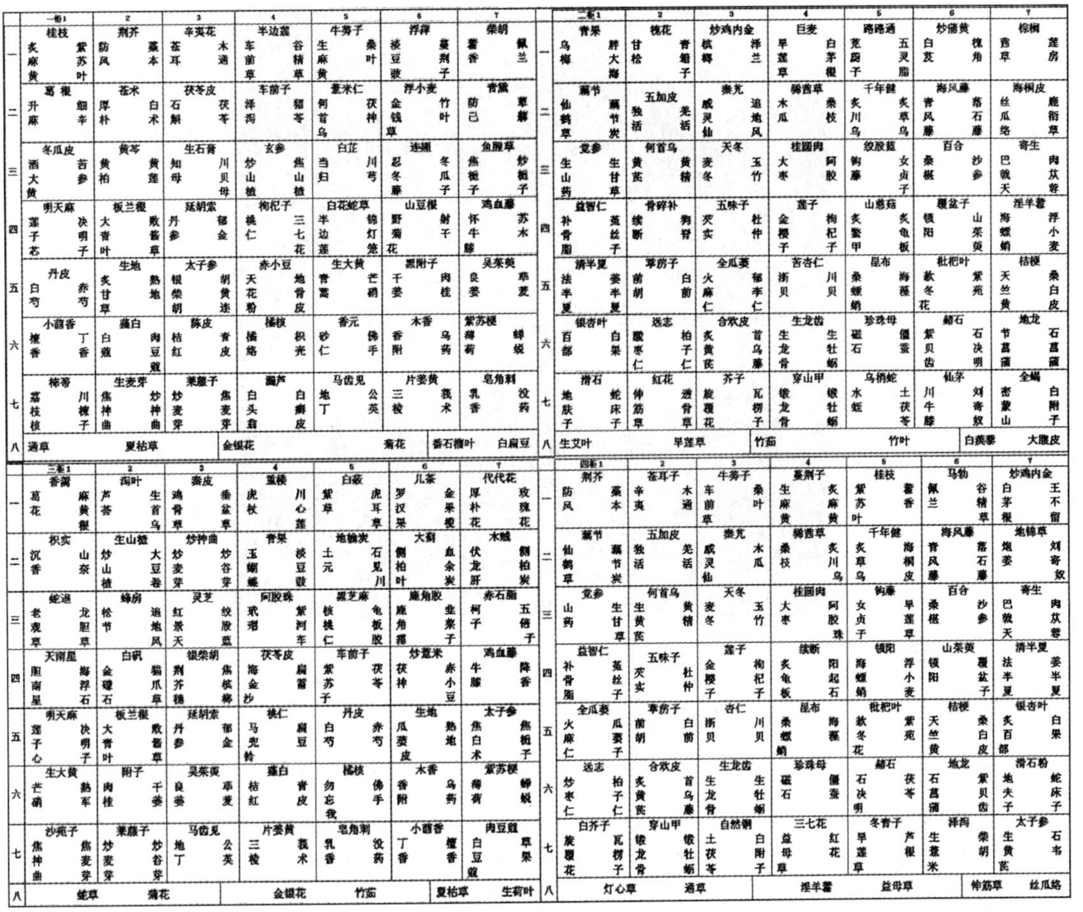

图 2-1-3　中药斗谱编排参考

二、其他调剂设施

（一）调剂柜台

调剂柜台又称"栏柜"，是调剂处方的工作台。其规格可以根据调剂室大小而定，一般高约 100 cm，宽为 60~80 cm。材料多选用木质框架，木质、铝合金或大理石台面，要求调剂台平稳，台面光滑，便于调配。调剂台内侧设有抽屉，用于存放部分常用饮片或调剂用具（图 2-1-4）。调剂柜台和饮片斗架通常配套使用。

图 2-1-4 调剂柜台

(二)贵细中药柜与毒性中药柜

贵细中药柜用于存放贵细中药,如冬虫夏草、牛黄、麝香、羚羊角、蛤蟆油等。本类药品因价格昂贵或稀少,存放时应分品种、规格、数量登记于专用账册,实行"三专",即专人、专账、专柜加锁管理,凭处方消耗,定期盘点。

毒性中药柜,用于存放毒性中药,如砒霜、生马钱子、生川乌、生天仙子、斑蝥等。必须按《医疗用毒性药品管理办法》的规定存放和调配,绝不能放在一般药斗内。必须设毒剧药专柜,做到专柜、专锁、专人、专账管理,严格防止意外恶性事故的发生。

冷藏柜主要用于存放贵重或容易变质的中药饮片。

任务二 中药饮片调剂前准备

中药饮片斗架的药斗内,常用饮片的储存量一般以一天用量为宜,不常用的饮片品种装一次可用多日。因此,调剂室每天应派专人检查药斗,将缺货品种和数量记录下来,从库房出库相应品种,补充消耗,提供调配使用。有些业务繁忙的单位,每天饮片使用量大,需多次检查补充。查斗、装斗是确保调剂质量的一个重要环节,直接关系到患者的用药质量和治疗效果。

一、查 斗

查斗是指检查药斗中饮片的基本情况,了解销售量和贮存状态,记录需补充的品种和数量,以及时填补缺药的操作。

（一）查斗的工作内容

（1）检查缺货的品种、需补货的量，记录需补充的品种和数量。
（2）检查药斗名签与药斗内所装药物是否相符。
（3）检查药斗内饮片的质量（清洁度、有无破碎、有无生虫变质等）。

（二）查斗的注意事项

（1）查斗的过程也担负着部分药品养护的责任，工作时必须精力集中，切忌草率。发现饮片质量问题，即时抽出，即时处理。
（2）查斗时不要猛拉重推，防止饮片溢出串斗。
（3）查斗时记录清晰、准确，防止出错药，重复劳动。
（4）查斗工作一般由两个人配合完成。一个人负责拉药斗抽屉，检查缺货的品种和数量；另一人负责记录。每天一般检查1~2次，业务量大的单位检查要勤一些。每次查斗，以常用药为主，不常用的药可定期检查，也可随需随上。

二、领　药

领药是指药品调剂人员根据查斗的结果，填写药品请领单从库房领取药品的过程。中药调剂所用的一切药品均应定时向药库领取，中药调剂室可安排专人（或装斗人员兼职）负责此项工作。此责任人负责定时（每天或每周）对药品斗架内的中药饮片进行清理检查，并根据饮片的消耗情况、季节变化等进行登记，登记所需补充和增领药品的品种和数量，填写药品领用单，并将该单在领取药品的前一天递交药库有关人员备药。库房将可发药品备好后，调剂室领药人员向库房按规定程序领用，领药人员对领取的药品要按领药单所列品种、数量，逐一进行核对清点，再分类上架陈列或堆码备用。数量不对或药品质量不合格的药品，应及时退回药库处理。

中药饮片领用过程中还应注意以下事项。
（1）要科学核定各种药品贮存周转限量，既要保证斗架内饮片的充足供应，又要合理周转不至积压。
（2）领进品种的信息（如价格、新品种、效期等）要及时通知装斗、计价、调剂等相关人员，以便于工作。
（3）严格质量管理，对伪品、虫蛀、变质或未按规定进行加工炮制的药品，坚决杜绝领进。
（4）特殊药品（毒、麻药品等）应单独编号列单领取，以符合特殊药品管理有关规定和要求。
（5）严格执行领药复核制度，核对人要格外认真复核。药品领取复核完毕，药库发药人员、领药人员、复核人员均应在药品领药单所规定项下签名，以示负责。

三、装　斗

装斗是根据查斗记录中需补充饮片的品种和数量，将需要添加的药物装入药斗的过程。

（一）装斗的程序

1. 领取需补充药物

按查斗记录，从库房中出库所需饮片。

2. 清理药斗

找到需补充饮片的货位，取下药斗，检查药斗内饮片有无破碎、串药、生虫、霉变、走油、结块等现象。在新药装斗前须清理药斗底部的余药，可使用"翻斗"的方法清理出余药。余药经筛、簸除去杂质后，放于纸上，将药斗清理干净。需垫纸盛装药物的斗格，铺好垫纸，用于盛装滑石粉、车前子等细粉或细小种子药品。

（二）中药饮片装斗的注意事项

1. 中药饮片装斗前的质量检查

（1）检查包装是否符合要求：包装无污染，有生产企业的名称、详细厂址、邮政编码、电话或传真、网址，有质量合格标志、检验员签章，标明品名、炮制规格、产地、生产批号、生产日期、批准文号，标示中药饮片的净重。

（2）检查饮片质量是否符合要求：饮片名称与饮片实物相符，中药饮片无质量变异和杂质、无异物。

2. 坚持"三查三对"的原则

即查看药斗上书写的药名与饮片包装合格证名称是否一致，查看在药斗内残存的饮片与饮片包装内品种是否一致，查药斗内饮片与饮片包装内炮制的片型规格是否一致。绝不允许有错斗情况发生。

3. 坚持"先进先出"的原则

装斗前应先倒出药斗内残存的饮片，清扫斗内的灰尘与死角，并将饮片过筛；将新进的饮片装斗后，再将原剩下的饮片装在上面，避免斗底的饮片积累日久变质，保证质量。

4. 饮片装斗应留有余地

一般饮片（片、段、块、丝）装至药斗容积的 4/5，细小种子类药材，如菟丝子、紫苏子、白芥子等多装至药斗容积的 3/5；以避免调配过程中推拉药斗时用力过猛而使饮片外溢，导致串斗、混药事故而产生不良后果。

5. 装饮片时不可按压

装饮片时不可按压，防止饮片压碎而影响饮片外观。

> **知识链接**
>
> ### 装斗操作规范
>
> （1）翻斗。翻斗是清理药斗的一种方法。药斗是盛装中药饮片的容器，每个斗隔为二格或三格，可装二种或三种饮片。操作前先用手翻动药物，使其疏松，特别是药斗四角的药，以防药物长时间积累结块。翻斗的方法以三格药斗为例，将需清理的药斗格放前方，一手持前面药斗隔板，一手持后面药斗隔板，前手向上送扬，后手配合向前上方送，当前斗内饮片被翻扬出来后，再下压药斗并回撤，反复操作几次可将药斗翻清。分别将两端斗格中的饮片翻扬出来后，中间格的饮片即可被倒出。
>
> （2）簸药。簸药是将饮片中的粉尘和杂质分离出去的方法。操作时将中药放在簸箕内，用手控制簸箕上下簸动，把药物的碎屑簸出去。
>
> （3）筛药。筛药也是将饮片中的粉尘和杂质分离出去的方法。筛药时将中药放在药筛中，两手握住筛子边框，一手带，一手送，用力做圆形甩动，筛掉碎屑，将药物均匀筛开后再聚拢到筛子中间。
>
> （4）检查待装饮片。取某一种需补充的中药饮片，按 GSP（《药品经营质量管理规范》）的要求先进行质量复核，检查外包装是否符合要求，再打开包装检查饮片质量是否合格。
>
> （5）装入新药。将合格的新药倒入药斗，再将处理过的余药装在新货上面。
>
> （6）装斗复核。新货装完后应进行复核，检查药斗上药名与所补充品种是否相符，避免差错或遗漏。
>
> （7）装斗记录。记录装斗饮片的批号、装斗数量、装斗人、装斗时间、复核人等信息。
>
> （8）清场。清理装斗使用的器具，收集饮片包装，清洁装斗使用的场地。

任务三　中药饮片调剂工具

中药饮片调剂的主要工具分为计量工具、碎药工具、清洁工具和包装工具四类。

一、计量工具

计量工具是称量药物的衡器，在中药调剂工作中最常用的是戥秤，有部分单位用电子秤。

（一）戥　秤

戥秤也叫药戥子、戥子，是用于称取中药饮片的最常用称量工具。一般称取使用 2.50 g 量程的戥秤。

 **戥秤历史沿革**

公元前 221 年，秦始皇统一度量衡。随着经济的发展和社会的进步，人们对衡器的要求越来越高。东汉初年，木杆秤应运而生，成为后人创造戥秤的基础。到了唐朝和宋朝，衡器发展日臻成熟，计量单位由"两、铢、累、黍"非十进位制，改为"两、钱、分、厘、毫"十进位制。宋朝主管皇家贡品库藏的官员刘承硅，鉴于当时一般的木杆秤计量精度只能精确到"钱"，远远不能满足贵重物品的称量，经过潜心研制，在公元 1004—1007 年，首先创造发明了我国第一枚戥秤。这种戥秤设计精美，结构合理，分度值（测量精度）为一厘，相当于今天的 31.25 毫克。

1. 戥秤的构造

戥秤是一种单杠杆不等臂秤，由戥纽、戥砣、戥盘、戥杆等部分组成。戥纽是支点，戥砣是力点，戥盘是重点。如图 2-1-5 所示。

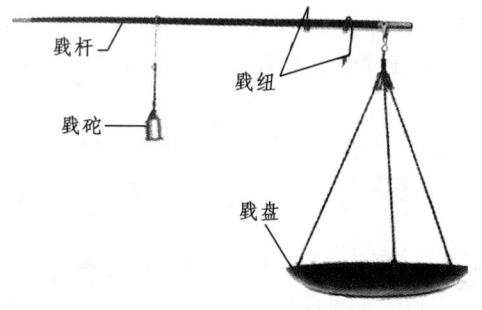

图 2-1-5　戥秤

戥砣、戥盘通常用金属制成，戥盘用来盛放饮片，每个戥秤的戥盘与戥砣是配套的，不可随意换用。戥砣的质量是固定的，使用过程中应避免碰损，以免称量不准。

戥杆用木质、骨质或金属制成。戥杆应光滑平直，戥杆的上表面或内侧面用铜或铅嵌成两排小点以示质量，称为"戥星"。戥杆的一端通过"刀口"与戥盘绳相连，并固定着两个可供手提的短线绳，称为"戥纽"，又称"毫"。左侧的戥纽称"里纽"（也称"头毫""前毫"），用以称较轻的药物；右侧的戥纽称"外纽"（也称"后毫""二毫"），用以称量较重的药物。

2. 戥星的识别

常用戥秤称量范围为 1~250 g，又称为克戥。称量时提取里纽，戥杆内侧面的戥星从右向左，第一颗星为定盘星，每移动一粒星增加 1 g，依次类推，到杆梢为 50 g；提取外纽，戥杆上表面的戥星从右向左，第一颗星为 50 g，每移动一粒星增加 2 g，依次类推，到杆梢多为 250 g（图 2-1-6）。

图 2-1-6　戥星

3. 戥秤的使用

（1）使用前：首先检查戥盘与戥砣的号码是否相符，清洁戥盘；然后正确持戥并校戥。

① 持戥。用左手虎口和食指、中指夹持戥杆，无名指、小指从戥杆下方拢住戥绳；右手拇指和食指捏住戥纽，其余三指自然弯曲。向上屈右手腕使手心朝前，提起戥杆，使戥盘悬空。

② 校戥。又称对戥，即检查戥秤是否准确。用左手拇指、食指、中指配合将戥砣绳移动至定盘星位置，右手提里纽使戥盘悬空，将戥杆置于眼前，举至齐眉，放开左手，检查戥杆应呈水平状态，即"齐眉对戥"。如戥杆水平即可使用，若不呈水平，说明戥秤计量不准，需要调整。

（2）称药：首先要看清需称取饮片的剂量，然后左手持戥杆，用拇指、食指和中指将戥砣绳在戥杆上移至欲称量的指数位置上，右手取药放入戥盘内，提起戥纽，随即放开，检视戥星指数和所称药物是否平衡，如有差异，增加或减少药物至戥星的指数和戥杆平衡时，即是所称药物的重量

（3）使用后：戥秤使用完毕，应用布清洁戥盘，将戥砣放在戥盘中。

长时间不用戥秤时，将戥砣放入盘内，戥砣绳缠绕在戥杆上，戥杆平搭在盘上，然后将戥秤放进专用的抽屉或不易碰撞的地方。注意轻拿轻放，避免盘、砣、杆、刀口碰撞损伤；保持干燥洁净，避免金属部分生锈；每年到标准计量单位检查一次戥秤等衡器，以保证准确。

（二）分厘戥

分厘戥，也称毫克戥，是调剂 1 g 以下的中药，如毒性药及细料药的计量工具。戥杆长约 30 cm，用兽骨或金属制成，称量范围是 0.2~50 g，结构同克戥相同。提取里纽，戥杆内侧面的戥星从右向左，第一颗星为定盘星，每移动一粒星增加 0.2 g，依次类推，到杆梢为 15 g；提取外纽，戥杆上表面的戥星从右向左，第一颗星为 15 g，每移动一粒星增加 0.5 g，依次类推，到杆梢为 50 g。

（三）架盘药物天平

架盘药物天平是用于称取中药饮片的称量工具之一。通常用于小剂量的贵细药物、毒剧药物等中药饮片的调剂，作为一种等臂托盘天平，架盘天平称量值较戥秤精确，日常中药调剂中一般使用精度为 0.1 g。

1. 架盘药物天平的构造

架盘药物天平由托盘、横梁、平衡螺母、刻度尺、指针、刀口、底座、分度标尺、游码、砝码等组成。由支点（轴）在梁的中心支着天平梁而形成两个臂，每个臂上挂着或托着一个盘，其中一个盘（通常为右盘）里放着已知重量[*]的物体（砝码），另一个盘（通常为左盘）里放待称重的物体，游码则在刻度尺上滑动。固定在梁上的指针在不摆动且指向正中刻度时或左右摆动幅度较小且相等时，砝码重量与游码位置示数之和就指示出待称重物体的重量。

---

[*] 这里的重量实指质量，在人们生活和贸易中，质量习惯被称为重量；且为与本书中表示品质的"质量"一词相区别，因此保留"重量"一词。

2. 架盘药物天平的使用方法

（1）将架盘药物天平放置在水平且稳定的地方，并将游码归零。

（2）调节平衡螺母（天平两端的螺母）直至指针对准中央刻度线。

（3）左托盘放称量物，右托盘放砝码。根据称量物的性状，被称量物应放在玻璃器皿或洁净的纸上（事先应在同一天平上称得玻璃器皿或纸片的重量，然后称量待称物质）；添加砝码从估计称量物的最大值加起，逐步减小，加减砝码并移动标尺上的游码，直至指针再次对准中央刻度线。

（4）将砝码重量进行合计，再加上游码指示的数字，即为被称量物的重量。

（5）称量完毕，把游码移回零点，用镊子将取下的砝码放回砝码盒中，最后将天平放回原处。

3. 架盘药物天平的使用注意

（1）称量干燥的固体药品时，应在两个托盘上各放一张相同重量的纸，然后把药品放在纸上称量。过冷过热的物体不可放在天平上称量，应先在干燥器内放置至室温后再称。易潮解的药品，必须放在玻璃器皿（如小烧杯、表面皿）里称量。

（2）架盘药物天平使用过程中不能直接用手增减砝码，要用镊子夹取，游码也不能用手移动。

（3）在称量过程中，不可再碰平衡螺母。

（四）盘　秤

盘秤又称为度盘秤，是由度盘指示器指示平衡和称量结果的一种自行指示秤，主要用于称量 500 g 以上的药物。使用前先将盘秤置于平稳的工作台上，调节调变旋钮，使指针指向字盘"0"位，然后将需称量的药物放于上面的托盘里，指针指示重量即为药物重量。

（五）电子秤

电子秤是一种比较常见的电子衡器，它操作简便，读数准确，近几年在调剂饮片中的使用逐渐增多。电子秤的规格和种类较多，在饮片调剂时多选用计重电子秤。使用前先将电子秤置于水平稳固的台面上，打开电源开关，预热 15~20 min，然后按归零键与去皮键，再将需要称量的药物放于秤盘上，电子秤的读数即所称药物的重量。

二、碎药工具

（一）冲　筒

冲筒又名捣药罐，多为铜质或铁质，其中以铜质冲筒质量好，故又称为铜缸或铜冲，是临时捣碎药材用的工具。处方中某些果实种子类中药饮片，如不破碎，则不易煎出有效成分；若预先破碎，在存放过程中，又易导致药材气味散失、走油等变异现象，故需临时捣碎。

1. 铜缸的结构

铜缸(图 2-1-7)由缸体、杵棒和缸盖组成(有的无盖)。铜缸缸体的壁厚应在 1 cm 以上,底部厚应在 2 cm 以上,内腔宽大、光滑,下面中央微凹,周围坡度不可太陡;铜杵的下端膨大,上端有柄,用于手持捣碎药物。使用时宜上下捶击,不宜侧击,防止杵柄断裂。铜缸应注意防潮、防水、防氧化锈蚀。

图 2-1-7　铜缸

2. 铜缸的使用

(1)使用前清洁铜缸:用干净软布或鬃刷将铜缸内壁清洁干净。

(2)放入药物:将欲捣碎的药物经戥盘倒入缸体,药物不宜放得过多,以占铜缸体积的 1/5~1/4 为宜。

(3)捣碎:右手四指环握铜杵上部,拇指扣押杵柄顶端,以前臂带动用手腕的"甩劲"捣下,用力要均匀而有节奏,杵头进入铜缸时应与缸底垂直。左手配合右手做辅助动作,使用无盖铜缸时,左手四指并拢,挡住缸口,防止药物溅出,转动缸体,使饮片破碎均匀。

(4)倒出药物:药物捣至合格后,左手手心向外虎口朝下托起缸体,右手向内扳动杵棒,协助左手拿起缸体,翻腕使虎口朝上将药倒出。若药物稍有黏壁,可用杵棒头部敲击铜缸口,使得缸体振动,药物由缸底脱落,或用一圆头竹片刮下。

(5)清场:用软布擦拭缸体内壁和杵棒,使其清洁。

(二)铁碾船

铁碾船又称药碾子、铁推槽等,是我国传统碾药工具之一,主要适用于粉碎质地松脆、不吸湿和不与铁发生反应的药物,多用生铁铸造制成,专供粉碎少量药料之用。铁碾船主要由一船型槽和一个具有中心轴的圆形碾轮两部分构成。

(三)小型粉碎机

小型粉碎机又称打粉机,能快速粉碎各种较硬药物,如三七、灵芝、西洋参、珍珠、山慈菇等,比捣筒操作简单、省时省力。调剂用小型粉碎机主要有齿爪搅拌式小型粉碎机和小型球磨机等。

（四）乳　钵

乳钵为粉碎和混合少量药物的常用工具，主要适用于粉碎少量结晶性、非纤维性的脆性药物、贵重药和毒剧药物，同时也是水飞法的常用工具之一。用乳钵进行粉碎时，每次加药量不宜超过乳钵容积的 1/4。乳钵主要由乳钵体和杵棒构成，常见的有瓷制、玻璃制和金属制等几种，其中以瓷制和玻璃制最为常用。

（五）小钢锯和钢锉

小钢锯和钢锉也是我国传统粉碎药物工具之一。小钢锯包括锯架（俗称锯弓子）和锯条两部分，使用时将锯条安装在锯架上，主要用于将质地坚硬的木质、骨质类药材锯成小块或小段，便于进一步粉碎或调剂，如苏木、降香等药材。钢锉主要适用于部分习惯用其粉末但用量很小的名贵药材，这类药材由于用量较小，一般不事先准备，而是随处方加工，如羚羊角等，调配时，用钢锉将其锉为末，以利于进一步粉碎或调剂。随着现代调剂技术的进步，目前这两种工具在现代药房中使用日益减少。

三、清洁工具

1. 药　筛

药筛用于加工过细药物的筛选和临方炮制药物与辅料的分离，以去掉杂质和非药用部分，使药物纯净。

2. 药刷子

药刷子用于清洁药斗、药柜和铜缸等。此外，药房中一般还备有鸡毛掸子、软布等洁净工具。

四、包装工具

1. 包装纸

包装纸是整剂药物和处方中需要先煎、后下、包煎（加小布袋）、烊化、另煎、冲服等药物的包装用纸，俗称"门票"。纸的大小根据需要而定。

2. 装药袋

装药袋用于盛装调剂好的药物的纸袋。其大小根据需要而定。纸袋上面印有医院名称、汤剂煎煮知识、服法、禁忌等内容。

3. 环保塑料袋

环保塑料袋用于鲜药切剪成段、片后的包装。

4. 扎　线

扎线是用来捆扎药包的线绳，多为纸绳或塑料绳。

模块二　项目一　练习题

1. 单项选择题

（1）使用戥秤称取饮片时，操作正确的是（　　）。
　　A. 右手持戥杆　　　　　　　　　　B. 右手持戥砣
　　C. 左手持戥杆　　　　　　　　　　D. 左手取药
（2）宜放在斗架下层的中药有（　　）。
　　A. 黄芪、党参、甘草　　　　　　　B. 玫瑰花、玳玳花、厚朴花
　　C. 龙骨、龙齿　　　　　　　　　　D. 大黄、黄芩、黄柏
（3）不能装于同一药斗或上下药斗的药组是（　　）。
　　A. 附子与天花粉　　　　　　　　　B. 土升麻与葛根
　　C. 小茴香与橘核　　　　　　　　　D. 川乌与草乌
（4）装斗时要求不宜过满，以免串斗，一般种子类饮片应装至药斗的（　　）。
　　A. 3/4　　　　B. 2/5　　　　C. 3/5　　　　D. 4/5
（5）不同饮片捣碎的程度不同，法半夏一般应（　　）。
　　A. 砸瓣　　　　B. 砸劈　　　　C. 砸烂　　　　D. 砸粉
（6）下列饮片在调剂时需要捣碎后用小包包装的是（　　）。
　　A. 莱菔子　　　B. 砂仁　　　　C. 白果　　　　D. 五味子

2. 多项选择题

（1）中药调剂室的主要设施有（　　）。
　　A. 饮品斗柜　　　B. 调剂台　　　C. 贵细中药柜
　　D. 毒性药柜　　　E. 冷藏柜
（2）下列饮片调配时需要先单独包成小包的有（　　）。
　　A. 辛夷　　　　　B. 酸枣仁　　　C. 鳖甲
　　D. 钩藤　　　　　E. 阿胶珠
（3）中药饮片调剂时，"焦三仙"处方应付药物包括（　　）。
　　A. 焦山楂　　　　B. 焦麦芽　　　C. 焦神曲
　　D. 焦槟榔　　　　E. 焦鸡内金

3. 简答题

（1）查斗的主要内容有哪些？
（2）如何使用戥秤？
（3）装斗时如何进行"三查三对"？

项目二　审核处方

【学习目标】

（1）掌握审核处方的内容、用药禁忌及其书写原则。
（2）熟悉常见中药别名、并开名、常用术语、中药处方书写格式及原则。
（3）了解处方、审方等基本概念及审方的意义。

中药调剂是按照医师临床处方所开的药物，准确为患者配制药剂的操作技术，有审方、计价、调配、复核、发药等程序（图2-2-1）。审方是中药调剂工作的首要环节，审方既是对医师所开处方负责，也是对患者用药安全负责，因此审方人员对处方要做详细的审阅。审方人员应具备全面掌握调剂理论知识，识别中医处方的繁、简、行草字以及同音字等基本技能。审方人员通常是由具有药师以上专业技术人员在配方操作前对中药处方进行全面审核的过程，它主要包括审核处方的书写及内容两部分。审方人员根据《处方管理办法》中处方书写原则，逐项检查处方的前记、正文、后记等书写清晰度及其完整性。同时审方人员还应该就其内容进行审核，

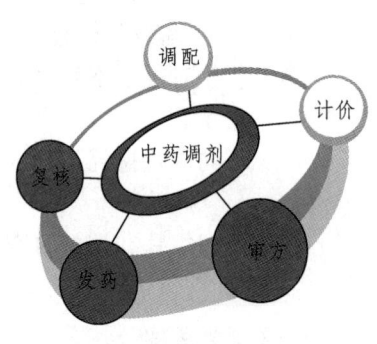

图 2-2-1　中药调剂的基本程序

审核是否重复给药、毒麻药品处方是否符合规定，处方中是否有"十八反""十九畏"等药物相互作用、配伍禁忌现象，强调审核处方的合法性、适宜性及正确性等。审阅过程中如发现问题要及时解决，对字迹不清的，不可主观猜测，一定要审查无误后，方可计价调配，否则不予调配。同时告知处方医生，做好记录，并按照有关规定进行报告。

任务一　审核处方书写

一、处　方

（一）处方的概念

按照《处方管理办法》中处方的定义，处方是指由注册的执业医师和执业助理医师（简称医师）在诊疗活动中为患者开具的、由取得药学专业技术职务任职资格的药学专业技术人员（简称药师）审核、调配、核对，并作为患者用药凭证的医疗文书。处方包括医疗机构病区用药医嘱单。处方应当遵循安全、有效、经济的原则。

（二）处方的类型

处方种类繁多，按照不同的角度，通常有可分为下几类：

1. 按照处方功能分类

（1）法定处方：《中华人民共和国药典》、国家食品药品监督管理局颁布标准或者地方标准收载的处方，具有法律的约束力，在制造或者医师开具法定制剂时必须遵照其相应规定。

（2）协定处方：常见于中药饮片配方，是为了方便病人用药或者减少病人候药时间，由医疗机构与医师根据日常医疗用药的需要，共同协商制订并在药监部门备案的处方，协定处方仅限于在本单位使用，不得流通于市场。

（3）医师处方：医师针对某一患者诊断、治疗和预防用药时所开具的临时组方，具有对症下药辨证施治的意义。

2. 按照处方形成不同时期、条件分类

（1）古方：泛指古典医籍中记载的处方。

（2）经方：中医方脉学有两个分支，一是经方派，另一是时方派。中医学界通常认为《黄帝内经》《伤寒论》《金匮要略》等经典医籍中所记载的成方为经方。其特点可概括为"普、简、廉、效"。

（3）时方：中医方脉学另一分支。通常是指从清代至今出现的处方，它在经方的基础上有很大发展。

（4）验方：民间积累的经验方子，有效简单。

（5）单方：通常只有一两味药，疗效专一有效，服用简单便捷。

（6）秘方：轻易不外传或称来自祖传，具有独特疗效的成方或单方。秘方又称为"禁方"。

3. 按照相关法规分类

（1）普通处方：除麻醉药、精神类药品之外的其他药品的处方，通常其印刷用纸为白色。

（2）急诊处方：为急诊病患开具的处方，通常其印刷用纸为黄色，且右上角有"急诊"标注。

（3）儿科处方：为14周岁以下患病儿童开具的处方，通常其印刷用纸为淡绿色，且右上角有"儿科"标注。

（4）麻醉处方：为需要使用麻醉的病患开具麻醉药品的特殊处方，通常其印刷用纸为淡粉色，且右上角有"麻"标注。

（5）精神药品处方：开具精神药品的特殊处方，有一类精神药品和二类精神药品等。一类精神药品处方印刷用纸为淡粉色，且右上角有"精一"标注；二类精神药品印刷用纸为白色，右上角有"精二"标注。

（三）处方的意义

处方是医师为患者诊断、预防或治疗疾病开具的，药学人员为患者调剂配发药物的凭据，是医生、药师、病患三者间的书面依据，具有一定的法律性、技术性及经济性。

1. 处方的法律性

医师为患者诊断、预防或治疗疾病开具的药方，药师有审方的责任和义务。医师和药师二者的权利和义务不同，医师具有诊断和开具处方的权利，而无调配处方权，药师具有调配处方的权利，但是无诊断和开具处方的权利，二者对患者分别负有相应的法律责任。

2. 处方的技术性

处方是由具备执业医师和执业助理医师资格的医药卫生技术人员开具，其审核、调配、核对等则需要具备药学专业技术职务任职资格的药学专业技术人员来完成。它是医师给患者诊断、预防或治疗疾病及药师调配发药的书面依据。

3. 处方经济性

处方是医疗机构对患者进行收费的凭证之一，它是药品消耗及药品经济收入结账的凭证及原始依据。

二、处方的书写格式及规则

按照《处方管理办法》中处方管理的一般规定，处方的标准由卫生部统一规定，格式由省级卫生行政部门统一制定，由医疗机构按照规定印制。

（一）处方的标准

按照《处方管理办法》，处方的内容应该包含处方前记、处方正文、处方后记三个内容，各类处方应该具备完整的标准内容。

1. 处方前记

处方前记包括医疗机构的名称、费别，患者的姓名、性别、年龄、门诊或住院病历号、病区、床位号及处方开具的日期等一般项目和诊断两部分。处方中还可添列特殊要求的项目。

中药处方前记中的诊断内容包括病名和证型，若经诊断后其病名不明确的可不写病名。

2. 处方正文

处方正文是处方的核心部分，处方中以 Rp 或 R（Rp 或 R 是拉丁文 Recipe 的缩写，"请取"的意思）标示，分列药品名称、剂型、规格、数量、用法用量，中药饮片处方则应分列药味名、剂数、剂量、用法用量。

3. 处方后记

处方后记包括医师的签名或加盖专用签章，处方日期、处方金额，处方审核、调配、核对及发药的签名或加盖专用签章。

（二）中药处方的书写原则

根据国家中医药管理局发布的《中药处方格式及书写规范》规定，中药处方包括中成药处方、中药饮片处方，两者应分别单独开具处方。

1. 中药饮片处方的书写应遵循以下要求

（1）应当体现“君、臣、佐、使”的特点；

（2）饮片名称应当按《中华人民共和国药典》规定准确使用，《中华人民共和国药典》没有规定的，应当按照本省（自治区、直辖市）或本单位中药饮片处方用名与调剂给付的规定书写；

（3）剂量使用法定剂量单位，用阿拉伯数字书写，原则上应当以克（g）为单位，“g”（单位名称）紧随数值后；

（4）调剂、煎煮的特殊要求注明在药品右上方，并加括号，如打碎、先煎、后下等；

（5）对饮片的产地、炮制有特殊要求的，应当在药品名称之前写明；

（6）根据整张处方中药味多少选择每行排列的药味数，并原则上要求横排及上下排列整齐；

（7）中药饮片用法用量应当符合《中华人民共和国药典》规定，无配伍禁忌，有配伍禁忌和超剂量使用时，应当在药品上方再次签名；

（8）中药饮片剂数应当以“剂”为单位；

（9）处方用法用量紧随剂数之后，包括每日剂量、采用剂型（水煎煮、酒泡、打粉、制丸、装胶囊等）、每剂分几次服用、用药方法（内服、外用等）、服用要求（温服、凉服、顿服、慢服、饭前服、饭后服、空腹服等）等内容，例如：“每日 1 剂，水煎 400 mL，分早晚两次空腹温服”；

（10）按毒麻药品管理的中药饮片的使用应当严格遵守有关法律、法规和规章的规定。

图 2-2-2 为中药饮片处方举例。

中药饮片处方举例

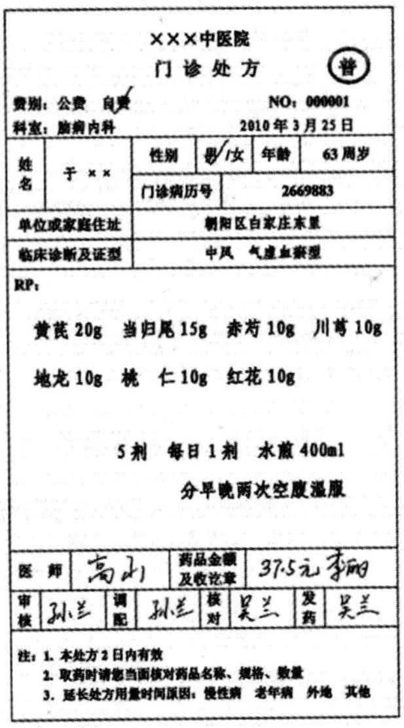
×××中医院

门 诊 处 方　（普）

费别：公费　自费　　NO：000001

科室：脑病内科　　2010 年 3 月 25 日

姓名	于 ××	性别	男/女	年龄	63 周岁
		门诊病历号	2669883		
单位或家庭住址	朝阳区白家庄东里				
临床诊断及证型	中风　气虚血瘀型				

RP：

黄芪 20g　当归尾 15g　赤芍 10g　川芎 10g

地龙 10g　桃　仁 10g　红花 10g

5 剂　每日 1 剂　水煎 400ml

分早晚两次空腹温服

医师	高山	药品金额及收讫章	37.5元 李丽				
审核	孙兰	调配	孙兰	核对	吴兰	发药	吴兰

注：1. 本处方 2 日内有效

2. 取药时请您当面核对药品名称、规格、数量

3. 延长处方用量时间原因：慢性病　老年病　外地　其他

图 2-2-2　中药饮片处方举例

2. 中成药处方的书写应遵循以下要求

（1）按照中医诊断（包括病名和证型）结果，辨证或辨证辨病结合选用适宜的中成药；

（2）中成药名称应当使用经药品监督管理部门批准并公布的药品通用名称，院内中药制剂名称应当使用经省级药品监督管理部门批准的名称；

（3）用法用量应当按照药品说明书规定的常规用法用量使用，特殊情况需要超剂量使用时，应当注明原因并再次签名；

（4）片剂、丸剂、胶囊剂、颗粒剂分别以片、丸、粒、袋为单位，软膏及乳膏剂以支、盒为单位，溶液制剂、注射剂以支、瓶为单位，应当注明剂量；

（5）每张处方不得超过 5 种药品，每一种药品应当分行顶格书写，药性峻烈或含毒性成分的药物应当避免重复使用，功能相同或基本相同的中成药不宜叠加使用；

（6）中药注射剂应单独开具处方。

知识链接　　中药处方中的"君、臣、佐、使"

"君臣佐使"是一个词组，出于《神农本草经》中"上药一百二十种为君，主养命；中药一百二十种为臣，主养性；下药一百二十五种为佐使，主治病；用药须合君臣佐使。"原指君主、臣僚、僚佐、使者，对中医来说"君臣佐使"则是中医的组方原则，是方剂学术语。清代吴仪洛曾解释："主病者，对症之要药也，故谓之君。君者味数少而分量重，赖之以为主也。佐君以为臣，味数稍多，分量稍轻，所以匡君之不迨也。应臣者谓之使，数可出入，而分量更轻，所以备通行向导之使也。此则君臣佐使之义也。"现如今"君臣佐使"，概括的是中医遣药组方的原则。君药是指在处方中对处方的主证或主病起主要治疗作用的药物，是组方中不可缺少的药物；臣药是指辅助君药加强治疗主病和主症的药物；佐药是佐助药，用于治疗次要兼证的药物或消除减缓君药、臣药的毒性或烈性的药物；使药则起到引经、调和诸药的作用。

模块二　项目二 任务一　习题

1. 单项选择题

（1）中药饮片处方中的书写一般按照（　　）顺序排列。
　　A. 君、臣、佐、使　　　　　　　B. 君、臣、使、佐
　　C. 君、佐、臣、使　　　　　　　D. 君、使、臣、佐

（2）下列不能流通于市场的处方药品是（　　）。
　　A. 儿科处方药　　　　　　　　　B. 普通处方药
　　C. 协定处方药　　　　　　　　　D. 医师处方药

（3）按照《处方管理办法》要求，处方的标准由（　　）统一规定。

  A. 食药监局   B. 卫生部
  C. 省级卫生部门   D. 医疗机构

（4）中药饮片剂数应当以（　　）为单位。
  A. 副   B. 公斤   C. 剂   D. 包

（5）中成药处方中，每张处方不得超过（　　）种药品。
  A. 6   B. 7   C. 4   D. 5

（6）调剂、煎煮的特殊要求注明在药品（　　）。
  A. 左下角   B. 右下角   C. 左上方   D. 右上方

（7）整张处方中药味多少选择每行排列的药味数，要求（　　）排列整齐。
  A. 横排   B. 横排及上下   C. 上下   D. 不用

（8）下列处方中具有"普、简、廉、效"特点的是（　　）。
  A. 时方   B. 经方   C. 秘方   D. 古方

（9）中药饮片的名称应该按照（　　）或本省（自治区、直辖市）或本单位中药饮片处方用名与调剂给付的规定书写。
  A.《中华人民共和国药典》   B.《处方管理办法》
  C.《处方书写规范与原则》   D.研制研发人员要求

2. 多项选择题

（1）下列属于中药调剂工作程序的有（　　）。
  A.审方   B.计价   C.复核
  D.调配   E.发药

（2）标准的处方主要内容应包括（　　）。
  A.处方前记   B.处方正文
  C.处方所在医疗机构公章   D.处方后记

（3）处方应当遵循（　　）的原则。
  A.安全   B.有效   C.盈利   D.经济

（4）中药饮片处方一般项目包括（　　）及处方开具的日期等。
  A.患者的姓名、性别、年龄   B.医疗机构的名称
  C.门诊或住院病历号、病区、床位号   D.费别

（5）下列使用淡粉色纸张印制的处方有（　　）。
  A.普通处方   B.精神一类药品处方
  C.麻醉处方   D.精神二类药品处方

（6）中医诊断包括（　　）。
  A.病名   B.病理   C.症状   D.证型

（7）处方是指由注册的执业医师和执业助理医师（简称医师）在诊疗活动中为患者开具的、由取得药学专业技术职务任职资格的药学专业技术人员（简称药师）（　　）并作为患者用药凭证的医疗文书。
  A.审核   B.调配   C.核对   D.更正

任务二 审核处方的内容

一、审核处方前记

审核处方时，先要审核处方前记中的医疗机构名称、费别、患者姓名、性别、年龄、门诊或住院病历号、科别或病区和床位号、临床诊断、开具日期等项，检查书写是否清晰完整，有无遗漏，查看处方日期是否符合规定。

二、审核中药名称及处方应付

中药历史悠久，品种繁多。因历代文献记载的不同和地方用药习惯的差异，经常出现同物异名、同名异物、名称相近或相似的现象，一种中药往往有多个名称。中药调剂人员应正确理解处方中药名称，以便准确调配处方，确保临床用药安全有效。《处方管理办法》规定，药品名称应当使用规范的中文名称书写，医疗机构或者医师、药师不得自行编制药品缩写名称或者使用代号。中药饮片处方中应使用饮片名。原药材不能直接用于临床，必须经过炮制成为饮片后，才能供医生开方使用。凡临床医疗处方上出现的中药名，都默认为是饮片名。鲜用时，应注明，如"鲜地黄""鲜芦根"等。

（一）处方中的中药名称

中药饮片处方中的名称包括中药正名、别名、并开名等。

1. 正　名

中药饮片正名是现行版本《中国药典》一部、部（局）颁《药品标准》或《炮制规范》所收载的中药的规范化名称。中药饮片的正名只有一个，如板蓝根、大青叶、菊花、甘草等。

2. 别　名

中药饮片的别名，又称"偏名"或"异名"，是指中药正名以外的名称，包括文献用名、地区用名、商品名称等。中药的别名，经过历朝历代中医药专著的传播、衍化，到明代李时珍《本草纲目》收载的1 892种药物中，收录别名就有3 380余条。有的药物有几个别名，有的药物甚至有十几个别名。别名一般有一定来历和含义，如川军、孩儿参等。有的则是在中药正名前冠以术语来说明医师对药物的炮制、品种、产地、采收季节等方面的要求。别名可以有一个至多个，如炙甘草、云苓、密银花、霜桑叶等。

中药别名的形成，是在长期的用药实践中，根据中药名称的谐音、地方方言、形象隐喻、会意或药材产地、加工炮制以及功效、应用等特点，几经沿革流传下来的。由于我国幅员辽阔，民族众多，语言繁杂，致使很多中药别名已经历代相继沿用成习，至今仍有医者使用，为此，加剧了中药名称的混乱，妨碍中药药名的规范化，给调剂工作带来很多困难与麻烦，甚至发生误解而造成差错事故，产生不良后果。为了保证用药安全有效，应当引起重视，调剂人员应熟记常用药物的别名，以保证调剂工作的顺利进行。常用中药正名和别名见表2-2-1。

表 2-2-1　常用中药正名和别名

正名	别名	正名	别名
三七	田三七 参三七 旱三七	瓜蒌	全瓜蒌 栝楼
大黄	川军 生军 锦纹	白果	银杏
山豆根	广豆根 南豆根	赤小豆	红小豆
山药	怀山药 淮山药	佛手	川佛手 广佛手 佛手柑
天冬	天门冬	诃子	诃子肉 诃黎勒
天花粉	栝楼根	补骨脂	破故纸
丹参	紫丹参	沙苑子	沙苑蒺藜 潼蒺藜
升麻	绿升麻	青果	干青果
牛膝	怀牛膝	枸杞子	甘枸杞 枸杞
乌药	台乌药	栀子	山栀子
北沙参	辽沙参 东沙参	牵牛子	黑丑 白丑 二丑
甘草	粉甘草 皮草 国老	砂仁	缩砂仁
白芍	杭白芍 白芍药 芍药	决明子	草决明 马蹄决明
白芷	杭白芷 香白芷	茺蔚子	益母草子 坤草子
延胡索	元胡 玄胡索	莱菔子	萝卜子
当归	全当归 秦当归	娑罗子	梭罗子
百部	百部草	蒺藜	白蒺藜 刺蒺藜
苍术	茅苍术	槟榔	花槟榔 大腹子 海南子
土鳖虫	地鳖虫 蛰虫	罂粟壳	米壳 御米壳
牡蛎	左牡蛎	广防己	木防己
艾叶	祁艾 蕲艾	防己	粉防己 汉防己
西红花	藏红花 番红花	羌活	川羌活 西羌活
红花	草红花 红蓝花	麦冬	麦门冬 杭寸冬 杭麦冬
辛夷	木笔花	附子	川附片 淡附片 炮附子
金银花	忍冬花 双花 二花	郁金	黄郁金 黑郁金
桑叶	霜桑叶 冬桑叶	泽泻	建泽泻 福泽泻
淫羊藿	仙灵脾	前胡	信前胡
橘叶	南橘叶 青橘叶	南沙参	泡沙参 空沙参

续表

正名	别名	正名	别名
肉苁蓉	淡大芸	干姜炭	炮姜炭 姜炭
佩兰	佩兰叶 醒头草	独活	川独活 香独活
细辛	北细辛 辽细辛	茜草	红茜草 茜草根
青蒿	嫩青蒿	党参	潞党参
茵陈	绵茵陈	香附	香附子 莎草根
浮萍	紫背浮萍 浮萍草	重楼	七叶一枝花 蚤休
益母草	坤草	柴胡	北柴胡 南柴胡
墨旱莲	旱莲草	桔梗	苦桔梗
山茱萸	山萸肉 杭山萸	浙贝母	象贝母
千金子	续随子	秦艽	左秦艽
马钱子	番木鳖	黄芩	条黄芩 枯黄芩 子黄芩
五味子	辽五味子 北五味子	黄连	川黄连 雅连 云连
木瓜	宣木瓜	拳参	草河子
木蝴蝶	玉蝴蝶 千张纸	续断	川续断
王不留行	王不留	葛根	粉葛根 甘葛根
牛蒡子	大力子 鼠粘子 牛子	藜芦	山葱
龙眼肉	桂圆肉	大血藤	红藤
牡丹皮	粉丹皮 丹皮	厚朴	川厚朴 紫油厚朴 川朴
西河柳	柽柳 山川柳	香加皮	北五加皮
肉桂	紫油肉桂	首乌藤	夜交藤
竹茹	淡竹茹 细竹茹 青竹茹	桂枝	桂枝尖 嫩桂枝
杜仲	川杜仲	通草	通脱木
忍冬藤	金银藤 银花藤	桑白皮	桑皮 桑银白皮
松节	油松节	椿皮	椿根皮 臭椿皮
青皮	均青皮	丁香	公丁香
珍珠	真珠	白梅花	绿萼梅
穿山甲	山甲珠 炮山甲	功劳叶	十大功劳
海螵蛸	乌贼骨	海浮石	浮海石
蛇蜕	龙衣	磁石	灵磁石 活磁石

续表

正名	别名	正名	别名
蝉蜕	蝉衣	赭石	代赭石
僵蚕	白僵蚕	儿茶	孩儿茶
蛤壳	海蛤壳	血余	血余炭 发炭
芒硝	朴硝	血竭	麒麟竭
朱砂	丹砂 辰砂	红粉	红升丹 升药

3. 并开名

中药饮片的并开是指将疗效基本相似，或有协同作用的两种或两种以上中药合成一个药名书写，称为"并开"，又称"合写"。如龙牡即指煅龙骨、煅牡蛎；二乌即指制川乌、制草乌；二术即指苍术、白术等。调配时，则应分别支付。必须注意处方中并开药不得含糊和引起误解为准。另外，尚须注意各地区并开用药习惯不同，处方应付有差异。调剂人员应了解常见并开药应付，保证处方迅速正确。处方中常用并开药名的调剂给付详见表2-2-2。

表2-2-2　中药饮片处方常用并开药名的调剂给付

处方名	调剂给付	处方名	调剂给付
二冬、二门冬	天冬、麦冬	猪茯苓	猪苓、茯苓
二术、苍白术	苍术、白术	芦茅根	芦根、茅根
二芍、赤白芍	赤芍、白芍	白术芍	炒白术、炒白芍
二活、羌独活	羌活、独活	龙牡	煅龙牡、煅牡蛎
二地、生熟地	生地、熟地	生龙牡	生龙牡、生牡蛎
二芽、谷麦芽	炒谷芽、炒麦芽	知柏	知母、黄柏
二丑	黑丑、白丑	炒知柏、盐知柏	盐知母、盐黄柏
二母	知母、贝母	酒知柏	酒知母、酒黄柏
二乌	制川乌、制草乌	全荆芥	荆芥、荆芥穗
二蒺藜、潼白蒺藜	刺蒺藜、沙苑子	全紫苏	紫苏子、紫苏叶、紫苏梗
二决明	石决明、草决明	全藿香	藿香叶、藿香梗
二地丁	蒲公英、紫花地丁	苏子叶	紫苏子、紫苏叶
二风藤	青风藤、海风藤	荷叶梗	荷叶、荷梗
炒三仙	炒山楂、炒麦芽、炒神曲	腹皮子	大腹皮、生槟榔

续表

处方名	调剂给付	处方名	调剂给付
焦三仙	焦山楂、焦麦芽、焦神曲	冬瓜皮子	冬瓜皮、冬瓜仁
焦四仙	焦山楂、焦麦芽、焦神曲、焦槟榔	忍冬花藤、金银花藤	金银花、忍冬藤
棱术	三棱、莪术	生熟麦芽	生麦芽、炒麦芽
乳没	乳香、没药	生熟谷芽	生谷芽、炒谷芽
砂蔻	砂仁、蔻仁	生熟稻谷	生稻芽、炒稻芽
荆防	荆芥、防风	生炒蒲黄	生蒲黄、炒蒲黄
青陈皮	青皮、陈皮	生熟枣仁	生酸枣仁、炒酸枣仁
桃杏仁	桃仁、杏仁	生熟薏米	生薏仁米、熟薏仁米

4. 处方全名

一般在正名前加术语，表明医师对中药饮片的炮制、品种、质量、产地等方面的要求而组成的处方全名。如酒黄连、熟大黄、明天麻、怀山药等。每种中药可以有一个或数个处方全名。医师常用的术语主要有以下几方面。

（1）炮制类。中药采用不同的炮制方法，可获得不同的疗效。如酒大黄缓和大黄泻下作用；炮附子（制）消除毒性；炙首乌（黑豆、黄酒炙）补肝肾，益精血，乌须发；炙麻黄（蜜炙）缓和麻黄辛散之性，增强止咳平喘之功；醋柴胡增强其疏肝解郁之功等。

（2）产地类。中药讲究道地药材，因药物产地与药物疗效有密切关系，所以医师根据病情需要，常在药名前标明产地，此称为"道地药材"。如河南武陟的牛膝、浙江桐乡的杭菊、安徽亳州的白芍、江苏靖江的枳壳等。

（3）产时、新陈类。药材的采收季节与质量有密切的关系。有的以新鲜者为佳，有的以陈久者为佳。如绵茵陈，以初春细幼苗质软如棉者佳；霜桑叶，于秋后经霜者采集为好；鲜芦根、鲜石斛、鲜茅根等需用鲜品；陈香橼、陈麻黄等需用陈品。

（4）质地类。药材质地与药物的质量有密切关系，为保证药品的质量，医师处方对质地也有要求。如浮水青黛（青黛以色蓝、质轻者为优）、空沙参（正名南沙参，质地松泡断面有裂痕）、明天麻（天麻以质坚实、略呈透明状为优），以及肥玉竹、细木通、枯黄芩、子黄芩等。

（5）质量类。中药饮片质量的优劣，直接影响疗效，历代医家非常重视药材的质量优劣。如九孔石决明，是指贝壳边缘具有8~9个明显小孔者；马蹄决明，即决明子，是指其形状似马蹄者。此外，尚有左牡蛎、金毛狗脊等。

（6）修治类。修治是指除去杂质和非药用部位，以洁净药材，保证符合医疗需要。如山茱萸（去核）、乌梅（去核）、巴戟天（去心）、乌梢蛇（去头、鳞片）、斑蝥（去头足、翅）、人参、牛膝（去芦）；巴豆、续随子（去油）；银杏、桃仁（去皮壳）等。

（7）颜色、气味类。药材的颜色和气味与药物的质量也有密切关系。如紫丹参、红茜草、黑玄参、香白芷、苦杏仁、甜桔梗等。

（二）处方应付常规

中药处方应付常规是指在中药调剂过程中根据医师处方要求和地区传统调配习惯进行中药处方应付的规律。不同炮制规格的饮片，治疗作用不同，因此中医诊治不同病证使用的是不同炮制规格的饮片。中药调剂员在调剂处方时，应按处方应付常规进行调配，严禁生炙不分或以生代炙和乱代乱用。全国各地关于生、炙品种的应付都有所不同，因此调剂人员应熟练掌握地方的"中药炮制规范"及"处方应付常规"，准确调配处方。

（1）处方直接写药名（或注明炒）时，即付清炒的品种：如麦芽、谷芽、稻芽、莱菔子、王不留行、苏子、牛蒡子、苍耳子、白芥子、黑牵牛、白牵牛、决明子、酸枣仁、山楂、槐花、草果等。

（2）处方直接写药名（或注明炒、麸炒）时，即付麸炒的品种：如白术、苍术、枳壳、枳实、僵蚕、薏苡仁等。

（3）处方直接写药名（或注明炒、烫）时，即付砂烫、蛤粉烫的品种：如龟甲、鳖甲、阿胶、狗脊、骨碎补、阿胶珠等。

（4）处方直接写药名（或注明炙、炒）时，即付蜜炙的品种：如枇杷叶、款冬花、紫菀、马兜铃等。

（5）处方直接写药名（或注明炙）时，即付酒炙的品种：如肉苁蓉、何首乌、山茱萸、女贞子、黄精、蕲蛇、乌梢蛇等。

（6）处方直接写药名（或注明炒、炙）时，即付醋炙的品种：如延胡索、五灵脂、乳香、没药、香附、青皮、五味子、莪术、甘遂、大戟、芫花、商陆等。

（7）处方直接写药名（或注明炒、炙）时，即付盐水炒的品种：如车前子、益智仁、补骨脂、小茴香、橘核、葫芦巴、巴戟天、杜仲等。

（8）处方直接写药名（或注明炒）时，即付滑石粉炒制的品种：如水蛭、象皮、刺皮、狗肾、鹿筋等。

（9）处方直接写药名（或注明炙）时，即付炮制的品种：如吴茱萸、川乌、草乌、白附子、天南星、远志、厚朴、半夏、淫羊藿、马钱子、巴豆、藤黄等。

（10）处方直接写药名（或注明煅）时，即付煅制的品种：如龙骨、龙齿、牡蛎、磁石、代赭石、海浮石、炉甘石、瓦楞子、花蕊石、自然铜、寒水石等。

（11）处方直接写药名（或注明炒、煅）时，即付炭的品种：如艾叶、地榆、侧柏叶、杜仲、血余炭、炮姜、干漆等。

（12）处方直接写药名时，即付漂去咸味的品种：如肉苁蓉、海藻、昆布、海螵蛸等。

此外，尚有直接写药名或制（炙）时，即付姜汁制、煨制、土炒、药汁制及米泔水制等，一律按处方要求应付。

三、审核中药用药禁忌

中药处方的用药禁忌主要包括配伍禁忌和妊娠禁忌。审方时尤其要重视该项内容的审核,一旦发现存在用药禁忌,要及时与处方医师联系,更正相关内容,避免事故发生。

(一)审配伍禁忌

中药配伍使用能产生协同、抑制或拮抗作用。临床医师可以使用协同作用的中药配伍和抑制毒性、峻猛药性的中药配伍,但是拮抗作用的中药配伍能产生或增强药物的毒副作用,有害于人体,不宜同用,是临床医师应该避免使用的配伍,即配伍禁忌。

《中国药典》(2020年版)一部在药材与饮片的"用法用量"中对不宜同用的药物作了明确规定,具体内容如下:

(1)川乌、制川乌、草乌、制草乌、附子不宜与半夏、清半夏、姜半夏、法半夏、瓜蒌、瓜蒌子、瓜蒌皮、天花粉、川贝母、浙贝母、平贝母、伊贝母、湖北贝母、白蔹、白及同用。

(2)甘草不宜与海藻、京大戟、甘遂、芫花同用。

(3)藜芦不宜与人参、人参叶、西洋参、红参、党参、苦参、玄参、丹参、南沙参、北沙参、细辛、赤芍、白芍同用。

(4)硫黄、三棱不宜与芒硝、玄明粉同用。

(5)狼毒不宜与密陀僧同用。

(6)巴豆、巴豆霜不宜与牵牛子同用。

(7)丁香不宜与郁金同用。

(8)五灵脂不宜与人参、人参叶、红参同用。

(9)肉桂不与赤石脂同用。

对有配伍禁忌的处方应当拒绝调配。必要时,经处方医师更正或重新签字方可调配(医师签字应在配伍禁忌药名处)。调剂后,原处方留存2年。

表2-2-3为"本草十八反",表2-2-4为"本草十九畏"。

表2-2-3 "本草十八反"

	药物	所反药物
"十八反"	乌头(川乌、草乌、附子)	半夏、瓜蒌(全瓜蒌、瓜蒌皮、瓜蒌仁、天花粉)、贝母(川贝母、浙贝母等)、白蔹、白及
	甘草	海藻、京大戟、甘遂、芫花
	藜芦	南沙参、人参、西洋参、党参、北沙参、苦参、丹参、玄参、细辛、芍药(赤芍、白芍)

表 2-2-4 "本草十九畏"

	药物	所畏药物
"十九畏"	硫黄	朴硝（芒硝、玄明粉）
	水银	砒霜
	狼毒	密陀僧
	巴豆	牵牛子（黑丑、白丑）
	丁香	郁金
	牙硝	三棱
	川乌（附子）、草乌	犀角
	官桂	赤石脂
	人参	五灵脂

应该注意的是，"十八反"和"十九畏"是古人用药经验所得，但有一部分同实际应用有些出入，历代医家也有所论及，引古方为据，证明某些药物仍然可以合用。现代对此也有一些实验研究，但尚待进一步深入。一般来说，对于"十八反"和"十九畏"中药物配伍，若无充分根据和应用经验，应采取慎重态度。

（二）审妊娠禁忌

审方药师在审核处方时，应特别注意处方前记中的性别、年龄、婚否等内容，若为怀孕妇女开的处方，审正文时须审核有无妊娠禁忌用药。凡能影响胎儿生长发育、有致畸作用，甚至造成堕胎的中药为妊娠禁忌用药。妇女妊娠期间，凡属于毒性药、破血逐瘀药、行气药、逐水药、峻泻药等毒性大、作用猛烈的药物，均有可能对孕妇或胎儿造成不同程度损害，应慎用或禁用。

《中国药典》（2020年版）一部将妊娠禁忌药分为孕妇禁用药和孕妇慎用药两类。

1. 妊娠禁用药

妊娠禁用药基本为毒性中药，凡禁用的中药绝对不能使用。如丁公藤、三棱、干漆、土鳖虫、千金子、千金子霜、川乌、马钱子、马钱子粉、马兜铃、天仙子、天仙藤、巴豆、巴豆霜、水蛭、甘遂、朱砂、全蝎、红粉、芫花、两头尖、阿魏、京大戟、闹羊花、草乌、牵牛子、轻粉、洋金花、莪术、猪牙皂、商陆、斑蝥、雄黄、黑种草子、蜈蚣、罂粟壳、麝香、大皂角、天山雪莲等。

2. 妊娠慎用药

孕妇慎用药大多是性质猛烈或有小毒的中药，包括通经祛瘀、行气破滞及药性辛热的中药，可根据孕妇病情，酌情使用。没有必要时应避免使用，以免发生事故。如人工牛黄、三七、大黄、川牛膝、制川乌、小驳骨、飞扬草、王不留行、天花粉、天南星、制天南星、天然冰片（右旋龙脑）、木鳖子、牛黄、牛膝、片姜黄、艾片（左旋龙脑）、白附子、玄明粉、芒硝、西红花、肉桂、华山参、冰片（合成龙脑）、红花、芦荟、苏木、牡丹皮、体外培育牛黄、皂矾、没药、附子、苦楝皮、郁李仁、虎杖、金铁锁、乳香、卷柏、制草乌、草乌叶、枳壳、枳实、禹州漏芦、禹余粮、急性子、穿山甲、桂枝、桃仁、凌霄花、益母草、通草、黄蜀葵花、常山、硫黄、番泻叶、蒲黄、漏芦、赭石、薏苡仁、瞿麦、蟾酥等。

调配时，若有妊娠慎用药，需请处方医师在处方上注明，无误后调剂，且处方留存2年。

四、审核毒、麻中药使用

（一）毒性中药的使用

毒性中药系指药性剧烈，治疗量与中毒量相近，使用不当可致人中毒或死亡的中药。为了加强对医疗用毒性药品的管理，保证用药安全，防止出现中毒和死亡的事故，国务院1988年12月27日颁布了《医疗用毒性药品管理办法》。《医疗用毒性药品管理办法》所列毒性中药共28种：砒石（红砒、白砒）、砒霜、水银、生马钱子、生川乌、生草乌、生白附子、生附子、生半夏、生天南星、生巴豆、斑蝥、红娘虫、青娘虫、生甘遂、生狼毒、生藤黄、生千金子、闹阳花、生天仙子、雪上一枝蒿、红升丹、白降丹、蟾酥、洋金花、红粉、轻粉、雄黄。

《中国药典》（2020年版）第一部共收载毒性中药83种，分为三类，其中"大毒"10种，"小毒"31种，"有毒"42种。常见毒性中药管理品种见表2-2-5。

表2-2-5 毒性中药管理品种

序号	药品名称	毒性	用法用量	孕妇禁忌	其他注意事项
1	丁公藤	小毒	3~6g，用于配制酒剂，内服或外搽	禁用	有强烈的发汗作用，虚弱者慎用
2	九里香	小毒	6~12g		
3	三棵针	有毒	9~15g		
4	千金子	有毒	1~2g，去壳去油用，多入丸散服。外用适量，捣烂敷患处	禁用	
5	千金子霜	有毒	0.5~1g，多入丸散服。外用适量	禁用	
6	土荆皮	有毒	外用适量，醋或酒浸涂擦，或研末调涂患处		

续表

序号	药品名称	毒性	用法用量	孕妇禁忌	其他注意事项
7	土鳖虫	小毒	3~10g	禁用	
8	大皂角	小毒	1~1.5g,多入丸散用。外用适量,研末吹鼻取嚏或研末调敷患处	忌服	咳血及吐血者忌用
9	小叶莲	小毒	3~9g,多入丸散用		
10	山豆根	有毒	3~6g		
11	川乌	大毒	一般炮制后用	禁用	生品内服宜慎,不宜与半夏、瓜蒌、瓜蒌子、瓜蒌皮、天花粉、川贝母、浙贝母、平贝母、伊贝母、湖北贝母、白蔹、白及同用
12	川楝子	小毒	5~10g。外用适量,研末调涂		
13	干漆	有毒	2~5g	禁用	对漆过敏者禁用
14	飞扬草	小毒	6~9g。外用适量,煎水洗	慎用	
15	马钱子	大毒	0.3~0.6g,炮制后入丸散	禁用	不宜多服久服、生用;运动员慎用;有毒成分能经皮肤吸收,外用不宜大面积涂敷
16	马钱子粉	大毒	0.3~0.6g,入丸散	禁用	不宜多服久服、生用;运动员慎用;有毒成分能经皮肤吸收,外用不宜大面积涂敷
17	天仙子	大毒	0.06~0.6g	禁用	心脏病、心动过速、青光眼患者禁用
18	天南星	有毒	外用生品适量,研末以醋或酒调敷患处	慎用	生品内服宜慎

续表

序号	药品名称	毒性	用法用量	孕妇禁忌	其他注意事项
19	巴豆	大毒	外用适量，研末涂患处，或捣烂以纱布包擦患处	禁用	不宜与牵牛子同用
20	巴豆霜	大毒	0.1~0.3g，多入丸散用。外用适量	禁用	不宜与牵牛子同用
21	木鳖子	有毒	0.9~1.2g。外用适量，研末，用油或醋调涂患处	慎用	
22	水蛭	小毒	1.5~3g	禁用	
23	仙茅	有毒	3~10g		
24	北豆根	小毒	3~9g		
25	半夏	有毒	内服一般炮制后使用，3~9g。外用适量，磨汁涂或研末以酒调敷患处		不宜与川乌、制川乌、草乌、制草乌、附子同用；生品内服宜慎
26	甘遂	有毒	0.5~1.5g，炮制后多入丸散用。外用适量，生用	禁用	不宜与甘草同用
27	白附子	有毒	3~6g。一般炮制后用，外用生品适量捣烂，熬膏或研末以酒调敷患处	慎用	生品内服宜慎
28	白屈菜	有毒	9~18g		
29	白果	有毒	5~10g		生食有毒
30	艾叶	小毒	3~9g。外用适量，供灸治或熏洗用		
31	全蝎	有毒	3~6g	禁用	
32	华山参	有毒	0.1~0.2g	慎用	不宜多服，以免中毒；青光眼禁服；前列腺重度肥大者慎用
33	地枫皮	小毒	6~9g		
34	朱砂	有毒	0.1~0.5g，多入丸散，不宜入煎剂。外用适量	禁用	不宜少量久服或大量服，肝肾功能不全者禁服

续表

序号	药品名称	毒性	用法用量	孕妇禁忌	其他注意事项
35	红大戟	小毒	1.5~3g。入丸散服，每次1g；内服醋制用。外用适量，生用	禁用	
36	红粉	大毒	外用适量	禁用	只外用，不内服，亦不宜久用
37	两头尖	有毒	1~3g。外用适量	禁用	
38	两面针	小毒	5~10g。外用适量，研末调敷或煎水洗患处		不能过量，忌与酸味食物同服
39	吴茱萸	小毒	2~5g。外用适量		
40	芫花	有毒	1.5~3g。醋芫花研末吞服，0.6~0.9g/次/日。外用适量	禁用	不宜与甘草同用
41	苍耳子	有毒	3~10g		
42	附子	有毒	3~15g，先煎久煎	慎用	不宜与半夏、瓜蒌、瓜蒌子、瓜蒌皮、天花粉、川贝母、浙贝母、平贝母、伊贝母、湖北贝母、白蔹、白及同用
43	京大戟	有毒	1.5~3g，入丸散服，每次1g；内服醋制用。外用适量，生用	禁用	不宜与甘草同用
44	制川乌	有毒	1.5~3g，先煎久煎	慎用	不宜与半夏、瓜蒌、瓜蒌子、瓜蒌皮、天花粉、川贝母、浙贝母、平贝母、伊贝母、湖北贝母、白蔹、白及同用
45	制天南星	有毒	3~9g，外用适量，煎汤熏洗	慎用	
46	制草乌	有毒	1.5~3g，先煎久煎	慎用	不宜与半夏、瓜蒌、瓜蒌子、瓜蒌皮、天花粉、川贝母、浙贝母、平贝母、伊贝母、

续表

序号	药品名称	毒性	用法用量	孕妇禁忌	其他注意事项
					湖北贝母、白蔹、白及同用
47	苦木	小毒	枝 3~4.5g；叶 1~3g。外用适量		
48	苦杏仁	小毒	5~10g，生品入煎后下		内服不宜过量，以免中毒
49	苦楝皮	有毒	3~6g。外用适量，研末，用猪脂调敷患处	禁用	肝肾功能不全者慎用
50	金钱白花蛇	有毒	2~5g；研粉吞服，1~1.5g		
51	金铁锁	小毒	0.1~0.3g；多入丸散，外用适量	慎用	
52	闹羊花	大毒	0.6~1.5g，浸酒或入丸散。外用适量，煎水洗	禁用	体虚者禁用，不宜多服久服
53	南鹤虱	小毒	3~9g		
54	急性子	小毒	3~5g	慎用	
55	洋金花	有毒	0.3~0.6g，宜入丸散；亦可作卷烟分次燃吸(不超过1.5g/日)。外用适量	禁用	外感及痰热咳喘、青光眼、高血压及心动过速者禁用
56	牵牛子	有毒	3~6g，入丸散服，1.5~3g/次	禁用	不宜与巴豆、巴豆霜同用
57	草乌	大毒	一般炮制后用	禁用	生品内服宜慎；不宜与半夏、瓜蒌、瓜蒌子、瓜蒌皮、天花粉、川贝母、浙贝母、平贝母、伊贝母、湖北贝母、白蔹、白及同用
58	草乌叶	小毒	1~1.2g；多入丸散	慎用	
59	轻粉	有毒	外用适量，研末掺敷患处。内服 0.1~0.2g/次，1~2次/日，多入丸剂或装胶囊服，服后漱口	禁服	不可过量，内服慎用

续表

序号	药品名称	毒性	用法用量	孕妇禁忌	其他注意事项
60	重楼	小毒	3~9g。外用适量，研末调敷		
61	香加皮	有毒	3~6g		不宜过量
62	鸦胆子	小毒	0.5~2g，龙眼肉包裹或入胶囊吞服。外用适量		
63	狼毒	有毒	熬膏外用		不宜与密陀僧同用
64	臭灵丹草	有毒	9~15g		
65	商陆	有毒	3~9g。外用适量，煎汤熏洗	禁用	
66	常山	有毒	5~9g	慎用	有催吐副作用，量不宜过大
67	猪牙皂	小毒	1~1.5g，多入丸散。外用适量，研末吹鼻取嚏或研末调敷患处	禁用	咯血吐血者禁用
68	绵马贯众	小毒	5~10g		
69	绵马贯众炭	小毒	5~10g		
70	蛇床子	小毒	3~10g。外用适量，多煎汤熏洗，或研末调敷		
71	斑蝥	大毒	0.03~0.06g炮制后多入丸散用。外用适量，研末或浸酒醋，或制油膏涂敷患处，不宜大面积用	禁用	内服慎用
72	硫磺	有毒	外用适量，研末油调涂敷患处。内服1.5~3g，炮制后入丸散服	慎用	不宜与芒硝、玄明粉同用。
73	紫萁贯众	小毒	5~9g		
74	雄黄	有毒	0.05~0.1g，入丸散用。外用适量，熏涂患处	禁用	内服宜慎，不可久用
75	蒺藜	小毒	6~10g		

续表

序号	药品名称	毒性	用法用量	孕妇禁忌	其他注意事项
76	蓖麻子	有毒	2~5g。外用适量		
77	蜈蚣	有毒	3~5g	禁用	
78	罂粟壳	有毒	3~6g	禁用	易成瘾,不宜常服;儿童禁用;运动员慎用
79	榼藤子	小毒	10~15g		不宜生用
80	蕲蛇	有毒	3~9g;研末吞服,研末 1~1.5g/次,2~3次/日		
81	鹤虱	小毒	3~9g		
82	翼首草	小毒	1~3g		
83	蟾酥	有毒	0.015~0.03g,多入丸散。外用适量	慎用	

经营和使用毒性中药应注意以下几点:

（1）毒性中药的收购、经营,由各级医药管理部门指定的药品经营单位负责;配方用药由国营药店、医疗单位负责。其他任何单位或者个人均不得从事毒性中药的收购、经营和配方业务。

（2）收购、经营、加工、使用毒性中药的单位必须建立健全保管、验收、领发、核对等制度,严防收假、发错。严禁将毒性中药与其他药品混杂,做到入库有验收有复核;出库有发药有复核;划定仓间或仓位,专柜加锁保管,由专人专账管理。毒性中药的包装容器上必须印有毒药标志。在运输毒性中药的过程中应当采取有效措施,防止发生事故。

（3）凡加工炮制毒性中药,必须按照药典或者炮制规范的规定进行。符合药用要求方可供应、配方。

（4）医疗单位供应和调配毒性中药,需凭医师签名的正式处方。每张处方剂量不得超过2日极量。调配处方时必须认真负责,使用与剂量等级相适应的戥秤或天平称量,保证计量准确,按医嘱注明要求调配,并由配方人员和具备资格的药学技术人员复核签名（盖章）,经原处方医师审定后再行调配。处方一次有效,取药后处方保存2年。

（5）对科研和教学单位所需的毒性中药,必须持有本单位的介绍信,经单位所在县级以上卫生行政部门批准后,供应部门方能发售。群众自配民间单方、秘方、验方需用毒性中药,购买时持有本单位或街道办事处、乡（镇）人民政府的证明信,供应部门方能发售,每次购用量不可超过2日极量。

（二）麻醉中药的使用

麻醉中药是指连续使用易产生生理依赖性，能成瘾癖的一类中药。它与具有麻醉作用的乙醚、普鲁卡因、利多卡因等麻醉剂是不同的。1987年国务院颁布的《麻醉药品管理办法》是从事麻醉药品研制、生产、经营和使用的法定依据。1996年1月国务院颁布了《麻醉药品品种目录》，中药罂粟壳作为麻醉品被列入其中。

管理和使用中药罂粟壳应做到以下几点。

（1）罂粟壳的供应业务由各药品监督管理部门指定的一个中药经营企业承担，其他单位一律不准经营。

（2）罂粟壳的供应必须根据医疗、教学和科研的需要，有计划地进行。罂粟壳可供乡镇卫生院以上医疗单位配方使用和县以上药品监督管理部门指定的经营单位凭盖有乡镇卫生院以上医疗单位公章的医师配方使用，不得单味零售。严禁在中药材市场上销售。

（3）每张处方罂粟壳不超过3日常用量（3~6g/日），即总共18g。且不得单包，必须混入群药，防止变相套购。连续使用不得超过7天。

（4）要有专人负责、专柜加锁、专用账册、专用处方、专册登记。做到账物相符，处方保留3年备查。

（5）对执有《麻醉药品专用卡》的患者，可到指定的医疗机构开方配药。对于癌症晚期患者止痛所需，可酌情增加用量。

（6）由于本品具有成瘾性，故不宜常服；孕妇及儿童禁用；运动员慎用。

五、审核剂量、剂数、剂型和用法

（一）审剂量

处方的用药剂量是否得当直接关系到临床疗效和病人的生命安全。调剂人员在审方时，需要注意以下四种情况。

1. 超剂量用药

调剂人员在审核剂量时，需重点查看处方中有无超剂量用药情况。按照《药品管理法》规定，调配处方必须经过核对，对超剂量的处方，应当拒绝调配；必要时，经处方医师更正或者重新签字，方可调配。尤其对超剂量的毒性药，医师签字应签在毒剧药用量处，且调配后原处方应当留存医疗机构药房或药店2年。中国药典、局颁标准等所标注的中药用量是该味中药的成人一日水煎剂量，对于儿童需按成人中药一般用量进行折算。

2. 字迹不清

调剂人员在审剂量时，需注意看处方中有无书写不清，潦草难认的数字。如"2"写得像"3"；"5"写得像"8"；"30 g"写得像"3 g"或"300 g"。若发现不易辨认的数字时，不能主观猜测，需联系原处方医师重写，否则不予调配。

3. 漏写剂量

调剂人员在审剂量时，需注意查看处方中有无标注剂量的情况。若发现未标注剂量，需联系原处方医师标注，否则不予调配。

4. 剂量涂改

调剂人员在审剂量时，需注意查看处方中有无涂改剂量的情况。若有涂改，需处方医师在涂改处签名，否则不予调配。

（二）审剂数

中药饮片处方的剂数主要是指该处方服用的天数，也称为付数或帖数。《处方管理办法》指出处方开具当日有效，特殊情况下需延长有效期的，由开具处方的医师注明有效期限，但有效期最长不得超过 3 天；处方一般不得超过 7 日用量。由此，一般情况处方剂数不超过 7 剂。

（三）审剂型

对于中药饮片处方，一般为汤剂，但也有临方制剂的丸、散、膏、酒等剂型。

（四）审用法

中药饮片处方的用法主要是指服用或使用方法，临床常用内服或外用两种情况。调剂人员审方时应注意医师是否明确注明内服或外用；空腹、饭后、饭前、睡前；温服、凉服；洗浴、熏蒸或含漱等，若表述不确切者，可及时联系处方医师，修改相关内容。

六、审核处方后记

工作人员在审核处方后记时主要审阅药品价格，以及医师与药师的签字（或盖章）项目填写是否清晰、完整，有无遗漏情况。各岗位的工作人员审核后认为处方合格，应签全名。

模块二　项目二　任务二　练习题

1. 单项选择题

（1）处方一般当日有效，特殊情况下有效可延长，但最长不得超过（　　）。
　　A. 2 天　　　　　　B. 3 天　　　　　　C. 5 天
　　D. 7 天　　　　　　E. 10 天

（2）大黄䗪虫丸处方组成为大黄、土鳖虫、水蛭、虻虫、蛴螬、干漆、桃仁、地黄、白芍、黄芩、苦杏仁、甘草。方中大黄宜选用的炮制品是（　　）。
　　A. 生大黄　　　　　B. 酒大黄　　　　　C. 醋大黄
　　D. 熟大黄　　　　　E. 大黄炭

（3）某女，25 岁。胃痛吐酸，喜温恶寒，舌淡，苔薄白，脉弦紧。医生诊断后开具处方：高良姜、香附、延胡索、吴茱萸、木香，以温中散寒，和胃止痛之法治疗。该患者适宜的服药时间是（　　）。
　　A. 饭前　　　　　　B. 饭后　　　　　　C. 睡前

D. 空腹 E. 频服

（4）某女，28岁，已妊娠 2 月，因关节痛就诊，医师处方时以下中药中应禁用的是（　　）。

A. 川芎 B. 丹参 C. 莪术
D. 当归 E. 苍术

2. 多项选择题

医生处方时会将几种疗效基本相似或有协同作用的饮片缩写在一起并开，"炒四仙"应付的饮片有（　　）。

A. 炒山楂 B. 炒槟榔 C. 炒谷芽
D. 炒神曲 E. 炒麦芽

项目三　计价与收费

【学习目标】

（1）掌握计算中药饮片处方价格的方法与要求。
（2）掌握手工填写发票和收据的方法。
（3）掌握机打税控发票的基本技能。

中药饮片处方计价是按照处方中的药味进行逐一计算，得出每剂的总金额，并填写在处方的药价处。处方计价一般由计价员操作，计价时必须执行物价管理规定的价格，准确计价，不得任意估价。因此计价员既要熟悉中药饮片的现行零售价，也要熟练运算技能，才能迅速而准确地完成计价工作。收费是中药处方经计价后，由收款人员根据计价金额收取钱款的过程，包括现金收费和支票收费等。

任务一　计　价

计价又称算方、划价，是中药调配前准备收费的依据，一般由收方者完成。

一、计价方法

（一）计价工具

计价工具包括算盘、计算器、计算图章、电子计算机、笔、打印机等。

（二）中药饮片处方计价计算步骤

在计价时，计价员应熟悉每味药的现行价格，每张处方由不同药味组成药贴（也有单味方），在计算时，先进行每味药价的计算，然后将每一味药的金额相加而得出每一剂药的金额，最后把每一剂药的金额乘以处方上需要的剂量即为该处方的总价格。

常见汤剂计价方法：

1. 计算每味药的价格

按照中药饮片处方，将每味药剂量乘以相应的单价，得出每味药价。即：

$$每味药价 = 用药剂量 \times 单价$$

（要求：每味药的价格，尾数不得进位或舍去）

2. 计算每剂药的价格

将处方中每味药的价格相加，得出每剂药价。即：

$$每剂药价 = \Sigma 每味药价$$

（∑为求和符号，即将每味药价相加求和，要求：每剂药价的尾数按四舍五入到"分"，误差小于 0.05 元/剂）

3. 计算每张处方的总价

将每剂药价乘以处方上需要的剂量。即：

$$处方总价=每剂药价 \times 剂量$$

其他如丸、散、膏方等剂型价格计算方法需要在汤剂计价的基础上，分别增加加工费、辅料费或燃料费等。

二、计价常规要求

（1）按照物价管理规定的定价进行计价，不得随意估价和改价，做到计价准确无误。

（2）严格按照计价的要求进行计价。如每味药的价格尾数不得随意舍去或进位，单价"分"以下的尾数按四舍五入到"分"执行，误差小于 0.05 元/剂等。

（3）注意剂数、新调价、自费药品等项内容。处方中药味若有不同规格或贵细药品，应在药品名的顶部注明单价，俗称"顶码"，以免调配时错付规格。处方中若有自费药品，需经患者同意后计价，并在收据中注明自费字样。

（4）准确计价后，计价员将单价、剂数、总价、日期、经手人等内容填入盖有计价图章的有关各栏内，填写完整。

（5）计价员计价时，应在处方药味四角处用笔圈钩，作为原方的标识，原方复配时，应重新核算价格，因药价或饮片等级可能有变动，所以不得随原价。

（6）若需代煎，在计价后办理代煎手续，填写取药单。若需临方制剂加工，在计价后需填写定配单，将姓名、加工剂型、规格、数量、取药日期、经手人等内容逐项填写。取药时另按规定收加工费。

（7）开票收款时必须填写姓名、剂数、单价、总价，金额大小写需相符，收找款唱收唱付。

（8）签字使用蓝色或黑色钢笔、签字笔或圆珠笔，不可使用红色笔或铅笔。

三、计算机计价步骤

通常各医疗机构和药品经营企业已将中药饮片名称、规格、产地、单价、数量及运算程序录入电子计算机，计价员只需掌握中药名称、医保名录的分类等知识，并有熟练的计算机操作技能，就能准确快速地完成计价工作。

1. 录入药名

计价员打开处方计价系统，将处方中药名正确输入计算机相应位置。若同一药品名称有不同规格时，需与顾客与调剂员及时沟通，以便确定要给付的中药饮片规格。

2. 录入剂量

计价员将处方中药名所对应的剂量正确地输入计算机相应位置。中药饮片的剂量一般以克（g）为单位，个别饮片以"条""只"等为单位，计价时需注意中药饮片的剂量单位。

3. 录入剂数

计价员将处方剂数正确输入计算机相应位置，按照已设置好的运算程序，计算机将自动计算出总金额。

一般情况下，医院药房缴费收据是计算机打印出来的，均是三联单，其中一联留在划价处，一联交给顾客留底，一联贴在处方上（正、背面均可）。贴处方上的发票，必须加盖收讫章（现金收讫或医保收讫章），且盖在发票与处方相结合处，即加盖"骑缝章"。发票内容包括患者姓名、缴费时间、药费总金额、药味明细（一般为前七味药名）、发票编号、划价员编号、处方医生编号、打印时间等。

任务二　收　费

收费是中药处方经计价后，由收款人员根据计价金额，收取钱款的过程。包括现金收费和支票收费等。此外，随着社会的进步，电子支付已逐渐流行。

一、现金收费

现金收费是指收取顾客使用现金所付费用。在收取现金时，要仔细看清数额，并进行验钞，验钞后要唱收，即向顾客说出收到的钱款数额。然后找零钱，大额的钞票付出前也要验钞，然后唱付给顾客。

1. 收现金程序

收款→验钞→唱收→找零→唱付

2. 收现金注意事项

（1）收钱找零，一定要唱收唱付。

（2）收、付款时，对大额钞票一定要坚持验钞，避免损失和不必要的麻烦。

（3）收款过程要精神集中，保持冷静，避免不必要损失。

（4）收款的环境要明亮，避免在昏暗的光线下收款。

（5）尽量避免给顾客兑换零钱、整钱，钱款每一出一入出于安全考虑都要认真清点，避免被窃，收款台上方应安装监视器。

二、电子收费

根据消费者电子支付类型来看，一般包括微信收费、支付宝收费和医保收费。微信收费和支付宝收费只需要向消费者提供相应的收款二维码或是利用扫码枪进行主扫收费。

医保收费根据消费者提供的凭证不同可分为医保电子凭证结算和医保卡结算，两者均在同一系统中完成结算，在进行医保收费时，计价员需熟悉在国家医保支付范围的中药饮片目录，该部分中药饮片可以用医保进行收费，不在该名录中的中药饮片消费者只能自费，需要注意的是每年国家都会对医保支付范围的中药饮片目录进行调整。在进行医保收费时，需要在医保系统里面添加相关的中药饮片信息，这样在医保进行结算时才会有相关中药饮片信息，并进行结算，结算方式包括医保卡收费和医保电子凭证结算，医保卡结算方式除了消费者需要提供医保卡外，还需要提供正确的缴费密码，密码错误则不能正常结算。医保电子凭证结算则需消费者提供医保码，计价员扫码则可完成结算。医保电子凭证相比医保卡结算更方便，更快捷。

任务三　开具收据和发票

一、手工填写发票和收据

收取钱款后，要给顾客开具收据或发票（图 2-3-1、图 2-3-2）。药店开给顾客的发票、收据是药店对顾客已交费认可票据，要按照一定要求填写。开具小票时，也要按规定书写。

填写发票要求：

（1）填写患者姓名或付款单位名称（必须写全称，不能简写）。

（2）填写开票日期，必须是实际日期，不能提前，也不能滞后，要做到当天开取。

（3）填写商品名称（如中药汤剂）或收入（收费）项目，应该按照销售货物名称或劳务名称逐项如实填写，不得虚开或改变内容。

（4）填写规格、计量单位、数量、单价时，必须按实际或标准填写。

（5）大小写金额数字填写时，须将大小写金额填写齐全，大小写金额必须一致，不可缺一。书写小写金额，使用阿拉伯数字，书写大写金额使用汉字，最高金额的前一位空白格 用"¥"字头填写封口。

（6）开具过程中，如有涂改的，必须作废重新开具。作废发票及收据必须与存根联装订在一起。

使用支票付款的，要把支票号写在发票上。发票填写完毕，撕下发票联，加盖收款 单位财务印章后交给顾客。记账联收款单位做账用，存根联保存备查。

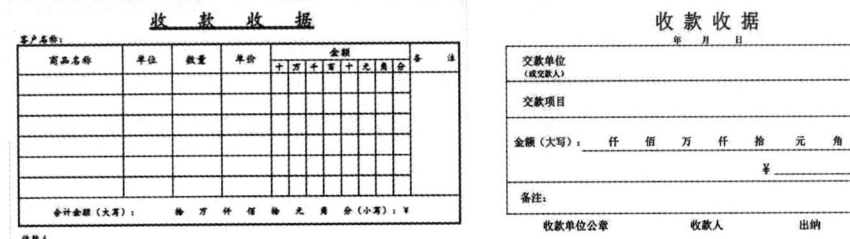

图 2-3-1　手工收据

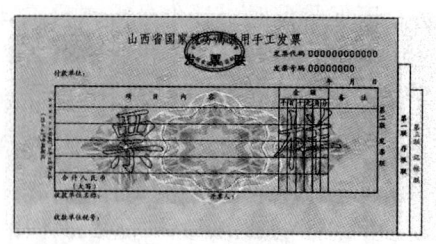

成品规格:190 mm×105 mm 共3联

图 2-3-2 手工发票

二、机打税控发票

现在手工填写发票逐渐被机打税控发票所取代。机打税控发票的使用,有利于国家对税收的管控。机打税控发票种类分为卷式发票和平推式发票(图 2-3-3、图 2-3-4)。

76 mm×177.8 mm　　57 mm×177.8 mm

图 2-3-3 卷式发票

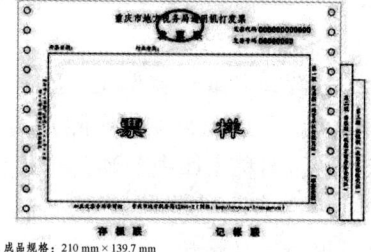

成品规格:210 mm×139.7 mm

图 2-3-4 平推式发票

(1)机打税控发票的名称,按地区加行业确定,例如,"一省(市)商业零售发票""一省(市)服务业发票"等。药店应使用商业零售发票。

(2)卷式发票的基本内容包括发票名称、发票监制章、发票联、发票代码、发票号码(印刷号)、机打号码、机器号、收款单位及其税号、开票日期、收款员、付款单位(两行间距)、项目、数量、单价、金额、小写合计、大写合计、税控码、印制单位。

(3)平推式发票印制和打印的内容,除国家税务总局统一规定的式样外,比照卷式发票的基本要求及行业特点,由省级税务机关确定。

(4)税控发票的联次一般为两联,即第一联为"发票联",第二联为"存根联"或"记账联"。开具后"发票联"盖章后交顾客,收款单位保存"存根联"和发票明细数据,确保税务机关能够完整、准确、及时、可靠地进行核查。

(5)税控发票必须加盖开票单位的发票专用章或财务印章。经税务机关批准印制的企业冠名发票,可以在印制发票时,将企业发票专用章(浅色)套印在税控发票右下方。

各地和各单位使用的税控开票系统和税控收款机会有差别,操作方法不尽相同,应按各地税务部门的要求进行配置和使用。

模块二　项目三　练习题

1. 单项选择题

（1）计价时，应在处方（　　），用笔圈钩，作为原方标志。

　　A. 处方的左上角　　　　　　　　　　B. 处方右角

　　C. 处方药味的左右两角　　　　　　　D. 处方药味四角

（2）手工填写发票时，为方便简单，金额栏可四舍五入到（　　）。

　　A. 元　　　　　　B. 角　　　　　　C. 分　　　　　　D. 厘

2. 多项选择题

（1）原方复配时，应根据（　　）核算价格。

　　A. 原价　　　　　　　　　　　　　　B. 折后价格

　　C. 政府定价　　　　　　　　　　　　D. 政府指导价

（2）开票收款时，必须写明（　　），金额大小写相符，收找款唱收唱付。

　　A. 姓名　　　　　B. 单价　　　　　C. 剂数　　　　　D. 总价

项目四　调　配

【学习目标】

（1）掌握中药饮片调配的操作要求、工作程序，中药饮片处方的脚注内容及处理方法，中药小包装饮片的调配。

（2）熟悉中药饮片调配的质量要求，中药小包装饮片、中药配方颗粒的概念和特点及中药配方颗粒调剂常规。

（3）了解中药饮片调配过程中出现的常见问题、中药小包装饮片的规格。

调配习称"配方""抓药"，是将斗内的中药饮片按处方要求（如药味、剂量、炮制、煎法等）调配齐全并集于一处的操作过程。调配是中药饮片调剂工作中的主要环节，调配质量的好坏直接关系到患者用药的安全与疗效。因此，调配工作人员要有高度的职业道德和责任感，按照《处方管理办法》和中药饮片调剂规程的有关规定进行审方和调配。对存在"十八反""十九畏"、妊娠禁忌、超过常用剂量等可能引起用药安全问题的地方，应当请处方医师确认（"双签字"）或重新开具处方；同时注意毒麻中药的用法用量、药品名、并开药名以及处方脚注和有无临时炮制加工的药品等，经审核无误后方可调配。

任务一　调配前的准备工作

调配前工作包括清场、审核处方、包装纸的选择和码放。

一、清　场

清场是对调配使用的盛放器具、调剂台的台面、戥秤、冲筒等用具进行清洁，清除残留的灰尘和黏附物，目的是保证调配的饮片不受污染。常用工具为鸡毛掸子或干燥抹布，忌用湿布清洁器具，防止器具损坏和饮片吸潮。

二、调配前审方

调剂员查看处方有别于药师审核处方，除作为药师审方的补充外，更侧重于处方内容的审阅，目的是便于调配操作。调剂员审方包括以下内容：

（1）核对顾客信息，确认配药剂数。调配人员在调配处方前，应与计价人员或顾客再次确认配药顾客的姓名和调配的剂数，避免因顾客原因导致的失误。

（2）再一次审阅处方，注意"相反""相畏"药对及妊娠配伍禁忌、毒性中药的用法用量。调配人员审方是作为药师审方的补充，避免因审方药师遗漏导致的失误。

（3）确认所需饮片是否齐全。常用药断档应立即做出说明。对于手写处方，要注意辨析确认品种。

（4）大致计算药物的总质量和体积，便于选取合适的包装用纸。

三、包装纸的选择和码放

包装纸的选择和码放是根据药量和体积来确定的，草类和其他质地松泡药材为多时，应选取较大尺寸的包装纸，反之宜小。

 常用中药材的包装要求

国家对 300 多种常用中药材的包装及包装要求进行了规定，其他品种也应参照执行。一般药材多使用麻袋做包装，其中有的药材（如蒲黄、青黛、海金沙）需内衬布袋。矿石类、贝壳类药材使用塑料编织袋包装。贵重药材（如人参、三七）、易变质药材（如枸杞子、山茱萸）、易碎药材（如鸡内金、月季花），以及需用玻璃器皿作内包装的药材（如竹沥），宜选用瓦楞纸箱做包装，箱内多衬防潮纸或塑料薄膜，箱面涂防潮油或箱外裹包麻布、麻袋，再用塑料带捆扎。受压不易变形、破碎的药材，宜选用打包机压缩打包，压缩打包件外可选用麻布或粗平布、塑料编织布裹包，有的药材需内衬防潮纸（如莲须、蔻香），质地柔软的花、叶、草类药材，还需在包外加竹片或荆条、紫槐条制成的支撑物，包外用麻绳、棕绳等捆扎。

任务二　处方调配

一、操作要点

1. 校 戥

校戥是为了保证戥秤的精确度和灵敏度，保证饮片剂量准确、调配迅速，在确认戥秤的准确性后方能进行药物的称取。

2. 按处方顺序依次抓配

横写的处方从左上角开始，向右逐味、逐行抓配；竖写的处方从右上角开始，向下逐味、逐列抓配。如两人同抓一方，则一人从前往后，另一人从后往前，依次抓配。一张处方最多可由两人同时抓配。

3. 看一味抓一味，唱念处方

看处方一定要走到处方前，看清楚药名、剂量、脚注并读出声。声音大小快慢要使柜台

前的顾客能听见，一般尾音稍拉长，就是所谓的"唱"。这种传统做法的目的，一是集中注意力，加深记忆，不会抓错；二是使顾客感到调剂员的认真、规范，对调剂员以及药店产生信任和好感；三是两人同抓一方时，互相听着对方唱方，可避免重复抓药。注意：看方时，既不要一下看两三味药然后凭记忆操作，也不要远远地瞟一眼处方就抓，以免出错。

4. 左手定戥位，右手抓药

先用左手将砣绳移至需要称量的戥星上，用拇指压住，然后找药斗，右手拉斗，抓药。戥盘靠近药斗，右手心向上将药取出，至戥盘上方翻手放药。对于海金沙、蒲黄、青黛、白茅根炭等细小粉末类药物，调配时可用小勺盛取。只可用手由药斗内向戥秤盘抓药，不允许直接用戥盘由药斗内盛药。

5. 提戥齐眉，随手推斗

抓药后，右手提毫使戥盘悬空，左手稍离开戥杆，提戥齐眉。戥杆呈水平状态时，表明称量准确，若戥杆偏高偏低，则需适量增减药物，至戥杆平衡为止。称完一味药后要顺手将药斗推回，既避免药味污染，又保持药斗整体美观，也不影响自己和别人操作。

6. 等量递减，逐剂复戥

调配一方多剂药时，可一次称出多剂单味药的总量（即称取克数=单位药剂量×剂数），再按剂数分开，称为"分剂量"。分剂量时要每倒一次，称量一次，即"等量递减，逐剂复戥"。不可凭主观臆测以手代戥，随意估量分剂或抓配。每一剂的重量误差应控制在±5%以内。调剂员应练就"一抓准"的本领，以提高配方速度。调配代煎药时，可不分剂量，只需称出每味药的总量，将其倒在包装纸或盛药盘内，复核后装入煎药袋内即可。如果煎药袋装不下全方总药量，可分成2~3份调配，如果7剂药可分成3剂和4剂调配两次。

7. 脚注药物，特殊处理

处方中有特殊处理的药品，如先煎、后下、包煎、烊化等要单包成小包，写上药名、用法或盖上脚注章，将小包放在大包里。不要把脚注药放到最后处理，以免遗忘。

8. 摆放药物，按序间隔

为便于复核，从戥秤里向包装纸或盛药盘倒药时，要按药物在处方上所列的顺序排列。如处方第一个药名在左上角，那么该药也倒在盘内左上角。每味药要倒得集中一些，两味药尽量不要互相压盖，更不能混放一堆。对体质松泡而量大的饮片如灯心草、通草、夏枯草、淫羊藿等应先称，以免覆盖前药；对黏性大的药物如熟地黄、龙眼肉、瓜蒌等可后称，放在其他药味之上，以免沾染包装用纸或盛药盘。

9. 临时捣碎，处理得当

处方中有质地坚硬的矿物类、动物贝壳类和果实种子类中药，调配时需用冲筒临时捣碎后再分剂量，以利于煎出有效成分。在使用冲筒前，须先检查筒内是否洁净，有无残渣或粉末。凡捣碎毒性中药或有特殊气味的中药后，应及时将冲筒洗刷干净，以免串味串性，影响疗效或发生事故。临时捣碎以适度为宜。

10. 自查与签名盖章

调配完一方后，先将戥秤放好，自行逐味检查一遍，确认无误后在处方上签名，再交由复核药师进行复核。

二、操作注意事项

（1）严格按医师处方要求进行调配，不准生制不分，以生代制。处方中有需要临时炮制加工的药品，如炙旋覆花、炒干姜等，可称取生品后由专人按炮制方法进行炮制，炮制品要符合质量要求。

（2）调配时若发现有伪劣药品、不合格药品、发霉变质药品等应及时更换，再行调配。

（3）调配含有毒性中药饮片的处方，每次处方剂量不得超过2日极量，对处方未注明"生用"的，应给付炮制品。处方保存2年备查。

（4）罂粟壳不得单方发药，必须凭有麻醉药处方权的执业医师签名的淡红色处方方可调配，每张处方不得超过3日用量，连续使用不得超过7天，成人的常用量为每日3~6 g。处方保存3年备查。

（5）调配过程中，不小心撒落在地上的药物，不得捡起放回药斗，更不允许捡起放入戥秤内。

三、脚注处理（特殊处理药品的调配）

根据治疗需要和饮片的性质，医师在开汤剂处方时，会对某味药物的煎煮方法和用法提出简明要求，一般用小字写在药名右上角，称为脚注、旁注，其作用是提示调剂人员对该饮片采用相应的处理方法。脚注的内容一般包括炮制法、煎煮法、服法等。常见的脚注术语有先煎、后下、包煎、另煎、冲服、烊化、打碎、煎汤代水等。《中国药典》对需特殊处理的品种都有明确的规定。

脚注是中医处方的常用术语之一，调剂人员必须按医师处方脚注的要求进行调配。先将有特殊煎法、服法的药按要求处理后单包成小包，再在小包外面写上药名、脚注要求或盖上脚注章，并向顾客交代具体煎服方法，再放入大药包中；有鲜药时，应分剂量单独包成小包并注明药名用法后再另包成大包，不与群药同包。有的处方虽未加脚注，但如需特殊处理的，仍应按相关规定操作。

（一）宜先煎的药

先煎也称"先下"，需要先煎的药主要包括：

1. 质地坚硬，不易煎透的饮片

这类饮片主要有矿物类、化石类、贝壳类及动物的角、骨、甲类饮片，如生蛤壳、生龙齿、生紫石英、生寒水石、生磁石、生牡蛎、生代赭石、赤石脂、钟乳石、禹余粮、自然铜、生龙骨、石燕、生石决明、生珍珠母、生瓦楞子、水牛角丝、鳖甲、龟甲、鹿角霜等。调配时多需捣碎。

2. 某些有毒饮片

这类饮片因其毒性成分不耐热，久煎可降低毒性。如制川乌、制草乌、附子、商陆等。

（二）宜后下的药

需要后下的药主要包括：

1. 气味芳香的饮片

如沉香、薄荷、砂仁、豆蔻、紫苏叶等。

2. 久煎后有效成分易破坏的饮片

如钩藤、苦杏仁、徐长卿、生大黄（用于泻下）、番泻叶等。

（三）宜包煎的药

需要包煎的药主要包括：

1. 含黏液汁较多的饮片

这类饮片应包煎以免煎煮时糊锅底。如车前子、葶苈子等。

2. 表面有绒毛的饮片

包煎以免脱落的绒毛混入煎液中刺激喉咙，引起咳嗽。如旋覆花、辛夷等。

3. 粉末状的饮片

包煎以免药末分散在汤液中，服药不便。如蛤粉、蒲黄、海金沙、六一散、滑石粉等。

（四）宜烊化（溶化）的药

烊化主要指胶类、蜜膏类中药。如阿胶、鳖甲胶、鹿角胶、饴糖、蜂蜜等。

（五）宜另煎的药

另煎主要指贵重中药。如人参、红参、西洋参、羚羊角丝等。

（六）宜兑服的药

兑服主要指液体中药。如黄酒、竹沥水、鲜藕汁、姜汁、梨汁等。

（七）需冲服的药

冲服主要指一些用量少、贵重的中药。如羚羊角粉、三七粉、琥珀、鹿茸粉、紫河车、沉香粉等；或难溶于水的中药，如牛黄、麝香等。

（八）宜捣碎、研碎的药

药名下注明"捣""打"或"研粉"的药，应当用冲筒捣碎，用打粉机粉碎或用研钵研粉。调剂时需捣碎的中药多为含油脂或挥发油成分较多的果实种子类，药业有"逢子必捣"之说，也有少量坚硬的根及根茎类、矿物类、动物贝壳类中药等，即"完物必破"。根据药物自身的性质，将需要捣碎的中药分为以下两类。

可预先加工碾串（碎）备用的中药：瓦楞子、石决明、生石膏、龙骨、鹅管石、海浮石、花蕊石、芦荟、牡蛎、青礞石、珍珠母、栀子、钟乳石、香附、海螵蛸、寒水石、硫黄、紫贝齿、紫石英、蛤壳、磁石、代赭石等。

调配处方需临时捣碎的中药：丁香、人参、儿茶、刀豆、大皂角、大枣（劈开或去核）、山慈菇、生川乌、川楝子、木鳖子、五味子、牛蒡子、炒牛蒡子、平贝母、白矾、白果、炒白果仁、白扁豆、炒白扁豆、瓜蒌子、半夏、母丁香、亚麻子、西洋参、麸煨肉豆蔻、肉桂、竹节参、延胡索（或切厚片）、华山参、自然铜、决明子、炒决明子、红参、芥子、炒芥子、豆蔻、醋龟甲、诃子、青果、苦杏仁、郁李仁、使君子、荜茇、草豆蔻、草果仁、姜草果仁、盐胡芦巴、荔枝核、南五味子、醋南五味子、砂仁、牵牛子、炒牵牛子、炮山甲、醋山甲、珠子参、莱菔子、炒莱菔子、桃仁、益智仁、盐益智仁、浙贝母（或切厚片）、娑罗子、海马（或研粉）、海龙（或切段）、预知子、黄连、甜瓜子、鹿角霜、黑芝麻、蓖麻子、炒蔓荆子、榧子、酸枣仁、蕤仁、橘核、醋鳖甲等。这类药物既不能调配时给整药，也不能提前捣碎放置时间过长，一般均应在调配时临时用冲筒捣碎后使用。这一方面有利于药物有效成分的煎出，另一方面也可防止过早捣碎药物导致有效成分的散失或出现虫蛀、发霉、泛油等。调配这些药物时，即使处方没有要求，按常规也需要捣碎或研细粉。

任务三　新型中药饮片调配

一、小包装饮片调配

中药小包装饮片是指中药饮片生产企业特制的以全透明聚乙烯塑料或无纺布等作为包装材料制成的小规格中药。中药饮片调剂人员根据医师处方的剂量，结合小包装的规格，直接"数包"进行调剂。剂量准确，操作方便，减少浪费，改善环境，广泛受到调剂人员和患者的欢迎。中药小包装饮片将可能逐步取代"手抓戥称"的传统中药调剂方式，成为全国三级中医院和部分有规模的中医院的首选调剂方式。

（一）中药小包装饮片的特点

1. 保持传统特色

中药小包装饮片仍遵循中医药理论，保持原饮片的性状及片型，以饮片入药，临用煎汤，诸药共煎，保证原方疗效。

2. 保证配方准确

小包装饮片采用感量为 0.1 g 的电子秤分装，按设定的剂量精确称量后包装，有效地控制了每包饮片的装量差异，确保了剂量的准确，避免了传统调剂由于操作引起的剂量误差，提高了调配质量，确保临床疗效。

3. 简化调剂操作

使用小包装中药饮片调剂实现了变"戥药"配方为"数包"配方，简化了调剂操作，便于复核，提高调剂的效率，减少患者等待时间，提高了患者的满意度。

4. 便于贮存

小包装饮片采用全透明的聚乙烯塑料袋包装，杜绝了饮片在流通过程中的污染，还可防止生虫、走油、变色等现象，特别对一些易生虫、生霉、变色、走油的品种有着十分重要的意义。

5. 便于质量监督，提高透明度

2003年12月18日，国家出台了《关于加强中药饮片包装监督管理的通知》，要求包装上必须有标签，注明品名、规格、产地、生产企业、产品批号、生产日期，并附有质量合格标志。饮片小包装上的这些信息，可增加患者的知情权，普通患者也能按包装上标识自行核对，对其质量进行检查，因此，提高了质量的透明度，便于质量监督，提高饮片质量。

6. 减少浪费，便于管理

采用饮片小包装，可以避免散装饮片在调剂中出现差错，以及霉变、虫蛀、变色、变味、走油而造成的浪费。又能通过计算机进行量化管理，提高管理水平。

(二) 中药小包装饮片的规格

小包装饮片的规格是指每个小包内含饮片的重量。规格设定的基本原则因药而异，符合高频多规原则（使用频率高的饮片，根据临床常用剂量多设规格）和品规最少原则（在最大满足常用剂量的前提下，剂量设定最少的品规数），最大限度地满足临床常用剂量的需要。临床常用的小包装饮片的规格为3 g、5 g、10 g、15 g、30 g。

为了充分发挥小包装中药饮片的特色与优势，改进中药饮片调剂方式，生产企业制订了小包装色标管理规范，不管什么品种，只要重量一样，颜色就相同，对中药饮片小包装进行标准化管理。调剂时应用色标可以达到快速识别的目的，提高调剂的速度和准确度。

罂粟壳不得制成小包装中药饮片，在调剂时应当按规定将其他小包装饮片拆包并与罂粟壳混合后发药。凡《中国药典》《炮制规范》注明"有毒"的中药饮片（非毒性饮片），如白附子、甘遂等，其最大规格的设定，应不超过规定的最大剂量。毒性中药饮片不得制成小包装中药饮片。

(三) 中药小包装饮片的调配

1. 中药小包装饮片的调剂室设施与器具

（1）药柜。调剂室应有与中药饮片处方调剂量相应的药柜，确保所有小包装中药饮片的各种规格都能安置。药柜可以采用药橱、货架多种形式，一组柜常呈"横七竖七"或"横八竖七"排列。

小包装饮片的摆放原则与散装饮片类似，一般常用品规放于药柜的中层，非常用的放在最上层或最底层；质坚量重的品种或质地松泡体积较大的也放在药柜的底层；同一品种的不同规格放在相同纵列；并开的品种应编排在相邻位置，便于调剂。

（2）药袋。药袋可用纸袋和塑料袋，用于分剂调配。塑料袋有白色和绿色，白色用于盛装普通小包装饮片，绿色用于盛装有特殊处理的小包装饮片。

2. 中药小包装饮片的调剂操作

（1）审核处方：审核处方是否符合调剂要求。

（2）准备包装用具：根据处方剂数，准备包装袋。为了方便调配，现在一般将包装袋用订书器链接并撑开，便于分装。

（3）按顺序取药：根据处方中药物的书写顺序取药，取药时必须关注包装上的标签与内容物是否一致，检查药物有无变质情况，看好剂量，将每味药的包数数准。取完药在药名右上角做标记，以示该药已取。

（4）特殊处理饮片的调配：处方中若有需先煎、后下、包煎、冲服、烊化等的饮片，要用专用标签的绿色塑料袋包装，并注明："注意，内有需先煎、后下、包煎、冲服、烊化的药物，请仔细阅读说明书，并按相应的方法操作。"以提醒患者注意。

（5）自查：调配完毕，调剂人员取一剂药进行自查，无误后在配药清单上签字，交复核人员复核。

（6）复核：复核人员根据处方仔细复核，复核时要核对药名、剂量，复核完毕在处方复核处签字。

（7）发药：发药时要核对患者姓名、药剂数等，收回具有医师签章的纸质处方，将一份配方清单交予患者，以便患者自行核对。

3. 中药小包装饮片的调剂注意事项

（1）药味是否漏配：调配人员要严格按处方药味调配，复核人员在复核时也要认真核对处方和小包装数量，避免药物漏配。

（2）药味是否配错：常出现在不同炮制规格的错误，如生黄芪10 g，错配成炙黄芪10 g；也容易出现在药物名称一字之差的品种，如山茱萸与吴茱萸等。调配时要仔细阅读处方。

（3）剂量是否错误：大多是由于调配时饮片小包装的规格拿错。一方面调剂人员要认真，另一方面复核人员在复核时也要仔细核对包装规格。

（4）其他：可能出现剂数错误，也有可能多剂调配时，其中一剂出现问题。调剂工作进行时，必须树立责任感，不得交头接耳聊天，应保证全身心投入，减少和避免出错率的发生。

二、中药配方颗粒调配

中药配方颗粒是由单味中药饮片经提取、浓缩、干燥、制粒而成的，供中医临床配方用的颗粒。使用时，将每个单位药合而冲之，即冲即服，"以冲代煎"。

中药配方颗粒最早始于20世纪70年代的日本，其后韩国和我国台湾地区先后使用，并逐渐被国际市场接受。我国从1993年开始研究开发和生产，名称屡有变化，曾被称为单味中药浓缩颗粒、颗粒饮片、免煎中药饮片、精制饮片等；直至2001年7月5日，国家中医药管理局印发《中药配方颗粒管理暂行规定》，将其正式命名为"中药配方颗粒"。

（一）中药配方颗粒的特点

1. 质量稳定，疗效可靠

中药配方颗粒保持与传统汤剂"物质基础和临床疗效"的一致性。以传统中药汤剂为标准，根据单味中药饮片的性质，进行"全成分"工艺设计，应用先进的生产设备和稳定的生产工艺制成颗粒，标准化实现汤剂的煎煮原则，保证了临床疗效的稳定性。病人可以即冲即服，避免了传统汤剂煎煮时受加水量、浸泡时间、火候、煎煮时间、容器、先煎、后下等因素的影响，也减少了不耐热成分的损失。

2. 便于服用、携带

中药配方颗粒能够替代传统饮片供中医师临床辨证施治，不需要煎煮，临用时用温开水配成即可；体积小，重量轻，服用、携带方便，适应现代生活的快节奏，并利于市场供应的贮存和运输。

3. 便于保管、调配

中药配方颗粒采用铝箔包装，不易吸潮，保质期大大延长，避免了中药饮片储存、保管不当带来的走油、变色、虫蛀、霉变、风化、潮解等质量问题，减少了污染，便于运输和保存。调配更加方便，卫生快捷，可避免传统中药手抓、秤称等带来的剂量误差，也改变了传统中药脏、乱、累的现象，提高了工作效率，减少了称量误差，提高了调剂的准确性，确保了调剂质量。

4. 便于管理

中药配方颗粒的药品名称印刷清晰，配方清洁卫生，有利于加强中药管理，顺应医院中药房现代化管理的需求。

（二）中药配方颗粒的规格

1. 瓶装配方颗粒

生产企业将中药配方颗粒包装于塑料或玻璃瓶内，调剂时根据医师处方按剂量，用电子天平称取，置混合机混合，分装于塑料袋中。此种规格，便于码放和贮存，也便于调配不同剂量，但调剂时操作比较麻烦。

2. 袋装配方颗粒

生产企业将中药配方颗粒 100 g 包装于塑料袋中，使用时通过一体化分装机，按处方进行调配。此种规格主要用于配方颗粒分装机的调配。

3. 小包装配方颗粒

生产单位将配方颗粒按处方常用剂量分装在小塑料袋中，使用时，调剂人员通过数袋进行调配。此种规格剂量准确，调剂方便，但包装规格多，摆放颗粒的药架比较大。

（三）中药配方颗粒的调配

中药配方颗粒的调配仍然按审方、计价、调配、复核、包装、发药等步骤进行。

目前常用的调配方法有小包装配方颗粒的手工调配和袋装大包装配方颗粒的机械调配。

1. 小包装配方颗粒的手工调配技术

（1）调配设施。

① 配方颗粒的斗架与调剂台：配方颗粒的斗架一般用不锈钢制成，根据调剂工作量分成若干个组，每组斗架按约 20 cm 见方分成若干个方格，用于盛放小包装配方颗粒。调剂台可用木质或不锈钢制成，高约 90 cm，宽约 60 cm，用于配方颗粒的调配。

② 分装用盛放器皿：一般用若干个大小相同的不锈钢碗或塑料盒。

（2）调配步骤。

① 码放分装器皿：通过审方了解处方剂数，在调剂台上将器皿按剂数排放整齐。

② 调配配方颗粒：按处方顺序，从配方颗粒药斗中，将相应规格的配方颗粒包装袋取出，分发到各个器皿中。

③ 自查：按处方顺序检查一剂的药味、剂量规格是否相符，检查其他剂的药味数量是否与处方相符，在处方调配处签字。

④ 复核：复核人员按处方检查调配是否正确，在复核处签字。

⑤ 包装：将每剂小包装颗粒分装在牛皮纸袋中。

⑥ 发药：核对患者处方及号牌，交代使用方法，将药物交付患者。

2. 配方颗粒的机械调配技术

（1）调配设施。

① 配方颗粒药柜：由若干个盛放配方颗粒的柱状容器按一定顺序排列，柱状容器与调剂设备配套。

② 调配用设备：包括一台电脑，以及若干台调剂、分装、封口机组成。

（2）调配操作。

① 打开设备电源。顺序为：药柜电源—主机电源—显示器—附属设备电源。

② 录入处方：电脑输入医师处方，根据配方颗粒与药材饮片的比例，生成配方颗粒处方。

③ 调剂机调配：设备进行"处方分析"，所有该处方中的颗粒所在储药格的指示灯亮，人工依次取出各个药瓶进行调剂。为了避免差错，首先要扫描确认药瓶条码，正确后将药瓶插入调剂部，按下"调剂开关"，调剂设备开始自动分药。

每种药调剂完成后，取下药瓶，对应的颗粒储药格指示灯将熄灭。应及时将药瓶放回药柜，进行第 2 种中药的调配，直至将处方所有中药调剂完毕。

④ 封口：取出药袋承载盘，从药袋承载盘上取下药袋，依次送经封口机热合封口。

⑤ 正常关机流程：点击系统—关闭电源—待设备黑屏后—关闭设备电源。

3. 中药配方颗粒调剂的注意事项

（1）中药调剂设备属于精密设备，禁止野蛮操作。

（2）禁止在设备带电时手动强行拉动或转动药袋盘承载部。

（3）不允许用干燥消毒柜烘干药袋盘底座，可每日下班后自然风干，不可以将药盘放在窗户附近通风进行风干。

（4）每调剂完成一个处方要用毛刷清理调剂部，禁止用湿布擦拭。

（5）药袋盘承载部应经常清理，无粉尘及颗粒残留。

（6）消毒药袋盘时要倒置平放，并远离电加热管；擦净表面水分。

（7）封口机禁止在空闲时长时间加热，做到人走断电。

（8）禁止用手按压电子天平或摆放重物。

 全自动智能中药房

全自动智能中药房是利用机械、电子、网络技术，以中药配方颗粒为发药基础，以自动发药机为技术核心，采用全自动下药模式，一次支持多剂处方药的调配。调配模式采用流水线设计，最快可支持3秒钟一剂，无需手工调配，计量准确，取药快捷，实现了高效的处方管理。整个调配过程独立封闭，无人工干预，保证药品不受污染，同时也节约了人工成本。

模块二 项目四 练习题

单项选择题

（1）下列属于妊娠禁用药的是（   ）。
　　A. 制川乌　　　B. 白附子　　　C. 马钱子
　　D. 丁公藤　　　E. 肉桂

（2）气味芳香、含挥发性成分的饮片宜（   ）。
　　A. 先煎　　　　B. 后下　　　　C. 包煎
　　D. 另煎　　　　E. 冲服

（3）下列中药的正名与别名对应不一致的是（   ）。
　　A. 莲子—莲心　　　B. 决明子—草决明
　　C. 全蝎—全虫　　　D. 元胡—延胡索
　　E. 肉豆蔻—肉蔻

（4）下列有关麻醉中药罂粟壳的处方管理制度的叙述，错误的是（   ）。
　　A. 所有执业医师均可行使麻醉中药处方权
　　B. 晚期癌症患者持"麻醉药品专用卡"，可不受剂量和时间的限制，连续超量使用
　　C. 无麻醉药品处方权的医师在夜班急救需给患者使用罂粟壳时，可限开1次量，事后需由处方医师所在科室负责人签字，方可销账

D. 凡使用罂粟壳的患者必须建病历

E. 罂粟壳处方必须有具备资格的药学技术人员调制，实行双人签字制度

（5）人参与莱菔子，属于哪种配伍关系？（　　）

  A. 相须　　　　　B. 相使　　　　　C. 相畏

  D. 相杀　　　　　E. 相恶

（6）蒲黄入煎剂宜（　　）。

  A. 先煎　　　　　B. 后下　　　　　C. 包煎

  D. 另煎　　　　　E. 研末冲服

（7）处方上直接写药物的正名或制（炙）时，即付酒制品种的不包括（　　）。

  A. 熟地黄　　　　B. 山茱萸　　　　C. 地黄

  D. 肉苁蓉　　　　E. 女贞子

（8）阿胶入煎剂宜（　　）。

  A. 先煎　　　　　B. 后下　　　　　C. 包煎

  D. 另煎　　　　　E. 烊化

（9）矿石类、贝壳类等质地坚硬、有效成分不易煎出的药材，宜（　　）。

  A. 先煎　　　　　B. 后下　　　　　C. 包煎

  D. 另煎　　　　　E. 冲服

（10）调剂时应捣碎的饮片发药时应（　　）。

  A. 给整药　　　　　B. 提前捣碎放置

  C. 捣碎后冰箱保存　　D. 称取后临时捣碎

  E. 捣碎后单包

项目五　复核与包装

【学习目标】

（1）熟悉中药饮片处方调配要求，能解决处方调配过程中出现的常见问题。
（2）熟悉中药饮片复核内容与注意事项，并能够进行复核操作。
（3）知道中药饮片脚注内容与处理方法。
（4）能够熟练地进行中药饮片包装。

药品复核是对已经调配完毕的处方再次由责任心强、专业水平高、经验丰富的中药师再一次进行全面细致核对的过程，是防止调剂错误、保证用药安全的重要程序。

中药饮片的包装与捆扎技术，是中药传统技能文化的体现，中药调剂专业技术人员应该熟练掌握包装与捆扎技术，做到包扎牢固、美观。

任务一　复　核

复核，即校对，是指药师对已经调配完成并核对后的药品，按处方再次逐项核对，确认无误后，装袋折扣，并在处方上签字或签章的过程。调配好的中药饮片必须经过复核无误并签字后才能发出。复核内容包括处方审核、药味复核、剂量复核、用法复核（常指需特殊煎煮药味）、代煎复核等方面。

一、复核常规

1. 处方审核

审核是否正确使用处方签，处方格式是否规范，是否存在"十八反""十九畏"药味，是否有妊娠禁忌药物，医师、调剂人员是否签字。

2. 药味审核

审核调配剂数与处方剂数是否相符，是否有错配、多配、少配情况，有无生制不分、以生代制现象，有无乱代乱用等情况。

3. 质量复核

审核中药饮片有无假药、劣药，有无杂物异物，有无霉变、虫蛀等变质现象。

4. 剂量复核

审核称好的中药饮片剂量与处方用量的误差是否合格。审查每味药量与每剂药量准确性。

不过，在实际操作中，除单包中药饮片，其他中药饮片都是混放的，每味药的剂量难以复核，但每剂药的总量必须复核。药物每剂重量误差通常不能超过±5%，单包饮片、儿童用药和毒性饮片每剂重量误差不能超过±1%。必要时须复称。

5. 用法复核

审查有无特殊用药，先煎、后下、包煎、另煎、烊化兑服和需特殊用法的药品，有无按要求单独包装并注明用法；毒性中药、贵重中药用法是否适宜，整药、药籽、矿石药、贝壳类药是否按要求捣碎。

6. 其他复核

审查代煎中药饮片煎药凭证与处方中的姓名、送药时间、地址、药剂数是否相符。

7. 复核签字

复核无误后，复核药师需在处方后记复核处签字或盖章。

二、复核方法

复核法分双人复核法和单人复核法，双人复核法是指在一个药师核对的基础上，交另外一个药师再次复核的方法。此法是目前主要的复核方法，它能避免因调剂人员个人主观臆测而发生的差错。单人复核法即指一个调配药师自我复核的方法，此法一般在人员比较少的药店使用，医疗机构用双人复核法而不用单人复核法。单人复核时，常再次复核药味，具体操作可在分剂量至最后一剂时，每味药拿出一点按顺序放一张纸上，完成调配后，核对纸上的药味是否有误。

三、复核注意事项

（1）中药饮片调配完成后，必须经第二调配人员复核，未经复核，不得发药。

（2）复核后，核对人员必须签字或者加盖专用签章，方可包装药剂。

（3）复核时，一张处方必须一次复核完毕，期间不得做与复核无关的事情。复核率须达100%。

任务二　包　装

中药饮片的包装，指复核后，用纸或纸袋包装中药饮片的过程。传统的中药饮片常是用纸包装，但由于其操作相对比较复杂，一些医疗机构门诊处方量较大，为节约时间，常使用纸袋包装。不论采取哪种包装法，都要求做到包扎牢固、整齐美观。具体要求有：

（1）根据每剂中药饮片的剂量与性质选择适宜的包装纸或纸袋。

（2）若用纸包装，需松紧适宜、包扎牢固；若用纸袋包装，应封好袋口，以防洒漏。

（3）需单包的小包中药，包装要规整。① 小包药放群药之上，需另包的特殊用法（先煎、后下、包煎、另煎、烊化)的中药饮片、鲜药要放在各药包之上,以提示患者按规定煎煮与服用。② 粉末药、细小籽粒药、细贵药须用两层纸包装,以防遗漏。

(4)包装上应注明患者姓名、煎法、用法。

(5)若药包捆扎,通常扎十字节,松紧适宜,不变包形,捆扎顶端需留便于提拎的提系,但现在医疗机构为节省时间,多不采用捆扎法,而用塑料袋装。

一、中药饮片的小包包装

处方调配过程中,对需要特殊处理的中药饮片,应使用较小的包装纸进行单独包装,并在包装外注明特殊处理的方法。如在煎煮过程中容易糊化的车前子、葶苈子需包煎;薄荷、苏叶等需要后下;三七粉、滑石粉等需要冲服。包装方法有五角包与长方形四角包法等。

(一)五角包

五角包常用于粉末类及种子类中药的包装。步骤见图2-5-1。

(1)平放包装纸:将正方形包装纸平放在调剂台上,使其四个角对准上下左右四个方位,把中药饮片放于纸的中间。

(2)向上对折:将纸下角向上角方向对折约1/3。

(3)左右对折:将右角向左成直角对折约1/3,右手拇指与食指捏住并提起折叠过来的双层纸处,同时左手成佛手状托拿起包装纸;再将左角向右成30°对折约1/3。折叠角度常根据药量多少调整。

(4)左上角向右下折叠。

(5)左上角再次向右折叠。

(6)上角的部分向下塞入双层部分内侧。

(7)在五角包纸上注明中药饮片名称及处理方法。

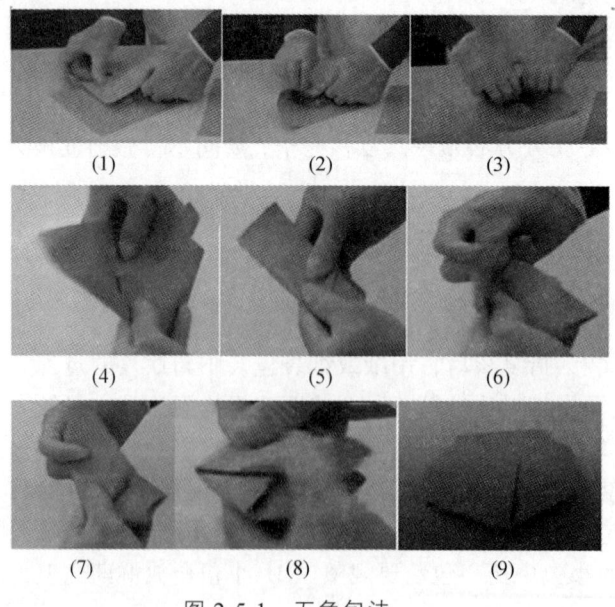

图2-5-1 五角包法

（二）长方形四角小包包法（图 2-5-2）

（1）平放包装纸：将正方形包装纸平放在调剂台上，使其四个角对准上下左右四个方位，把中药饮片放于纸的中间。

（2）向上对折：将纸下角向上角方向对折，可根据饮片量多少决定对折线的高低。

（3）再折一层，防止中药粉末撒漏。

（4）左右对折：将右角向左对折约 1/3，右手捏住对折处，左手指轻敲包装纸，以使其集聚于中央；再将左角向右对折约 1/3。

（5）向下对折：将上角向下对折，并将多余的上角塞入左右角对折成的缝中。

（6）在纸包上注明中药饮片名称及处理方法。

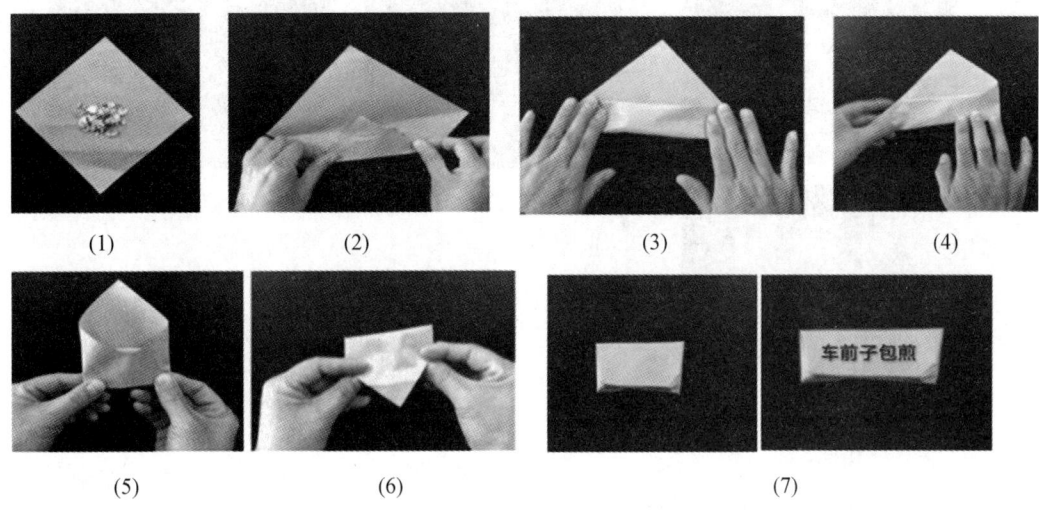

图 2-5-2　长方形四角小包包法

二、中药饮片的大包包装

处方调配并复核好后，整方或剂量较大的单味药，需要用较大的包装纸包装。包装方法较多，有虎头包、双纸包、元宝包、方包和桶包等，下面介绍虎头包法和双纸包法。

（一）虎头包法

虎头包是传统中药店常用的中药饮片的包装形式，其一头高耸、一头扁平，样式犹如虎头。其具体包装步骤见图 2-5-3。

图 2-5-3　虎头包法

知识链接　　　　　"虎头包"的来历

据说虎头包是唐代医药学家，人称"药王"的孙思邈所创。传说孙思邈曾经医好生病的老虎，之后前来求医问药之人络绎不绝，孙思邈便用大纸把药材包出一个犹如虎头的纸包，放在医案上。后来，这种包装药材的方式被广泛运用在中药铺店，被称为"虎头包"。从此为纪念药王的功德，药铺卖药用纸包装成"虎头包"的形式一代一代地流传下来。

（二）双纸包

双纸包的具体包装步骤见图 2-5-4。

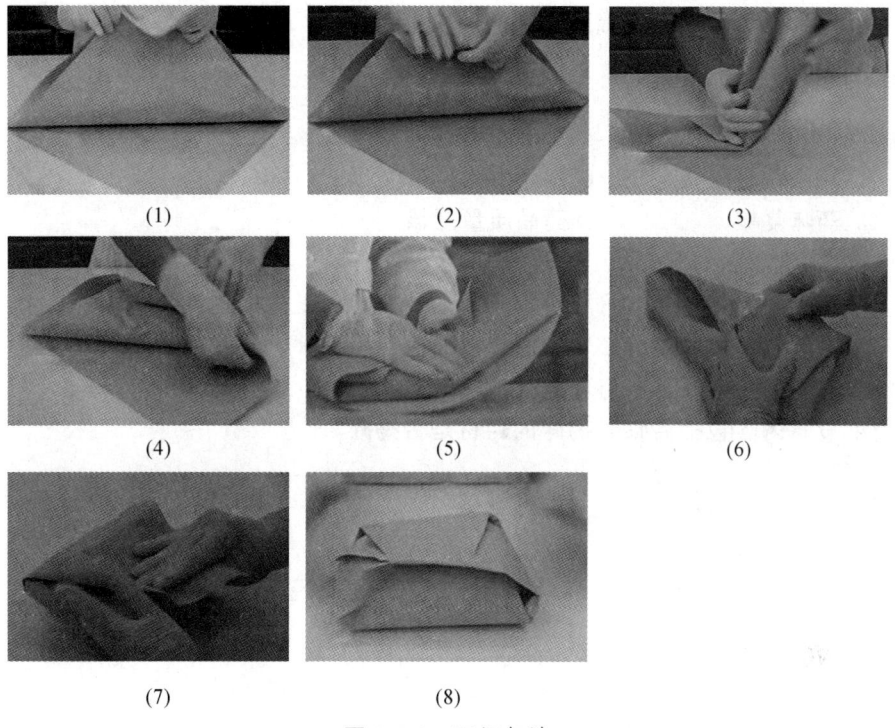

图 2-5-4 双纸包法

三、中药药包的捆扎

中药饮片经传统的包装后，为便于患者携带，常需进行捆扎，捆扎要做到牢固、便携，常呈"米"字形捆扎。捆扎时要求将处方放于最上层，并且处方前记部分应外露，以便发药时核对信息。

模块二 项目五 练习题

1. 单项选择题

（1）药品调配工作的把关环节是（　　）。
　　A. 审方　　　　　　B. 复核　　　　　　C. 调配　　　　　　D. 发药
（2）下列不属于处方审核中用法复核的是（　　）。
　　A. 后下　　　　　　B. 包煎　　　　　　C. 烊化　　　　　　D. 十九畏
（3）剂量复核时，儿童用药和毒性饮片每剂重量误差不能超过（　　）。
　　A. ±1%　　　　　　B. ±5%　　　　　　C. ±2%　　　　　　D. ±0.5%
（4）下列属于质量复核的是（　　）。
　　A. 调配剂数和处方剂数是否相符
　　B. 先煎、后下、包煎等用法的药品是否注明
　　C. 毒性中药的用法用量是否适宜

D. 药材是否有虫蛀、霉变、泛油等现象

2. 多项选择题

（1）复核内容包括（　　）。

  A. 用法用量复核　　　B. 特殊用法复核

  C. 药味复核　　　　　D. 药品质量复核

（2）下列说法正确的有（　　）。

  A. 复核时，一张处方可以不用一次复核完毕，复核率达 80% 以上即可。

  B. 复核后，核对人员必须签字或者加盖专用签章，方可包装药剂。

  C. 复核分为单人复核与双人复核。

  D. 复核内容包括需临时捣碎的药材是否捣碎。

项目六　发　药

【学习目标】

（1）掌握发药常规内容。

（2）熟悉向患者介绍中药的煎煮方法、服用方法、用药禁忌等操作。

发药是在处方和药品进行准确复核之后，将药品发给患者而完成药品调剂的最后一个环节。发药时按取药凭证发药，注意核对患者姓名、性别、科室、剂数、金额等，并向患者交代用法用量、注意事项等，保证患者用药安全、有效。

任务一　发药常规

发药工作看似简单，但稍不留心就容易出现漏发、错发等事故，发药人除了必须具备扎实的专业知识，还必须有高度责任心、耐心细致的工作态度。在发药过程中需做好以下几点：

1. 核　对

药品送达发药窗口，发药人首先要审查处方，在药品发出前，再次核对是否有重复给药现象、是否有药物配伍禁忌、是否有其他用药不适宜的情况。确认无误后再核对药品、查看剂数、附带药品是否与处方相符；内服、外用药是否用专用包装；包扎是否坚固，包装纸（袋）是否完整、有无破损或污染。

2. 在叫号器上输入处方编号并确认

叫号器呼叫处方上的患者姓名，收取患者提交的取药号牌，核对患者姓名（需特别警惕重名、重号），再核对处方上的科别、医师、剂数、药品金额等，确认无误后方可发药。

3. 发药与交代

将包装好的药品逐一交给患者或其家属，并与患者共同核对剂数、单包药、附带药等是否齐全。同时交代煎煮方法、用法用量等。需向患者说明保存方法，并对服药期间的禁忌、可能发生的不良反应以及用药注意事项等加以说明；对有单包药的，要检查单包药的包装上是否标注了特殊处理的方法，同时还应该向患者交代清楚具体操作和注意事项等；如需另加入"药引"，也要向患者详细说明，并标注在大包药的包装上，以示提醒；若处方中含有毒麻中药，也要告之。若为外用药，需特别强调，以免患者误食。

4. 签　字

发药人在处方"发药"栏签字或盖章。

5. 结束用语

发药完毕后，常以"您的药齐了"作为结束，通常勿使用"再见"等容易引起患者心里不舒服的语言。

6. 暂时无人领取药品的处理

对于暂时无人领取的药品，可以放置于专门的药架上，做好临时存放登记。并用活动挡板将不同患者的药隔开，以免弄混。切记处方不得与药品分开，以免错发，酿成事故。

此外，在发药时应注意保护患者的隐私，切忌大声说出患者就诊的科室、病情诊断等个人信息。如患者有问题咨询，应尽量耐心给予解答，对于非常复杂的问题可建议到药物咨询窗口由专门人员负责解答。最后，按国家相关法律法规，药品除质量原因外，药品一经售出，不得退换。因此如遇患者要求退换药品等情况，应向患者解释清楚。

任务二　发药交代

发药交代是调剂发药工作的最后环节，也是最考验调剂人员业务能力和知识素养的环节之一。它关系到患者能否准确执行医嘱。如患者取药后使用不当，就可能会延误治疗，甚至可能危及生命。发药时要用通俗的语言将药品的煎法、服法、禁忌及注意事项等内容作明确交代，保证患者用药安全。

一、交代汤剂的煎煮方法

中药饮片绝大多数是制成汤剂使用。如患者不需要代煎，回家自行煎煮，则需要向患者交代清楚汤剂的煎煮方法。

自行煎药一般使用砂锅或不锈钢锅，切勿使用铁锅、铜锅、铝锅、锡锅作为煎药器具。通常中药饮片不需要清洗，直接加入自来水超过药物表面 3~5 cm，浸泡 30 min 左右，武火煎煮至沸腾，改用文火，再煎煮 20~30 min，用纱布过滤，药液备用，药渣再加水超过药物表面 1~2 cm，煎煮 10~20 min，过滤，用纱布将药渣拧干，药液与头煎药液合并。控制每剂药液在 300~400 mL，遵医嘱分 2~3 次服用。

有需要特殊处理的药物如先煎、后下、包煎、烊化、另煎、冲服等要特别加以说明。若同时使用有小包装饮片，则需提醒患者，小包装药品要按照处方上的用量，拆开与大包药一起浸泡煎煮。

二、交代服药方法

(一) 服药方式

根据病情轻重及患者体质强弱可采用以下服用方法：

1. 分 服

对一般较轻的疾病或慢性病,每日1剂,分2~3次服。

2. 顿 服

急症患者用药则不拘时间迅速煎服;危重患者常将1剂量煎汤剂1次服下,甚至1日可服2~3剂,每隔4 h左右服药1次,昼夜不停,以保持药力。

3. 频 服

不拘时间和次数,少量多次服用,以减轻胃的负担。

(二)服药时间

服药时间必须根据病情和药性而定。一般来说,病在上焦者宜饭后服药,病在下焦者宜饭前服药。

(1)一般汤剂宜在饭后30~60 min内服用。

(2)对胃肠有刺激的药物宜在饭后立即服用,以减轻对胃肠的刺激。

(3)滋补类药宜早晚空腹服用,饭前1 h服药易于吸收。

(4)镇静安神药宜在睡前服。

(5)治疗疟疾药宜在疟疾发作前2~3 h服用,以达到截疟的作用。

(6)发散解表药宜饭后服用,以防出汗过多而引起虚脱。服用发汗解表药后,还要注意避风保温,使全身微微发汗,切忌大汗淋漓,引入外邪。

(7)驱虫药、攻下药、祛湿药宜早晨空腹时服。空腹服用,药力集中,起效快。

(8)用于治疗慢性病的药必须定时服用,使其在体内保持一定的血药浓度。

(9)特殊方剂应遵医嘱。

(三)服药温度

汤剂的服药温度要视病情、药性的差异调整,使药物更好地发挥疗效。"治热以寒,温而行之;治寒以热,凉而行之",以及"姜附寒饮,承气热服"等均指此而言。

 治热以寒,温而行之;治寒以热,凉而行之

反佐法,是调整药性、发挥药效、防止病人对药物治疗产生格拒现象的一种方法。该法适用于疾病出现阴阳格拒现象时,即以热治寒、以寒治热时,病人服药后出现呕吐的情况。常用的反佐法有两种:一是方剂组成中的反佐法,如在热剂中配入少量寒凉药,或在寒剂中加入少量温热药;一是服法反佐,即用寒药治热证用热服法;热药治寒证用凉服法。《素问·五常政大论》说:"治热以寒,温而行之;治寒以热,凉而行之",以及后世医家所说的"姜附寒饮,承气热服"均指此而言。

1. 温　服

一般汤剂宜温服，忌太热或过冷。特别是处方有对胃肠道有刺激性的药物，如瓜蒌仁、乳香等。温服和胃益脾，能减轻刺激。

2. 热　服

将煎得的中药汤剂趁热服用。急证用药、寒证用药宜热服；解表药必须热服，服药后加喝热稀粥，以助药力、促进发汗；真热假寒，宜寒药热服。

3. 冷　服

呕吐患者或中毒患者均宜冷服；热证用寒药可冷服；真寒假热，宜热药冷服；实热证、躁狂不安者，药亦冷服。

有些患者服药后易恶心、呕吐，可在药液中加少许姜汁，或服药前先嚼一片鲜姜或橘皮。此外，有些中药服用不当易致呕吐，要加以注意。如香薷，热服易致呕吐，当以冷服。

（四）服药量

1. 成　人

服用量一般每次 100~150 mL，每日 2 次。

2. 儿　童

服用量一般应按年龄大小区别对待。通常 1 岁以内儿童服药量为成人服药量的 1/5；1~3 岁者为成人的 1/4；4~7 岁者为成人的 1/3；8~10 岁者为成人的半量；11 岁以上者可用成人量。

此外还应注意，小儿宜服用浓缩汤液，以少量多次为好，不要急速灌药，以免呛咳。

（五）服药期间的饮食禁忌

服药期间的饮食禁忌，俗称"忌口"，指服药期间不宜同时进食与药性相反或影响治疗效果的食物或饮品，注意服药与调养相结合。服药期间，宜少食豆类、肉类、生冷及其他不易消化的食物，饮食方面应注意忌食生、冷、油腻、辛辣的食品，原则上忌饮浓茶，没必要另外补充维生素。

服清热药时不宜吃辛辣助热类的食物；服解表透疹药宜少食生冷酸味食物；服温中祛寒药时不宜吃生冷助寒类的食物；服健脾消食药时不宜吃油腻、不易消化的食物；服镇静安神药时不宜吃辛辣、酒、浓茶等刺激和兴奋性的食物；服解毒、收敛药时不宜吃"发物"，如姜、椒、酒、鲤鱼等食物；服用滋补药宜少饮茶。

服用某些药时有特殊忌口，如人参忌萝卜，鳖甲忌苋，甘草忌鲢鱼，常山忌葱，茯苓忌醋，薄荷忌鳖肉，蜂蜜忌葱，甘草、精梗、黄连忌猪肉，紫苏、天冬、麦冬忌鲤鱼、鲫鱼，地黄、何首乌忌葱、蒜、萝卜和血类食物等。应该说明的是，是否忌口与病情有关，而非绝对禁忌，临床应遵医嘱。

（六）药　引

药引又称引药、药引子，为中药的特色之一，是一种用于配合中药汤剂或中成药使用的服药方法。药引可引导药物发挥疗效，扩大方药应用范围，兼有解毒、调和脾胃的功效。药引子在中药治疗上虽只是个"配角"，但作为中药的"向导"，作用不可低估，使用得当，有时能达到"药半功倍"的效果。

药引大多为一些易于取得的日常生活辅料、食物或药物，如：

1. 生　姜

辛，微温，入肺、脾经。有发汗解表、温中止呕、温肺止咳之效。如治疗风寒感冒、里寒呕吐时，常用生姜 3~5 片为引，以增强疗效。

2. 葱　白

辛温，入肺、胃经。有散寒通阳、解毒散结之效。如治疗感受风寒、小便闭塞不通时，常用葱白 5~7 根为引。

3. 芦　根

甘寒，具有清热、透疹、生津、止呕的作用。用于外感风热及痘疹初起时，常用鲜芦根 5~15 g 为引。

4. 黄酒或白酒

辛温，有温通经络、发散风寒的功效。用于风寒湿痹、腰腿肩臂疼痛、血寒经闭及产后诸疾和跌打损伤时。如活络丸、跌打丸、独活寄生丸、七厘散等都可以用酒送服。黄酒常用量为 25~30 mL，白酒酌减。另外，阿胶、龟板胶、紫河车等药物有腥臭味，用黄酒作药引子，有矫味作用。

5. 盐

咸寒，入肾、胃、大肠经。有清火、解毒之效。中医认为咸走肾，故肾脏病证，如虚弱乏力、阳疲遗精、腰痛及发稀者，一般取食盐 1~2 g 加开水溶化，即可为引。

6. 米　汤

米汤能保护胃气，减少苦寒药对胃肠的刺激，常用于送服补气、健脾、止渴、利尿和滋补性中成药。如更衣丸、香莲丸、十全大补丸等。

7. 红　糖

甘温，有散寒、活血、补益的作用。妇科血寒血虚诸证，如产后恶露不行、口干呕哕、虚弱血痢等，常取红糖 10~30 g，冲水半杯或 1 杯服用。

8. 蜂　蜜

甘平，入肺、脾、大肠经。能滋养、润燥、解毒。如治疗肺虚燥热、肠燥便秘病证时，常用蜂蜜 1~2 汤匙为引。

9. 大　枣

甘温，入脾、胃经。有益气补中、养血安神、调和药性作用。使用烈性药物（如甘遂、芫花、大戟等）时，常取大枣 10~15 枚同用以缓和药性，防止中毒。也可用 5~10 枚煎汤送服补脾胃的中成药。

10. 粳　米

甘平，入胃经。有益气健胃之效。如治疗火热病证，需用大剂量苦寒药物时，常取粳米一小撮为引，以顾护胃气。

粳米

粳米是大米的一种，在中国各地均有栽培，种植历史已有数千年之久，主要产于华北、东北和苏南等地。唐代医药学家孙思邈在《备急千金要方·食治》中强调说："粳米能养胃气，长肌"，《食鉴本草》也认为粳米有补脾胃、养五脏、壮气力的良好功效。李时珍《本草纲目》中记载粳米"主治益气，温中和胃气，长肌肉，壮筋骨，益肠胃"。

三、交代用药注意事项

有些特殊状况，在发药时需向患者交代清楚，以免引起事故和纠纷。

（1）交代服药期间可能出现的不适症状，如轻微腹泻、排泄物颜色的改变等，告知患者，这些症状在停药后可自行消失，消除患者疑虑。如果不良反应过重，应停药并立即就医。

（2）交代服药后可能出现的副作用。如服用安神类药物后不宜从事需要集中注意力的活动，如驾驶汽车、操作机器或高空作业等。

（3）如果开具的是发散药，应提示患者病好即停药，不用喝完全部汤剂。服用发汗解表药后，还要注意避风保温，微汗即可，切忌大汗淋漓。

（4）交代服药期间的饮食禁忌。一般忌食生、冷、辛辣、油腻食物，忌酒忌浓茶。对于有特殊忌口要求的药物也要向患者说明。

（5）对于一些异地或其他有特殊情况的患者，可能一次性开具了很长时间的药量，要提示患者存放时注意避光防潮，如果发现发霉、虫蛀等异常，切勿服用。

（6）煎煮好的汤剂不宜存放过久。因为汤剂中含有淀粉、糖类、蛋白质、维生素、挥发油、氨基酸和各种酶、微量元素等多种有效成分，存放过久，不但药效降低，而且会因空气、温度和细菌污染等因素的影响，使药液中的有效成分发酵水解，细菌繁殖滋生，药液变质，服用后对人体造成危害。

（7）若错过了服药时间，应当立即补上。但若已接近下次服药时间，就不用补了，到时间按量服用，切勿一次服用双倍剂量。

（8）若处方中有"药引"，需要告诉患者如何使用。

（9）若为外用药，要提示患者切勿内服。

调剂人员，一定要有很强的责任心，态度认真，不松懈，注意力集中，养成良好的工作习惯，减少差错。同时还要不断地更新和完善自身的知识结构，提高业务水平，及时发现问题，避免事故发生。药品一旦发错，后果不堪设想，发生差错事故，应及时采取补救措施，尽可能减轻不良后果，做好发药差错登记，同时向科室负责人报告；严重的差错事故应及时向上级职能部门负责人或医院分管院长等报告，以便及时处理，减少损失。

模块二　项目六　练习题

1. 单项选择题

（1）关于发药程序叙述不正确的是（　　）。

　　A. 坚持三对，即核对取药凭证、患者姓名、剂数

　　B. 发药前要认真检查包装药袋有无破损

　　C. 检查附带药品是否齐全

　　D. 向患者说明用法用量、煎服方法及有无禁忌

　　E. 患者提出有关用药问题时，可让其向医师咨询

（2）发药时的注意事项不包括（　　）。

　　A. 对取药凭证、对患者姓名、对剂数

　　B. 检查包装是否牢固，内服外用药有否专用包装，是否标明用法

　　C. 检查附带药品是否齐全

　　D. 检查药品质量是否合格

　　E. 提供用药咨询服务

（3）下列汤剂应在睡前服用的是（　　）。

　　A. 对胃肠有刺激的药物　　　　　　B. 镇静安神类药

　　C. 滋补类药　　　　　　　　　　　D. 治疗疟疾的药物

　　E. 发散解表类药

（4）如果发错了药，应该（　　）。

　　A. 等待患者找回来　　　　　　　　B. 做好登记及时上报

　　C. 修改发药记录　　　　　　　　　D. 其他同事都不知道就当没发生过

（5）治疗疟疾的药物宜在（　　）服用。

　　A. 饭前　　　　　　B. 饭后　　　　　　C. 空腹

　　D. 睡前　　　　　　E. 发作前2~3小时

2. 多项选择题

（1）药引在方剂中的作用有（　　）。

　　A. 具有特殊疗效　　B. 引经作用　　　　C. 增强方药疗效

　　D. 解除方剂中某些药物的毒副作用　　　E. 矫味作用

（2）下列叙述正确的是（　　）。

　　A. 服药期间一般忌食生、冷、辛辣、油腻，忌酒忌浓茶

　　B. 煎药一般使用砂锅、铜锅或不锈钢锅

　　C. 服用发汗解表药后，应注意避风保温，使全身大汗淋漓，以利驱邪外出。

　　D. 汤剂服用量一般每次约 100~150 mL

　　E. 为加快饮片中有效成分溶出，煎药时应用大火煎煮

（3）汤剂在服用时，对温度的要求为（　　）。

　　A. 一般汤剂温服　　　　B. 急诊宜热服　　　　C. 寒证宜热服

　　D. 热证宜冷服　　　　　E. 冷藏服用效果更好

（4）如果患者一次性开具了很长时间的药量，调剂人员要提醒患者药品在保存时避免（　　）。

　　A. 光照　　　　　　　　B. 低温　　　　　　　C. 发霉

　　D. 虫蛀　　　　　　　　E. 潮湿

（5）对于自行煎药的患者，调剂人员要告知其煎药的器具应使（　　）。

　　A. 砂锅　　　　　　　　B. 不锈钢锅　　　　　C. 铁锅

　　D. 铜锅　　　　　　　　E. 铝锅

项目七 煎　药

【学习目标】

（1）掌握中药煎药的方法。
（2）熟悉中药煎药室相关规定及制度。
（3）了解中药煎药室的相关设施。

任务一　煎药室的设施

中药煎药室是医疗机构代客煎药的场所。中药煎药室建设标准：① 中药煎药室应当远离各种污染源和实验动物房等，周围的地面、路面、植被等不应对煎药造成污染。② 中药煎药室的房屋和面积应当根据本医疗机构的规模和煎药量合理配置。工作区和生活区应当分开，工作区内应当设有备药区（储药区）、清洗区、浸泡区、煎煮区、写签包装区、发药区等。③ 中药煎药室应当宽敞、明亮，地面、墙面、屋顶应当平整、洁净、无污染、易清洁，应当有有效的通风、除尘、防积水以及消防等设施，各种管道、灯具、风口以及其他设施应当避免出现不易清洁的部位。④ 中药煎药室应当配备完善的煎药设备设施，并根据实际需要配备储药设施、冷藏设施以及量杯（筒）、过滤装置、计时器、贮药容器、药瓶架等。⑤ 煎药工作台面应当平整、洁净。

煎药室应当配备完善的煎药设备设施，并根据实际需要配备煎药器具、煎药炉灶、煎药机、包装机、饮片浸泡用具、冷藏柜、储物柜、量杯（筒）、过滤器、计时器、药瓶架、贮药容器等。煎药容器应当以陶瓷、不锈钢、铜等材料制作的器皿为宜，禁用铁制等易腐蚀器皿。储药容器应当做到防尘、防霉、防虫、防鼠、防污染。用前应当严格消毒，用后应当及时清洗。

一、煎药室的基本设施

（一）砂　锅

砂锅是一种传统的煎药容器，以砂质陶器制成（图 2-7-1）。

图 2-7-1　砂锅

砂锅使用注意事项：

（1）新买来的砂锅，可加洗米水煮沸，这样在以后的使用中不容易炸裂。

（2）用砂锅煎药时，要逐渐加温，不要骤然武火加热，防止炸裂。可先用文火慢煎，并不时用木勺进行搅动。

（3）砂锅离火时，不可骤然冷却。热砂锅不能直接放在瓷砖或水泥地面上，应放置在干燥的木板、草垫、铁圈或其他耐热的东西上，以免锅体内外冷热不均，发生炸裂。

（4）不可干烧。

（5）使用时应当轻拿轻放，避免摔撞。

（6）不可在砂锅表面温度尚未降下来之前用水洗，防止炸裂。

（7）砂锅上火时要保证锅底干燥。

（8）煎药时可配计时器，防止锅干药煳。

（二）中药煎药机、中药汤剂包装机

目前医院或药店等已大多采用中药煎药机代替人工煎药。煎药机比人工煎药的优点是卫生、效率高，减轻了工作量，更能保证中药疗效等。

图 2-7-2 是一种常用的中药煎药机，主要由煎药缸、煎药排放管、煎药计量部件、包装材料供应部分、灌液与热封结构、能源与传动结构、电子控制面板、过滤网等几部分组成。

图 2-7-2　中药煎药机

中药汤剂包装机可将汤剂自动包装成袋，卫生健康，保质期长，易于携带，服用方便。

图 2-7-3 为一种常用的中药汤剂包装机，主要由包装薄膜、左右芯轴杆、电子控制面板等部分组成。

图 2-7-3　中药汤剂包装机

中药煎药机与中药汤剂包装机二者联机使用，进行中药汤剂的制备和包装，是一种现代的汤剂加工一体化设备。

二、其他煎药设施

中药煎药室的其他设备还有计时器、消毒设备、贮药柜、天平、量杯、漏斗、滤器、水池、送药车、运渣车、储药瓶、瓶刷、搅拌用具、瓶签牌号、排风扇及冷藏设备等。

任务二　煎药室工作制度、操作常规和质量要求

煎药是制备中药汤剂的一项专业技术操作过程。汤剂的质量不仅与煎药器具、煎药热源、饮片规格、水源水量、煎煮次数、煎煮时间等有直接的关系，而且与工作人员的责任心及专业技术水平有关。汤剂的质量对药物的疗效有着非常重要的影响。为了保证中药煎药质量及临床病人服药安全、有效，必须建立完善的煎药室工作制度及操作规程。

一、中药煎药室工作制度

（1）中药煎药室应当由具备一定理论水平和实际操作经验的中药师具体负责煎药室的业务指导、质量监督及组织管理工作。

（2）煎药操作人员应具备一定的中药专业知识，熟悉汤剂制备操作技能和操作常规，经培训后在药师指导下上岗工作。

（3）煎药操作人员每年必须进行一次健康检查并建立健康档案。患传染病、精神病、皮肤病者、乙肝病毒携带者、体表有伤口未愈合者不得从事煎药工作。

（4）煎药操作人员在操作时应穿戴专用工作服，做好个人卫生，煎药前要进行手的清洁。注意安全，做好防火、防毒、防盗措施，下班前关好门、窗、水、电。所用制备器具应随时刷洗干净，保持清洁，保持制备室内环境卫生整洁。

（5）煎药操作人员必须严格遵循汤剂制备操作规程，认真执行核对、记录及交接手续，避免差错事故的发生。

（6）用于煎药的容器宜选择化学性质稳定、传热均匀、较牢固的器皿。

（7）因病情需要急煎的中药，煎药室必须立即调整煎药次序，优先煎煮，保证急煎中药从接药到服药时间不得超过两小时。

（8）其他人员非公事不得进入煎药室，煎药操作人员煎药期间不得进行与汤剂制备工作无关的活动。

二、煎药操作常规

为了保证煎药质量，煎药人员收到待煎药后必须严格掌握操作规程。

（1）煎药室收到待煎药物后，应与处方药味、剂数、重量核对，查看是否有需要特殊煎煮的饮片。核对瓶签所记科别、患者姓名、日期、取药号或病床号等，是否与处方内容相符，并建立收药记录。发现疑问应及时与医师或调剂人员联系，确认无误后方可进入煎煮操作程序。

（2）煎药应当使用符合国家卫生标准的饮用水。待煎药物应当先行浸泡，浸泡时间一般不少于 30 min。群药按一般煎煮法煎煮，需特殊煎煮的药材按特殊煎煮法处理，确保煎药质量。

（3）每剂药一般煎煮两次，每次煎好后应趁热及时滤出煎液 150~250 mL，以免温度降低后影响煎液滤出而降低有效成分的含量。药渣应保存 24 h，以备必要时查对。

（4）内服、外用煎煮器及服药瓶要严格分开使用。煎好的内服药与外用药必须标记清楚或有醒目标识。

（5）解表类、清热类、芳香类药物不宜久煎，煮沸后再煎煮 15~20 min 即可；滋补药物先武火煮沸后，再改用文火慢煎 40~60 min。药剂第二煎的煎煮时间应当比第一煎的时间略缩短。煎药过程中要搅拌药料 2~3 次。搅拌药料的用具应当以陶瓷、不锈钢、铜等材料制作的棍棒为宜，搅拌完一药料后应当清洗后再搅拌下一药料。

（6）煎药量应当根据患者是儿童或成人而分别确定。儿童每剂一般煎至 100~300 mL，成人每剂一般煎至 400~600 mL，一般每剂按两份等量分装，或遵医嘱。

（7）打印的煎药卡或标识从领药时起，必须紧随药袋、浸泡容器、煎煮容器和盛药容器转移，每个工序都要有操作人员签名。核对药瓶标签上科别、患者姓名及取药号或病床号，准确无误后方可发出，并建立发药记录。

（8）煎药时应坚守岗位，注意经常搅拌并随时观察煎液量，使饮片充分煎煮，避免出现煎干、煎糊现象。如发现煎干、煎煳现象时，应另行调配，重新煎煮，保证药液质量。

（9）建立煎药操作记录和差错事故登记，避免差错事故的发生。

三、煎药的质量要求

1. 汤剂的质量标准

中药汤剂因处方的差别而难以建立现代定性定量的质量检查方法。为加强汤剂成品质量管理，可参考以下几个指标：

（1）气味：具有原中药的特征性气味，无焦糊味和其他霉烂异味。

（2）颜色：为半透明或不透明黄棕色或棕黑色的混悬液体。

（3）不溶物：取汤液约 5 mL，加水 100 mL 搅拌使溶，放置 3 min 后观察，不得有焦屑等异物（微量相小纤维、颗粒不在此限）。有冲服药物的汤剂在冲药粉前检查此项，冲兑后则不检查此项。

（4）相对密度：除另有规定外，一般取中药汤液按照中国药典相对密度测定方法测定，解表剂不低于 1.02，一般药不低于 1.04，补益药不低于 1.06。凡需冲服药粉的汤剂，不再检查相对密度。

2. 煎煮工序质量评定

（1）浸泡。

质量要求：中药饮片应得到充分浸润。叶、花类质地松泡药材润透，根、茎、果实类药材湿润。

检查方法：花、叶类药材已软化不易折断，断面无干心。根、茎、果实类药材断面有水渗入的潮湿痕迹。药材表面均应可见水迹。

（2）煎煮。

质量要求：中药饮片应得到充分煎煮，煎煮后的饮片无硬心，药渣不焦糊，药汁收量符合要求（通常为加水量的 1/3~1/4）。

检查方法：择出煎后的颗粒或块状根、茎、果实类药材，劈开查看有无硬心，检查药渣中有无焦糊的饮片与气味。

（3）滤过。

质量要求：药渣经过压榨后，药液得到充分利用，药液中无药渣及其他不溶物。

检查方法：用手挤压药渣，挤压出的药液不应超过药渣重量的 20%，否则不合格。药渣或不溶物的检查参见本节的"不溶物"项。

3. 煎药工作基本条件及工作质量评定

中药煎药室应具备与其工作量相适应的房屋、设备、人员素质等条件，各项制度与规范齐全，记录完整，工作效率高，环境卫生好，汤剂的质量符合要求，能保障临床供应。

（1）煎煮合格率（%）=合格的中药汤剂总数/中药汤剂制备总数×100%。

（2）急煎及时率（%）=及时制备汤剂数/急煎中药制备总数×100%（及时制备汤剂数：中药自送入煎药室后在一个半小时内制作完毕的数量）。

（3）设备完好率（%）=能正常运转的设备总数/设备总数×100%。

（4）记录完整率（%）=记录完整总数/煎药加工总数×100%（记录完整包括每剂中药在煎药室的各种记录表格均有记载，且内容相符，不缺项）。

 煎药操作记录

中药煎药操作全过程必须记录,以确保汤剂质量。煎药人员必须根据"煎药操作记录卡"的内容如实认真地填写,其内容包括患者姓名、方剂类型、煎药日期、特殊煎法与药物、剂数、浸泡时间、火候、煎煮次数、第一次加水量、第一次收得汤液量、第二次加水量、第二次收得汤液量、沸后煎煮时间、总汤液量、质量状况、操作者等内容。"煎药操作记录卡"要留档保存一年以上。

任务三 煎药方法

煎药是把中药饮片用水浸泡后,煎煮一定的时间,去渣取汁制成汤剂的操作。汤剂是我国应用最早、最广泛的一种剂型,具有灵活使用方剂中药物、快速吸收以发挥药效、制备操作方法简单的特点。煎药常用的工具是砂锅和煎药机。按照制备方法的不同,汤剂可以分为煮剂、煎剂、煮散剂和饮剂四种类型。

 煮散剂应用历史

煮散剂是汤剂的一种类型,是将药物粗粉或细粉,分装或临用时称取,与水共煮或引药煎煮,连同药沫一起或去渣服用。在医药发展的早期,由于切药工具的限制,药材都用杵臼捣碎成粗颗粒状。"煮散"一词首见于唐代孙思邈《备急千金要方》中的续命煮散、独活煮散、防风煮散、茯神煮散等。从唐代医书中记载煮散这一事实,可知当时已将这一剂型与一般汤剂、散剂区别开来。唐末至五代,由于连年战争,药材供不应求,为节约药材,故非常提倡应用"煮散"。至宋代,社会对药材需求大增,进而引起药材资源的相对不足。在这种情况下,煮散剂便成为解决药材供需矛盾的不二选择,煮散得以大量推广应用。明清后,药材开始私营,切制技术提高,中药煮散的应用虽逐年减少,但是并没有灭绝,许多"煮散剂"至今仍有沿用,如《温病条辨》中的银翘散、《伤寒直格》中的六一散等。

一、砂锅煎药

自古以来,煎药不用铁器。陶弘景说:"温汤勿用铁器。"李时珍说:"煎药并忌用铜铁具,宜银器、瓦罐。"现代研究证明,铁质器具虽传热快,但其化学性质不稳定,易氧化,在煎煮时能与中药所含多种成分发生化学反应。如与鞣质生成鞣酸铁,使汤液色泽加深,药味变涩变酸;与黄酮类成分生成难溶性络合物;与有机酸生成盐类等,均可影响汤剂质量。

采用铁质器具煎煮所得的汤剂色泽不佳，且铁质器具易生锈，若铁锈混入汤液中可能会引起恶心、呕吐等不良反应。故煎药器具不宜用铁器，常选择砂锅煎药。

（一）砂锅煎药的一般程序

调配合格的中药饮片在适宜的容器内加水浸泡后加热煎煮滤过，然后合并滤液。

1. 煎药容器

目前人们使用最广泛的煎药器具为硅酸盐类制品，即陶瓷砂锅。其性质稳定，不会与药物发生化学反应，导热均匀，热力缓和，水分蒸发小，散热慢，保温性强，且相对廉价。

2. 煎药用水

（1）用水。

古代医家对煎药用水颇为重视。张仲景在《伤寒杂病论》中将煎药用水分为普通水、井水、浆水、潦水、泉水、甘澜水、东流水、酒水各半煎、酒煎、水醋煎、蜜煎等。并且强调不同的水有不同的用途，应用于不同的煎剂。目前煎药用水除处方有特殊规定外，使用最多的是自来水。煎药用水应使用符合国家标准的饮用水，如矿泉水、纯净水等。此外泉水、河水、井水，只要无异味、洁净澄清，含矿物质及杂质少的亦可。

（2）加水量。

煎煮中药的用水量是否适当直接影响煎药的质量。明代医药家李时珍说："剂多水少，则药味不出，剂少水多，又煎耗药力"。即药多水少，会造成"煮不透，煎不尽"，使药用有效成分不易完全煎出；相反，药少水多，虽能煎出药物的有效成分溶出量，但煎煮时间较长，汤液量大，不宜患者服用。一般煎药加水应一次加足为宜，不可在煎药过程中反复加水，更不能把药煎干再添水重煎，以防止药物变质而发生药物不良反应。

加水量多少应根据饮片的重量、体积、吸水能力、水分蒸发量多少、煎煮时间及服用量的大小而定。常用的加水方法有两种：① 将饮片置煎锅器内，第一煎加水至超过中药表面 3~5 cm 为度，第二煎加水量至超过药渣表面 1~2 cm 为宜。这种方法是最常用的一种加水法，既方便，又容易掌握。小儿内服的汤剂可适当减少水量。② 按药物重量计算加水量，平均每克中药加水约 10 mL 计算，取总用水量的 70%加到第一煎中，剩余 30%留作第二煎用。此外还应根据煎药的时间、中药吸水性能及所需药液量等掌握加水量，以满足临床治疗需要。

3. 浸泡

浸泡是在煎煮之前先用冷水浸泡 30~60 min，药材被湿润而变软，细胞充水膨胀，使有效成分先溶解在药材细胞中，再渗透扩散到细胞外部的水中，有利于有效成分的煎出。若药材含淀粉、蛋白质较多，不经浸泡而直接煎煮，会使药材表面的淀粉糊化，蛋白质凝固，堵塞药材表面的毛细孔道，水分进不去，有效成分不易被煎出，影响药物疗效。浸泡时间首先要根据药材质地而定，花、茎、全草等质地松泡的药物，可浸泡 20~30 min；根、根茎、种子、果实等质地坚硬的药物，可浸泡 60 min；凡是矿物、动物、蚧壳类药材，浸泡时间需更长一些，这样才可湿润药材，能使其充分膨胀，药材变湿变软，便于有效成分煎出。其次，浸泡时间还应考虑到季节对药物成分性质的影响。春夏炎热季节，中药浸泡时间不宜过长，以免药物酶解或霉败；而在秋冬寒冷季节，多数中药浸泡时间可适当延长。浸泡程度，一般花叶类饮片应软化至不能折断，断面无干心；根、茎、果实类饮片断面有水分渗入的潮湿痕迹；中药饮片表面均应可见水迹。

4. 煎煮次数

汤剂的质量与煎煮的次数关系十分密切。

清代医药学家徐灵胎在《医学源流论·煎药法论》中写道："煎药之法，最宜深讲，药之效不效，全在乎此……药虽中病，而煎煮失度，其药必无效。"煎煮次数太少，提取不完全，则药材损失大；煎煮次数太多，不仅耗工和燃料，而且煎出液中杂质增多，在溶出的同时，也会破坏药效。汤剂一般煎煮 2~3 次，基本上即可达到溶出要求。通常第一煎和第二煎合计可达 70%~80%的有效成分煎出率。

5. 煎煮火候

火候主要指火力，中医习称"火候"。火候主要包括"文火"和"武火"。文火为小火，也称"弱火""慢火"，温度较低，水分蒸发缓慢；武火为"大火""急火"，又称"紧火""强火"，温度较高，水分蒸发较快。煎药时，一般是"先武后文"，即煎煮初时使用武火，令水迅速沸腾，达到所需温度，再改用文火，保持微沸状态，减少水分蒸发，以免药汁溢出或过快熬干，有利于有效成分的溶出。此外，根据方剂类型，煎药的火候也有区别，如：解表、清热药宜武火速煎，药力迅速、气足势猛；一般药材采用文火和武火交替煎煮，使药物有效成分充分煎出；滋补调理药则先武火煎沸后用文火慢煎，使有效成分溶出而提高疗效；对某些毒性药物，则宜先煎久煎，以期降低毒性，消除副作用。

6. 煎药时间

煎药时间的长短，应根据饮片的质地、饮片的吸水能力、加水量的多少、火力的强弱以及药物的有效成分溶出难易程度和临床用药的要求而定。一般煎煮时间长短以煮沸时算起，不同性质的中药的煎煮时间可分为以下几类。

（1）解表药及气味芳香类的药物：一般先用武火迅速煮沸，后改用文火维持，第一煎为 15~20 min，第二、三煎（复煎）为 10~15 min。因芳香类的药物有效成分容易煎出，应避免久煎挥发有效成分，使药效降低。

（2）一般复方制剂药：第一煎为 20~30 min，第二、三煎为 10~15 min，以利于有效成分的溶出。

（3）滋补及质地坚实的药物：一般宜文火久煎，第一煎为 40~60 min，第二、三煎为 30~40 min，使有效成分完全溶出。

（4）有毒性的药物：应先煎 60~120 min，可减低毒性。

7. 榨渣取汁

煎煮好的中药要趁热取汁滤出，免得有效成分沉淀在药渣上。过滤要榨渣取汁，一般在最后一次煎煮时，趁热将药液滤过后，将药渣用双层纱布包好，绞取药渣剩余药液，合并于之前煎煮所得的药液中。药物残渣挤出的残液量一般不超过残渣的 20%。

8. 煎取药量

煎药所得的药液量应控制在一定范围内，一般内服汤剂成人每剂 300~400 mL，日服两次；儿童酌减，一般学龄期儿童 150 mL，婴幼儿 70 mL 左右，或遵医嘱。外用汤剂的药液可控制在 500 mL 左右。

（二）需要特殊处理的药物

1. 先　煎

先煎的目的是增加药物的溶解度，降低药物的毒性，充分发挥药物疗效。先煎药物应当煮沸 30~60 min 后，再投入其他药料同煎（已先行浸泡）。

（1）矿石类、贝壳类及动物的角、骨、甲类药物，因其质地坚硬，有效成分不易煎出，必须先煎。如生珍珠母、龟甲、鳖甲、水牛角片（丝）、鹿角霜、赤石脂等，这些药物必须先浸泡，加水单独先煎 30 min，再加入其他药物一同煎煮。

（2）有毒药物如乌头、生半夏、附子等，要先煎 1~2 h，达到降低毒性或消除毒性的目的。

（3）含糖质较多和某些特殊的中药，如生地黄、熟地黄、玉竹、黄精、天竺黄、藏青果、火麻仁，只有先煎、久煎，药用成分才能浸出。

2. 后　下

后下是指煎煮时间缩短。其目的是减少挥发性成分的损失，防止有效成分分解破坏。后下药一般在第一煎药物煎好前 5~10 min 投入锅中与群药同煎。

（1）花、叶类及一些气味芳香、含挥发性成分多的饮片，久煎会导致香气挥发，药性损失，故不宜久煎。如薄荷、藿香、豆蔻、砂仁、檀香、降香、沉香等。

（2）有些药物的有效成分对热不稳定，久煎后易被破坏，故需后下，如钩藤、苦杏仁、大黄、番泻叶等。

3. 包　煎

包煎是指某些含黏性、细小种子及附冠毛和绒毛的中药，需装入白布袋或纱布包裹后，再与其他中药共煎。其目的是防止药黏锅底或刺激咽喉引起咳嗽、呕吐。包煎时药袋应尽量松些，以免药物膨胀时空间不足导致无法更多吸收水分而煎熬不透。包煎袋材质应符合药用要求（对人体无害）并有滤过功能。需包煎的中药有：① 有些含黏液质、细小种子果实类中药，如菟丝子、车前子、葶苈子、苏子等，在煎煮过程中直接混入汤剂中易黏锅底造成药汁焦糊，不利服用，故需包煎；② 花粉类及质地轻松的粉末中药，如松花粉、蒲黄、海金沙、青黛等，这类中药虽体积小、质轻，若不包煎，难以沉入锅底而浮于液面，影响取汁量效果；③ 某些花、叶类中药，如旋覆花、枇杷叶等，这类中药中的旋覆花为头状花序，含有许多白色冠毛，而枇杷叶背后有棕色细毛，在煎煮过程中，为了防止冠毛和绒毛脱落，混入汤液中刺激咽喉而引起咳嗽，因此也需包煎。

4. 另 煎

另煎又称单独煎煮。对于一些贵重中药，如人参、西洋参、西红花等，为使其有效成分充分煎出、减少其有效成分被其他药渣吸附引起损失，需要将其单独煎煮。另煎取汁后，将其残渣与其他群药合煎，然后将单独煎煮的药液与群药药液混匀分服。

5. 冲 服

将贵重中药的细粉及易溶于水的无机盐类、矿物质类或树脂类药物直接混于煎好的汤液中服用。如三七粉、川贝母、牛黄、羚羊角、琥珀等。

6. 兑 服

一些液体类药物，直接兑入煎好的药汁中混匀服用，如胆汁、竹沥、蜂蜜、梨汁、鲜藕、鲜生地汁等。

7. 烊 化

一些胶类、蜜膏类或黏性易溶的中药，煎煮时容易与其他药物黏结成团块，不利于药物有效成分的溶出；或黏附锅底，容易熬焦且浪费药材，一般不宜与群药同煎。可将此类药置于已煎好的药液中微火加热，同时不断搅拌，溶化后服用；也可以将此类药物隔水炖化，再与其他群药煎液混匀分服；亦可以少量水煮化再兑入其他药物的药液混匀同服。

8. 煎汤代水

一般体积庞大吸水量较大的药物，如丝瓜络、灶心土、金钱草、糯稻根等宜先用水煎煮 15～25 min 后，去渣，用其药汁当溶媒再煎煮其他药物。还应特别注意，先煎药、后下药、另煎或另炖药、包煎药、煎汤代水药在煎煮前均应当先行浸泡，浸泡时间一般不能少于 30 min。

二、煎药机煎药

中药煎煮机是一种带有电控装置的全封闭微压容器，利用水煎沸及其产生的蒸汽一次性使药物有效成分充分煎出，操作方便，可以提高工作的效率，减轻工作量，保证中药疗效，更符合卫生学要求，不易霉变。一般情况下，机煎中药都是包装在医用塑胶袋中，这种袋装药液抗挤压、不易破损，每包药液可在常温下保存十天左右，无论居家还是外出携带都非常方便。服用时，只需将药包放进热水内浸泡 10～20 min 即可饮用，微波炉加热后的机煎袋装中药不会影响药效的发挥，可放心服用。

（一）煎药机煎药操作

1. 检 查

检查工作场所、设备、器具是否符合要求，水、电供给是否正常，煎药机运行是否正常。清洗煎药机，打开排废液阀门，放干净水，关闭排废液阀门，关闭排药液阀门。

2. 浸 药

（1）将要煎煮的药物放入干净的煎药袋中，把袋口扎紧，放入洁净的不锈钢桶内。

（2）冷水浸泡 30 min，注意把处方单夹在不锈钢桶上，以防混乱搞错。

（3）登记煎药操作记录的浸泡时间。

3. 煎 药

（1）将已浸泡的中药放置于煎药机的煎药锅中。将浸泡的水倒入煎药锅内，并补足余下的水。水不能过多，一般为所需的药液量的 1.2 倍按中药剂数计算水量。

（2）打开煎药机电源总开关，设定好煎药时间和温度，按"加热"键，机器自动加热，达到设定温度自动转入文火，到达设定时间后，自动停止加热。

（3）待药煎好后，先打开排气安全阀，适当减压，再打开排药液阀门，药液通过排液软管注入包装机药罐内。排药液过程中，同时转动挤压装置，挤出药包中的残余药液。药液排完后，完全打开排气安全阀，压力减至大气压，打开手柄将药包取出，关闭电源。

（4）登记煎药操作记录的煎煮时间。

4. 包 装

（1）包装前 20～30 min 打开"热合键"，设定上温和下温，达到设定温度后便可开始包装。

（2）药煎煮完毕后，按药液量设定包装容量，一般设定在 150～200 mL，一剂药为两个包装。通常为了防止个别包装袋破损漏液，可加装 1 袋。如 5 剂药可分装成 11 袋。

（3）打开填充总阀，按下"注入"键和"启动"键，开启自动包装程序。

5. 清 洗

（1）清洗煎药机：每锅煎好后，加入适量清水，用软布擦洗内壁，不能用掉丝、掉毛的清洗工具清洗，防止堵塞。然后开启填充总阀和备用阀门将煎药锅内的污水排出，冲洗完毕后马上关掉充填总阀和备用阀。

（2）清洗填充总开关管道：加入适量清水于煎药锅中，将机头下端的包装袋封口剪开，打开充填总开关，按下"注入"键，排出污水和遗留药液，然后关好填充总开关。

（3）清洗煎药袋：如煎药袋是非一次性使用，则需要洗净、干燥。检查是否有残留药渣，是否有破损。

知识链接　　　　　　　　自动包装机包装小技巧

通常每次包装后都会有残液在包装机的机头下面，为了保证患者用药安全有效，每次包装时，一般将前两次切下的药袋弃去，第三次切下的药袋算为本次包装的第一袋，依次计数。通常一剂药分装成两袋，每袋 150～200 mL，早晚服用；若医嘱上标明一剂药分三次服用，则需分装成三袋，每袋药液大约 150 mL。

（二）中药煎药机使用注意

（1）为保证人身安全，中药煎药机必须做好接地保护。

（2）在清洗过程中，电器控制部分不能用水清洗。

（3）打开锅盖前，必须打开排气安全阀，排掉锅内压力。

（4）在煎药过程中严禁打开排液阀门，防止人员烫伤。

（5）每锅药煎好后，清洁锅盖与密封圈的接触面，防止残留药液黏在密封圈。

（6）每次煎药关闭锅盖前，仔细检查密封圈，保证密封圈正确安装在槽内。

（7）在煎药过程中，如果包装药的煎药袋破损，一定要把药渣清理干净后再用，防止残渣打到包装机后造成包装机的堵塞。

（8）煎药机切忌干烧。

（9）煎药机拧紧把手时，要对角均匀加压，以防止锅盖变形。

（10）如果煎药机在工作中未达到设定的时间，下次再煎药时应关闭电源开关，使计数器清零。否则机器会累计自动计时，到达时间后则自动停机。

模块二　项目七　练习题

1. 单项选择题

（1）下列药物需要烊化的是（　　）。
　　A. 阿胶　　　　　　B. 芒硝　　　　　　C. 西红花
　　D. 海金沙　　　　　E. 赤石脂

（2）下列药物需要后下的是（　　）。
　　A. 赤石脂　　　　　B. 辛夷　　　　　　C. 西洋参
　　D. 蒲黄　　　　　　E. 砂仁

（3）下列药物需要冲服的是（　　）。
　　A. 钩藤　　　　　　B. 羚羊角　　　　　C. 紫河车
　　D. 丝瓜络　　　　　E. 茯苓

（4）煎药操作人员必须身体健康，无传染病、精神病、皮肤病，（　　）必须进行一次健康检查并建立健康档案。
　　A. 每半年　　　　　B. 每两年　　　　　C. 每三个月
　　D. 每一年　　　　　E. 每三年

2. 多项选择题

（1）关于中药汤剂制备的质量要求，下面说法正确的是（　　）。
　　A. 煎煮后的残渣不得有硬心，应充分煮透，使药效成分溶出而发挥疗效
　　B. 煎煮后应充分过滤，药物残渣挤出的药液量一般不超过残渣重量的20%
　　C. 中药饮片可以不必充分浸润，根茎类药材断面需无水渗入的潮湿痕迹
　　D. 煎煮好的汤剂应为澄明，药液中不得有异物
　　E. 控制好煎煮火候和时间，煎煮后的药物不得烧焦糊化

（2）中药煎药机主要由哪几部分组成？（　　）
　　A. 加热盘　　　　　B. 煎药煲　　　　　C. 过滤网
　　D. 集成电路板　　　E. 包装薄膜
（3）下列可作为煎药用水的有（　　）。
　　A. 矿泉水　　　　　B. 自来水　　　　　C. 井水
　　D. 纯净水　　　　　E. 洁净河水

项目八 中药临方炮制

任务一 中药临方炮制目的

一、降低或消除药物的毒性或副作用

有的药物虽然毒性或副作用较大，但却有很好的疗效，因此可通过炮制，降低其毒性或副作用，使之能更安全地应用于临床上。历代医家对有毒中药的炮制都很重视。汉代张仲景在《金匮玉函经》中明确指出：麻黄"生则令人烦，汗出不可止"。说明麻黄生用有"烦"和"出汗不止"的副作用，用时"皆先煮数沸"，便可除去其副作用。

通过炮制降低或消除药物的毒性或副作用包括以下几个方面：① 加热破坏有毒成分，比如苍耳子、蓖麻子、相思子等一类含有毒性蛋白质的中药，经过加热炮制后，其中所含毒性蛋白因受热变性而达到降低毒性的目的。② 通过炮制改变毒性成分的结构，比如川乌、草乌、附子中的乌头类生物碱及其降解产物具有较强的强心、解热、镇痛、镇静等作用，炮制后既可保证其临床疗效，又可明显降低毒性。③ 辅料降毒，通过米炒、醋炙、甘草汁拌炒，加入白矾煮、豆腐蒸等均可降低药物的毒性或副作用。比如米炒斑蝥，用白矾炮制天南星、半夏，醋炙大戟、甘遂、芫花等。

二、改变或缓和药物的性能

中药是以寒、热、温、凉（即"四气"）和辛、甘、酸、苦、咸（即"五味"）来表示性能的。中药就是以自身药性的偏盛来纠正人体阴阳盛衰，但性味过于偏盛的药物，临床应用时往往会给病人带来一定的副作用。如太寒伤阳，太热伤阴，过辛耗气，过甘生湿，过酸损齿，过苦伤胃，过咸生痰。药物经过炮制，可以改变或缓和药物偏盛的性味，达到改变药物作用的目的。如生甘草，性味甘凉，具有清热解毒、清肺化痰的功效，常用于咽喉肿痛、痰热咳嗽、疮痈肿毒。甘草经炮制后，其药性由凉转温，功能由清泄转为温补，改变了原有的药性。又如生地黄，性寒，具清热、凉血、生津之功，常用于血热妄行引起的吐血、斑疹、热病口渴等症。经蒸制成熟地黄后，其药性变温，能补血滋阴、养肝益肾，凡血虚阴亏，肝肾不足所致的眩晕，均可应用。

缓和药性是指缓和某些药物的刚烈之性。因为用药过于猛烈，易伤患者元气，可带来不良影响，炮制则可以制约药物偏性。中药青皮具有疏肝破气、消积化滞的作用，生品性烈，辛散破气力强，醋炒可缓和辛烈之性，消除发汗的副作用，而且引药入肝，增强疏肝止痛的作用。麻黄生用辛散解表作用较强，经蜜炙后，其所含具辛散解表作用的挥发油含量减少，辛散作用缓和。且炼蜜可润燥，能与麻黄起协同作用，故而止咳平喘作用增强。后人常用炒制、蜜炙等炮制方法来缓和药性，并总结出"甘能缓""炒以缓其性"的规律。

三、增强药物疗效

增强药物疗效是中药炮制的重要目的之一,一般可以通过以下几个方面来达到此目的:

(1)中药材切成饮片后增加了药物与溶媒接触的面积,药物活性成分能较好地从药材组织细胞内溶解释放出来,提高药效成分的生物利用度。许多中药经炮制成饮片以后,其药效成分溶出率往往高于原药材,这与药材在切片过程中所产生的变化有关,如细胞破损、表面积增大等。

(2)多数种子外有硬壳,其有效成分不易被煎出,经加热炒制后种皮爆裂,便于成分煎出。这就是后人"逢子必炒"的根据和用意。古人认为"决明子、莱菔子、芥子、苏子、韭子、青葙子,凡药用子者俱要炒过,入药方得味出"。

(3)辅料在炮制过程中可以协同增强疗效。款冬花、紫菀等化痰止咳药经炼蜜炙制后,增强了润肺止咳的作用,这是因为炼蜜有甘缓益脾、润肺止咳之功;胆汁制天南星能增强天南星的镇痉作用;甘草制黄连可使黄连的抑菌效力提高数倍。辅料还可起到助溶、脱吸附作用,亦可使难溶于水的成分水溶性增加。

四、改变或增强药物作用的趋向

中医对药物作用的趋向是以升、降、浮、沉来表示的。中药通过炮制,可以改变其作用趋向。例如,大黄苦寒,为纯阴之品。其性沉而不浮,其用走而不守。经酒制后能引药上行,先升后降。元代李杲认为,大黄治下焦疾病,"若邪气在上,非酒不至……若用生品,则遗至高之邪热,病愈后,或目赤、喉痹、头肿、膈上热痰"。

黄柏禀性至阴,气薄味厚,主降,生品多用于下焦湿热,酒制可略减其苦寒之性,并借助酒的引导作用,以清上焦之热,如上清丸中的黄柏用酒制,转降为升。

莱菔子,辛甘平,偏温,作用升浮,但为种子,质量沉降。古人认为,该药能升能降。生莱菔子,升多于降,用于涌吐风痰;炒莱菔子,降多于升,用于降气化痰,消食除胀。时珍曰:莱菔子"生能升,熟能降。升则吐风痰、散风寒、发疮疹;降则定痰喘咳嗽、调下痢后重、止内痛,皆是利气之效"。现代研究表明,在离体家兔肠管试验中,莱菔子的炒制品对抗肾上腺素作用强于生品。可见,临床应用莱菔子的炒制品来做消导药是有一定道理的。

五、改变药物作用的部位或增强对某部位的作用

中医对药物作用部位常以经络脏腑来表示。所谓某药归某经,即表示该药对某些脏腑和经络有明显的选择性。如杏仁可以止咳平喘,故入肺经;可润肠通便,故入大肠经。临床上有时因一药入多经,会使其作用分散,通过炮制调整,可使其作用专一。如柴胡、香附等经醋制后有助于引药入肝经,更好地治疗肝经疾病。小茴香、益智仁、橘核等经过盐制后,有助于引药入肾经,能更好地发挥治疗肾经疾病的作用。

六、便于调剂和制剂

来源于植物类根、茎、藤、木、花、果、叶、全草等的中药材，经水制软化，切制成一定规格的片、丝、段、块后，可便于调剂时分剂量、配药方。质地坚硬的矿物类、甲壳类及动物化石类药材很难粉碎，不便制剂和调剂，在短时间内也不易煎出其有效成分，因此必须经过加热等处理，使之质地酥脆而便于粉碎。如砂烫醋淬穿山甲、龟甲、鳖甲，砂烫马钱子，蛤粉烫阿胶，油炸豹骨，火煅代赭石、寒水石，火煅醋淬自然铜等。实际上药材从质坚变为酥脆的同时，也达到了增加其有效成分的溶出，有利于药物在体内的吸收等目的。如龟板，经砂烫醋淬炮制后，其热水溶出率增加6倍左右。药材经过不同方法的炮制，制成饮片后所出现的上述变化，对于调剂和制剂极为有利。

七、洁净药物，利于贮藏保管

中药在采收、储存、运输过程中常混有泥沙杂质及残留的非药用部位和霉变品，因此必须经过严格的分离和洗刷，使其达到所规定的洁净度，以保证临床用药的卫生和剂量的准确。例如根类药材的芦头（根上部之根茎部分）、皮类药材的粗皮（栓皮）、昆虫类药物的头足翅等常应除净。有的虽是一种植物，但由于部位不同，其药效作用亦不同。如麻黄，其茎能发汗，其根能止汗故须分开。药材经过加热处理可以进一步干燥，或杀死虫卵（如蒸桑螵蛸），有利于贮藏保管。

八、利于服用

中药中的某些动物类药材（如僵蚕、紫河车）、树脂类药材（如乳香、没药）或其他有不良气味的药物（如五灵脂），服后易产生恶心、呕吐、心烦等不良反应。为了便于服用，常用酒制、蜜制、水漂、麸炒、炒黄、醋制等方法炮制，能起到矫臭矫味的效果，有利于病人服用。比如醋制乳香、麸炒僵蚕、酒制五灵脂等。

任务二　常用临方炮制方法

一、净　制

净制又称为"净选加工"，指中药材在切制、炮炙或调剂、制剂前，选取规定的药用部位，除去杂质、非药用部位、霉变品及虫蛀品，区分不同的药用部位，以及将药材分档的一类炮制方法。中药材都要通过净选加工，方可用于临床。净制根据药材具体情况，分别选用挑选、筛选、风选、水选、剪、切、刮、削、剔除、酶法、剥离、挤压、焊、刷、擦、火燎、烫、撞、碾等方法达到质量标准。

二、切　制

饮片切制是中药临方炮制的工序之一。是将净选后的中药材进行软化处理，再切成一定规格的片、丝、块、段等的炮制工艺。广义而言，凡是经过炮制后，可直接用于中医临床调配处方或制剂生产使用的中药，统称为饮片；狭义而言，饮片是指切制成一定规格的片、丝、块、段等形状的药材。

除少数中药材如鲜石斛、鲜芦根、丝瓜络、竹茹、通草等可进行鲜切或干切外，切制饮片前，大多数干燥的中药材必须进行适当的软化处理，使药材由硬变软，质地柔软适中，以便于切制。

饮片的形态，取决于药材的特点、质地、形态和各种不同的需要，如炮制、调剂、制剂、鉴别等，常见的饮片类型分述如下：

1. 片

极薄片：厚度为 0.5 mm 以下，适用于质地致密、极坚实的木质类及动物骨、角质类药材。如羚羊角、鹿角等；薄片：厚度为 1~2 mm，适宜质地致密坚实、切薄片不易破碎的药材。如白芍、乌药、槟榔等；厚片：厚度为 2~4 mm，适宜质地松泡、黏性大、切薄片易破碎的药材。如茯苓、山药、天花粉等。

2. 丝（包括细丝和宽丝）

细丝 2~3 mm，宽丝 5~10 mm。适宜皮类、叶类和较薄果皮类药材。如黄柏、厚朴、桑白皮等均切细丝；荷叶、枇杷叶、淫羊藿等均切宽丝。

3. 段（咀、节）

长段称"节"，长为 10~15 mm，短段称"咀"，长为 5~10 mm。适宜全草类和形态细长，内含成分易于煎出的药材，如薄荷、荆芥、香薷、益母草等。

4. 块

块是指边长为 8~12 mm 的立方块。如何首乌、干姜等。阿胶的立方块又称"丁"。

三、炮　炙

（一）炒　法

将净制或切制过的药物，筛去灰屑，大小分档，置炒制容器内，加辅料或不加辅料，用不同火力加热，并不断翻动或转动使之达到一定程度的炮制方法，称为炒法。根据炒法的操作及加辅料与否，可分为清炒法和加辅料炒法。清炒法又可根据加热程度不同而分为炒黄、炒焦和炒炭。加辅料炒法也是根据所加辅料的不同而分为麦麸炒、米炒、土炒、砂炒、蛤粉炒和滑石粉炒等法。

1. 清炒法

不加任何辅料的炒法称为清炒法。根据火候及程度的不同又分为炒黄、炒焦和炒炭。

（1）炒黄：将净制或切制过的药物，置炒制容器内，用文火或中火加热，并不断翻动或转动，使药物表面呈黄色或颜色加深，或发泡鼓起，或爆裂，并逸出固有气味的方法。其目的是使药物有效成分易于煎出，并可缓和药性，如炒决明子能缓和滑肠之性，并易煎出有效成分；炒麻黄能缓和解表之性等。

（2）炒焦：将净选或切制后的药物，置炒制容器内，用中火或武火加热，炒至药物表面呈焦黄或焦褐色，内部颜色加深，并具有焦香气味。其目的是缓和药性或增强疗效，如陈皮炒焦后，可缓和其辛烈之性，而增强其温健之力；防风炒焦后，辛散之力减弱，而止泻作用增强。

（3）炒炭：将净选或切制后的药物，置炒制容器内，用武火或中火加热，炒至药物表面焦黑色或焦褐色，内部呈棕褐色或棕黄色。经炒炭炮制后可使药物增强或产生止血、止泻作用。炒炭要注意"存性"，如成灰烬，则药力全失。其目的或是缓和药物的烈性、副作用，如青皮炒炭后破气之力减弱，消食化滞和胃之功增强；或增强收敛止血之功，如当归炭、黄芩炭、防风炭等。

2. 加辅料炒法

净制或切制后的药物与固体辅料同炒的方法，称为加辅料炒法。主要目的是降低毒性，缓和药性，增强疗效和矫臭矫味等。同时，某些辅料具有中间传热的作用，能使药物受热均匀，炒后的饮片色泽一致，外观质量好。常用的加辅料炒法有麸炒、米炒、土炒、砂炒、蛤粉炒、滑石粉炒等。

（1）麸炒：用武火将锅烧热，撒入定量麦麸或蜜制麦麸，待冒烟时，放入净饮片快速均匀翻动，炒至呈黄色或深黄色，麦麸呈焦黑时，取出，筛去麦麸，放凉。麸炒的目的是赋色，并增强健脾开胃之功，如麸炒山药、麸炒白扁豆等；或吸收部分药物的油分而减少其刺激性，缓和燥性，如木香经麸炒后，除去部分油脂，增强实肠止泻的作用。

（2）米炒：将粳米洗净，置锅内，用文火炒至冒热气或米贴附锅底，放入净饮片，拌炒至表面呈黄色或微焦，取出筛去米。其目的或是取粳米增强健脾开胃之功，如米炒党参；或降低药物毒性，如米炒斑蝥。

（3）土炒：将灶心土粉置锅内，用文火炒至滑利，放入净饮片，拌炒至表面呈黄色或微焦，取出，筛去灶心土粉。其目的是增强药物健脾和胃止泻之功，如土炒薏苡仁、土炒白扁豆等。

二、炙　法

将净选或切制后的药物加入定量的液体辅料拌炒，使辅料逐渐渗入药物内部的方法，称为炙法。根据所加辅料不同，分为酒炙、醋炙、盐炙、姜炙、蜜炙和油炙等方法。

1. 酒　炙

取净饮片，加定量黄酒拌匀，闷透，用文火炒至表面微具焦斑，取出，放凉。酒炙的目的或是缓和药物苦寒之性，引药上行，清头目之火，如酒黄连；或加强药物活血通经作用，如酒当归、酒川芎等。

2. 盐水炙

用定量的食盐化水，与净饮片拌匀，稍闷，或将净饮片炒热，然后喷洒盐水，炒至表面微具焦斑，取出，放凉。盐水炙目的或是引药下行，用于睾丸冷痛、小肠寒疝，如盐茴香、盐荔枝核；或增强滋阴降火作用，如盐知母、盐黄柏；或引药入肾，增强利尿作用，如盐泽泻。

3. 醋　炙

取净饮片加定量米醋拌匀，闷透，置锅内，用文火炒至表面微具焦斑，取出，放凉。其目的或是引药入肝，增强活血止痛作用，如醋三棱、醋莪术；或是降低毒性，缓和峻下作用，如醋芫花、醋商陆等。

4. 蜜　炙

将定量"炼蜜"用开水适量稀释后与净饮片拌匀，稍闷，置锅内用文火炒至规定程度；或将炼蜜倒入锅内，用文火加热，待沸起泡时，加水适量，再放入净饮片，拌炒至蜜汁均匀吸尽，以不粘手为度。蜜炙的目的或是增强润肺止咳之功，如蜜炙前胡、蜜炙白前等；或取其益气补中之效，如蜜炙党参。

5. 姜　炙

将定量鲜生姜加水适量捣烂，压榨取汁，与净饮片拌匀后，置锅内，用文火炒至表面微具焦斑时，取出，放凉。姜炙的目的是缓和药物寒性，增强和胃止呕之功，如姜炙黄连。

6. 油　炙

将洗净或切制后的药物，与一定量油脂共同加热处理的方法称为油炙法。油炙法又称酥法。油炙法所用的辅料，包括植物油和动物脂（习称动物油）两类。常用的有麻油（芝麻油）、羊脂油。此外，菜油、酥油亦可采用。油炙的目的或是增强疗效，如淫羊藿用羊脂油炙后能增强温肾助阳作用；或利于粉碎如豹骨、三七、蛤蚧，经油炸或油酥后，能使其质地酥脆易于粉碎。

三、煅　法

将药物直接放于无烟炉火内或置于适当的耐火容器内煅烧的方法，称为煅法。有些药物煅红后，还要趁热投入规定的液体辅料中骤然冷却，称为"煅淬"法。药物经过高温煅烧，使药物质地疏松，利于粉碎和煎出有效成分，减少或消除副作用，从而提高疗效或产生新的药效。

依据操作方法和要求的不同，煅法分为明煅法、煅淬法和扣锅煅法。明煅法和煅淬法主要适用于质地坚硬的药物，如矿物类、贝壳类、化石类药物；扣锅煅法多用于制备某些植物药的炭药。

四、蒸、煮、燀法

这是一类既需要用火加热,又需要大量的水传热的方法,所以属于"水火共制"法。这里的"水"可以是清水,也可以是酒、醋或药汁(如甘草汁、黑豆汁)。个别药物虽用固体辅料,如用豆腐炮制珍珠、藤黄、硫黄,但操作时仍需用水来进行蒸煮。

蒸制:有的药物蒸后便于保存,如桑螵蛸、黄芩等;有的药物蒸后性味改变,产生新的功能,临床适用范围扩大,如地黄、何首乌、大黄;有的药物在蒸制过程中加入酒(如地黄、肉苁蓉、黄精、山茱萸、女贞子)、醋(如五味子),则与酒炙、醋炙有类同的辅料作用;有的药物蒸制则是为了便于软化切制,如木瓜、天麻、玄参等。

煮制:无论是清水煮(如川乌、草乌),药汁煮(如附子、吴茱萸、远志),还是加固体辅料豆腐煮(如珍珠、藤黄、硫黄等),其主要作用都是降低毒性。

燀制:在沸水中短时间浸煮的方法,主要在于破坏一些药物中的酶(如杏仁、桃仁)、毒蛋白(如白扁豆),同时也有利于分离药用部分。

五、复制法

将净选后的药物加入一种或数种辅料,按规定操作程序,反复炮制的方法,称为复制法,也称法制法。复制法的特点是用多种辅料或多种工序共同处理药材,主要用于半夏、天南星、白附子等有毒天然药物的炮制。

六、发酵与发芽法

发酵与发芽均系借助于酶和微生物的作用,使药物通过发芽或发酵过程,改变其原有性能,增强或产生新的功效,扩大用药品种,以适应临床用药的需要。如六神曲、淡豆豉、谷芽等。

七、制霜法

药物经过去油制成松散粉末或析出细小结晶或用其他方式制成细粉的方法,称为制霜法。制霜法一般包括去油制霜法、渗析制霜法、升华制霜法等。如巴豆霜、西瓜霜、砒霜等。

八、其他制法

除上述介绍的炮制方法外,对某些药物还采用烘、焙、煨、提净、水飞及干馏等炮制方法,统列为其他制法。

1. 烘焙法

将净选或切制后的药物用文火直接或间接加热,使之充分干燥的方法,称为烘焙法。烘焙法不同于炒法。烘焙法的主要目的是使药物尽快干燥,利于粉碎和贮存。操作时一定要用文火,并要勤加翻动,以免药物焦化。

2. 煨 法

将药物用湿面或湿纸包裹，置于加热的滑石粉或沙中；或将药物直接置于加热的滑石粉中；或将药物与麦麸同置热锅内加热；或将药物铺摊吸油纸上，层层隔纸加热，以除去部分油质的方法，统称为煨法。煨法的主要目的是除去药物中部分油脂及刺激性成分，从而降低毒副作用，缓和药性，增强疗效。如煨肉豆蔻、煨诃子等。

3. 提净法

某些矿物药，特别是一些可溶性无机盐类药物，经过溶解。过滤，除净杂质后，再进行重结晶处理，使之进一步纯净的方法，称为提净法。提净的目的是使药物纯净、缓和药性、提高疗效或者降低毒性，如朴硝经萝卜提净后，可提高其纯净度，而萝卜的甘温之性又能缓其咸寒之性，并借萝卜的消导降气之功，增强其润燥软坚、消导下气通便作用。硇砂生品有毒，忌内服，经米醋提净后，能降低毒性，可供内服。

4. 水飞法

将某些不溶于水的矿物、贝壳类药物经反复研磨成细粉后，利用其粗细粉末在水中悬浮性不同的特点，分离、制备成极细腻粉末的方法，称为水飞法，如水飞朱砂等。

项目九 中药临方制剂

【学习目标】

(1) 掌握膏、丸、散、酒、酊剂等剂型的制备方法。
(2) 熟悉临方制剂各剂型的质量要求。
(3) 了解不同剂型的特点。

任务一 中药临方制剂基本要求

中医药的临床应用,除了内服汤剂和一般中成药外,有时医生的处方会根据治疗需要,将药物临时加工成膏、丸、散、酒等剂型,称之为临方制剂。临方制剂用量一般不大,一般多者在 500 g 左右,少者仅 20~30 g。主要用于病后调理、慢性病治疗和外用贴敷等。

临方制剂大多是小规模制剂,处方用药灵活多样,因此其制备要求也不同于大规模生产制剂,以传统手工制备为主,制备工艺技术性高。因此,除了必要的制剂理论知识外,操作人员还必须在实践中学习,积累经验,熟练掌握临床制剂的操作技能。

临方制剂室应安静卫生,空气清洁、无灰尘、污水和垃圾,照明、供暖和通风设备良好。车间应配备常用设备,如粉碎、混合、搅拌和煎煮等制剂设备。

任务二 常用临方制剂及操作

常用的临方制剂主要有膏剂、丸剂、散剂、酒剂和酊剂等。

一、膏 剂

传统膏剂有两类:一是供内服的煎膏剂(膏滋),另一种是供外用敷贴的膏药。

(一) 煎膏剂

煎膏剂系指药物用水多次煎煮,过滤去渣浓缩后,加炼蜜或糖(或转化糖)制成的半流体制剂,又称膏滋。

1. 制备方法

煎膏剂的制备工艺流程:煎煮→浓缩→收膏→分装→成品

首先,根据医生的处方称取饮片,用水浸泡,然后煎煮 2~3 次。每次加水沸腾后,再煎煮 2~5 h,然后压榨取汁,过滤,合并滤液。将合并后的滤液静置 1~2 h(夏天要尽早过滤),取上清液置于合适的锅中浓缩成稠膏,取少许稠膏,滴在滤纸上检查,以无渗透水迹为度,即得清膏。将清膏与炼蜜或糖（微炼，除沫）混合，加热，不断搅拌均匀，撇去浮沫，待稠度达到一定程度后收膏。收膏后，应分装在洁净干燥灭菌的大口容器中，待充分冷却后加盖密闭，以免水蒸气冷凝后流回膏滋表面，久贮后表面易产生霉败现象。煎膏剂应贮藏于阴凉干燥处，服用时取用器具亦须干燥洁净。

2. 注意事项

（1）饮片按各品种项下规定的方法煎煮，滤过，滤液浓缩至规定的相对密度，即得清膏。
（2）如需加入饮片原粉，除另有规定外，一般应加入细粉；
（3）清膏按规定量加入炼蜜或糖（或转化糖）收膏；若需加饮片细粉，待冷却后加入，搅拌混匀。除另有规定外，加炼蜜或糖（或转化糖）的量，一般不超过清膏量的3倍；
（4）煎膏剂应无焦臭、异味，无糖的结晶析出；
（5）除另有规定外，煎膏剂应密封，置阴凉处贮存。

3. 质量要求

除另有规定外，煎膏剂应进行以下相应检查。

【相对密度】除另有规定外，取供试品适量，精密称定，加水约2倍，精密称定，混匀，作为供试品溶液。照相对密度测定法（药典通则0601）测定，按下式计算，应符合各品种项下的有关规定。

$$供试品相对密度 = \frac{W_1 - W_1 \times f}{W_2 - W_1 \times f}$$

式中 W_1 为比重瓶内供试品溶液的重量，g；W_2 为比重瓶内水的重量，g；

$$f = \frac{加入供试品中的水重量}{供试品重量 + 加入供试品中的水重量}$$

凡加饮片细粉的煎膏剂，不检查相对密度。

【不溶物】取供试品 5 g，加热水 200 mL，搅拌使溶化，放置 3 min 后观察，不得有焦屑等异物。

加饮片细粉的煎膏剂，应在未加入细粉前检查，符合规定后方可加入细粉。加入药粉后不再检查不溶物。

【装量】照最低装量检查法（药典通则0942）检查，应符合规定。

【微生物限度】照非无菌产品微生物限度检查：微生物计数法（药典通则1105）和控制菌检查法（药典通则1106）及非无菌药品微生物限度标准（药典通则1107）检查，应符合规定。

（二）膏 药

膏药系指饮片、食用植物油与黄丹（铅丹）或官粉（铅粉）炼制成膏料，摊涂于裱褙材料上制成的供皮肤贴敷的外用制剂。前者称为黑膏药，后者称为白膏药。

1. 制备方法

膏药的制备工艺流程：

麻油浸药→烈火煎沸→文火久熬→药枯过滤→药油滴水成珠→下黄丹→加香药或贵重药

或胶体性药物→去火毒→涂布冷却→烘化贴用

首先取植物油置锅中，微热后将药料投入，加热不断搅拌，直至药料炸至表面深褐色内部焦黄为度（此时温度可达 220 ℃）。炸好后可用铁丝筛捞去药渣，去渣后的油为药油。取药油继续熬炼，待油温度上升到 320 ℃ 改中火。炼油的火候：一是看温度计，达到规定温度；二是看油烟，开始为浅青色，渐为黑而浓，进而为白色浓烟，无风时白烟直上；三是看油花：沸腾开始时，油花多在锅壁周边附近，当油花向锅中央聚集时为度；四是看滴水成珠：取少许药油滴于水中，不散开成珠状为度。药油炼成后，离火下丹，一般 500 g 油可加 250 g 左右丹药，黄丹在下丹前先干燥并过 100 目筛。少量加丹，边加边搅动，一定要向同方向搅拌。搅成黏稠的膏体，膏药不黏手，拉丝不断为好，过硬则老，过黏则嫩。膏药制成后放入冷水，浸泡，每一日换一次水，七日后膏成。取膏药团置于容器中，在水浴或文火上熔化，将细料兑入搅匀，用竹签取一定量的膏药在牛皮纸或膏药布上即可，麝香等特别贵重的药可最后撒上。

2. 注意事项

（1）饮片应适当碎断，按各品种项下规定的方法加食用植物油炸枯；质地轻泡不耐油炸的饮片，宜待其他饮片炸至枯黄后再加入。含挥发性成分的饮片、矿物药以及贵重药应研成细粉，于摊涂前加入，温度应不超过 70 ℃；

（2）制备用黄丹、官粉均应干燥、无吸潮结块；

（3）炸过药的油炼至"滴水成珠"，加入黄丹或官粉，搅拌使充分混合，喷淋清水，膏药成坨，置清水浸渍；

（4）膏药的膏体应油润细腻、光亮、老嫩适度、摊涂均匀、无飞边缺口，加温后能黏贴于皮肤上且不移动。黑膏药应乌黑、无红斑；白膏药应无白点；

（5）除另有规定外，膏药应密闭，置阴凉处贮存。

3. 质量要求

除另有规定外，膏药应进行以下相应检查。

【软化点】照膏药软化点测定法（药典通则 2102）测定，应符合各品种项下的有关规定。

【重量差异】取供试品 5 张，分别称定每张总重量，剪取单位面积（cm^2）的裱背，称定重量，换算出裱背重量，总重量减去裱背重量，即为膏药重量，与标示重量相比较，应符合表 2-9-1 中的规定。

表 2-9-1 膏剂重量差异规定限度

标示重量	重量差异限度
3 g 及 3 g 以下	±10%
3 g 以上至 12 g	±7%
12 g 以上至 30 g	±6%
30 g 以上	±5%

二、丸　剂

丸剂俗称丸药，系指原料药物与适宜的辅料制成的球形或类球形固体制剂。丸剂包括蜜丸、水蜜丸、水丸、糊丸、蜡丸、浓缩丸、滴丸和糖丸等，临方制剂主要以水丸、蜜丸居多。

（一）水　丸

水丸又称水泛丸，系指饮片细粉以水（或根据制法用黄酒、醋、稀药汁、糖液、含 5% 以下炼蜜的水溶液等）为黏合剂制成的丸剂。水丸使用后易溶解、分散，吸收快。此外，由于水丸含有较少的辅料，因此实际药物含量相应较高。水丸体积小，表面致密光滑，不仅易于吞咽，而且不易吸潮，有利于储存。其生产设备和制备工艺简单，可根据临床辨证治疗需要临时少量制备。

水丸的制备方法通常采用泛制法。

水丸工艺流程：

原料的准备→起模→成型→盖面→干燥→选丸→质检→包装

1. 原料的准备

根据药物的性质，采用适宜的方法粉碎、过筛、混合制得药物细粉，过五～六号筛，起模用粉或盖面包衣用粉过六～七号筛。部分药材可经提取、浓缩作为赋形剂应用。

2. 起　模

起模系将药粉制成直径 0.5～1 mm 大小丸粒的过程。起模时应注意：①起模用粉应选用黏性适中的药粉，黏性过强或无黏性的药粉均不利于起模；②起模常用水作为润湿剂。

起模的方法通常采用以下几种。

① 粉末泛制起模法：即在泛丸锅或泛丸匾中，喷刷少量水，使泛丸锅或泛丸匾湿润，撒布少量药粉，转动泛丸锅或匾，刷下附着的粉末，再喷水湿润，撒粉吸附，反复多次，泛制期间配合揉、撞、翻等操作，使丸模逐渐增大成为直径在 0.5～1.0 mm 的球形小颗粒，筛去过大或过小以及异形的丸模，即得。

② 湿粉制粒起模法：即改进起模法，将起模用药粉制成颗粒，再经旋转摩擦，撞去棱角成为丸模。该法丸模成型率高，丸模较均匀，但模子较松散。

3. 成　型

成型系指将已经筛选合格的丸模交替加入水和药粉，逐渐加大至接近成品的操作。

4. 盖　面

盖面系指将适当材料（清水、清浆或处方中部分药物的极细粉）泛制于筛选合格的成型丸粒上至成品大小，使丸粒表面致密、光洁、色泽一致的操作。常用的盖面方法有干粉盖面、清水盖面、清浆盖面等。

5. 干　燥

盖面后的丸粒应及时干燥。干燥温度一般控制在 60～80 ℃，含挥发性或热敏性成分的药丸应控制在 60 ℃以下。

6. 选　丸

选丸系将制成的水丸进行筛选,除去过大、过小及不规则的丸粒,使成品大小均一的操作。大量生产可用振动筛、滚筒筛及检丸器等。

(二) 蜜　丸

蜜丸系指饮片细粉以炼蜜为黏合剂制成的丸剂。其中每丸重量在 0.5g（含 0.5g）以上的称大蜜丸,每丸重量在 0.5g 以下的称小蜜丸。

蜜丸的制作方法有泛别法和塑制法等。一般采用塑制法,其工艺流程为:

炼蜜→合药→制条→成丸→包装→贮存

对蜂蜜的选择与炼制是保证蜜丸质量的关键。一般以乳白色和淡黄色,味甜而香、无杂质,稠如凝脂油性大,含水分少为好。但由于来源、产地、气候等关系,其质量不一致,北方产的蜂蜜一般水分较少,其中以荆条蜜、枣花蜜为优,而南方产的蜂蜜一般含水分较多。炼蜜的目的是除去杂质,破坏酵素,杀死微生物,蒸发水分,增强黏性。其方法是:小量生产可用铜锅或锅直火加热,文火炼;大量生产可用蒸汽夹层锅、减压蒸发浓缩锅进行炼制,最后滤除杂质。炼蜜程度有 3 种:嫩蜜、中蜜、老蜜。制备蜜丸时,应根据气候、药物的黏性等情况,选择合适的炼蜜。如处方中含较多油脂、黏液质、胶质、糖、淀粉、动物组织等黏性较强的药材,则通常选择嫩蜜;中蜜适合黏性中等的药材制丸,大部分蜜丸均采用中蜜;老蜜黏性很强,适合于黏性差的矿物质或纤维质药材制丸。炼蜜后将药物的细粉摊在泛丸匾内或乳钵中,再放入适量的炼蜜,趁热搅拌和匀,取出搓成大小不同的丸粒。如方中有大枣,可煮后除去核、皮并捏成泥状与药粉混合均匀,再加入适量炼蜜拌匀后搓制成丸。如需包上朱砂外衣,则在成丸后加入适量朱砂细粉滚匀即可。若为水蜜丸,成型后还须经干燥处理。

(三) 丸剂注意事项

(1) 除另有规定外,供制丸剂用的药粉应为细粉或最细粉。

(2) 炼蜜按炼蜜程度分为嫩蜜、中蜜和老蜜,制备时可根据品种、气候等具体情况选用。蜜丸应细腻滋润,软硬适中。

(3) 滴丸基质包括水溶性基质和非水溶性基质,常用的有聚乙二醇类(如聚乙二醇 6000、聚乙二醇 4000 等)、泊洛沙姆、硬脂酸聚烃氧(40)酯、明胶、硬脂酸、单硬脂酸甘油酯、氢化植物油等。

(4) 丸剂通常采用泛制、塑制和滴制等方法制备。

(5) 浓缩丸所用饮片提取物应按制法规定,采用一定的方法提取浓缩制成。

(6) 蜡丸制备时,将蜂蜡加热熔化,待冷却至适宜温度后按比例加入药粉,混合均匀。

(7) 除另有规定外,水蜜丸、水丸、浓缩水蜜丸和浓缩水丸均应在 80 ℃以下干燥;含挥发性成分或淀粉较多的丸剂(包括糊丸)应在 60 ℃以下干燥;不宜加热干燥的应采用其他适宜的方法干燥。

(8) 滴丸冷凝介质必须安全无害,且与原料药物不发生作用。常用的冷凝介质有液状石蜡、植物油、甲基硅油和水等。

（9）除另有规定外，糖丸在包装前应在适宜条件下干燥，并按丸重大小要求用适宜筛号的药筛过筛处理。

（10）根据原料药物的性质、使用与贮藏的要求，凡需包衣和打光的丸剂，应使用各品种制法项下规定的包衣材料进行包衣和打光。

（11）除另有规定外，丸剂外观应圆整，大小、色泽应均匀，无粘连现象。蜡丸表面应光滑无裂纹，丸内不得有蜡点和颗粒。滴丸表面应无冷凝介质黏附。

（12）根据原料药物的性质与使用、贮藏的要求，供口服的滴丸可包糖衣或薄膜衣。必要时，薄膜衣包衣滴丸应检查残留溶剂。

（13）丸剂的微生物限度应符合要求。

（14）根据原料药物和制剂的特性，除来源于动、植物多组分且难以建立测定方法的丸剂外，溶出度、释放度、含量均匀度等应符合要求。

（15）除另有规定外，丸剂应密封贮存，防止受潮、发霉、虫蛀、变质。

（四）丸剂质量要求

除另有规定外，丸剂应进行以下相应检查。

【水分】照水分测定法（药典通则 0832）测定。除另有规定外，蜜丸和浓缩蜜丸中所含水分不得过 15.0%；水蜜丸和浓缩水蜜丸不得过 12.0%；水丸、糊丸、浓缩水丸不得过 9.0%。蜡丸不检查水分。

【重量差异】除另有规定外，其他丸剂照下述方法检查，应符合规定。

检查法：以 10 丸为 1 份（丸重 1.5 g 及 1.5 g 以上的以 1 丸为 1 份），取供试品 10 份，分别称定重量，再与每份标示重量（每丸标示量 X 称取丸数）相比较（无标示重量的丸剂，与平均重量比较），按下表规定，超出重量差异限度的不得多于 2 份，并不得有 1 份超出限度 1 倍。

表 2-9-2　丸剂重量差异限度规定

标示重量或平均重量	重量差异限度
0.05 g 及 0.05 g 以下	±12%
0.05 g 以上至 0.1 g	±11%
0.1 g 以上至 0.3 g	±10%
0.3 g 以上至 1.5 g	±9%
1.5 g 以上至 3 g	±8%
3 g 以上至 6 g	±7%
6 g 以上至 9 g	±6%
9 g 以上	±5%

包糖衣丸剂应检查丸芯的重量差异并符合规定，包糖衣后不再检查重量差异，其他包衣丸剂应在包衣后检查重量差异并符合规定；凡进行装量差异检查的单剂量包装丸剂及进行含

量均匀度检查的丸剂，一般不再进行重量差异检查。

【装量差异】除糖丸外，单剂量包装的丸剂，照下述方法检查应符合规定。

检查法：取供试品10袋（瓶），分别称定每袋（瓶）内容物的重量，每袋（瓶）装量与标示装量相比较，按下表规定，超出装量差异限度的不得多于2袋（瓶），并不得有1袋（瓶）超出限度1倍。

表2-9-3　丸剂装量差异限度规定

标示装量	装量差异限度
0.5 g及0.5 g以下	±12%
0.5 g以上至1 g	±11%
1 g以上至2 g	±10%
2 g以上至3 g	±8%
3 g以上至6 g	±6%
9 g以上	±5%

【装量】装量以重量标示的多剂量包装丸剂，照最低装量检查法（药典通则0942）检查，应符合规定。以丸数标示的多剂量包装丸剂，不检查装量。

【溶散时限】除另有规定外，取供试品6丸，选择适当孔径筛网的吊篮（丸剂直径在2.5 mm以下的用孔径约0.42 mm的筛网；在2.5~3.5 mm之间的用孔径约1.0 mm的筛网；在3.5 mm以上的用孔径约2.0 mm的筛网），照崩解时限检查法（药典通则0921）片剂项下的方法加挡板进行检查。除另有规定外，小蜜丸、水蜜丸和水丸应在1 h内全部溶散；浓缩水丸、浓缩蜜丸、浓缩水蜜丸和糊丸应在2 h内全部溶散。滴丸不加挡板检查，应在30 min内全部溶散，包衣滴丸应在1 h内全部溶散。操作过程中如供试品黏附挡板妨碍检查时，应另取供试品6丸，以不加挡板进行检查。上述检查，应在规定时间内全部通过筛网。如有细小颗粒状物未通过筛网，但已软化且无硬心者可按符合规定论。

【微生物限度】以动物、植物、矿物质来源的非单体成分制成的丸剂，生物制品丸剂，照非无菌产品微生物限度检查：微生物计数法（药典通则1105）和控制菌检查法（药典通则1106）及非无菌药品微生物限度标准（药典通则1107）检查，应符合规定。生物制品规定检查杂菌的，可不进行微生物限度检查。

三、散　剂

散剂系指原料药物或与适宜的辅料经粉碎、均匀混合制成的干燥粉末状制剂。散剂可分为口服散剂和局部用散剂。散剂表面积较大，具有易分散、起效快的特点。散剂制法简单方便、易配制、运输、携带方便。其缺点是某些药物增强了不良气味和刺激性，挥发性成分容易散失、吸潮变质，一些腐蚀性强及易吸潮变质的药物不宜制成散剂。配制散剂应根据临床医疗需要和药物性质的不同，分别对药物采用混合或单独或串碾的方法进行粉碎。一般内服散剂，要求过80~100目筛，如用于消化道溃疡、儿科和外用散剂，过120目筛，眼用散剂过200目筛。

1. 散剂的制备工艺

散剂制备的工艺流程：物料→粉碎→过筛→（辅料）混合→分剂量→质量检查→包装→散剂

在操作过程中，要掌握共研、分研、串研、掺研、套研或"等量递增"等方法，以研细、研匀、色泽一致为原则。所以应根据药物种类和性质的不同而分别采用不同的方法。一般药物在粉碎前应先对药材进行烘晒，然后趁其干燥、质地酥脆时，用小型粉碎机、球磨机或铁碾船研细、过筛、混合均匀，即共研法；对于黏性较大的药物，由于此类药物粉碎时比较困难，如地黄、黄精、玉竹、大枣等，一般采用"串料"的方法进行粉碎，即将上述药物烘热（或加入适量水煮烂），与处方中其他含淀粉较多的药物同捣，烘干后再研粉过筛；含脂肪油类药物如桃仁、苦杏仁、柏子仁、郁李仁等，与其他药物混研难以成粉，所以常采用"串油"的方法（掺研法），即将这些药物单独捣碎研磨后，再掺入其他适量的细粉同研、过筛。这样边研、边掺、边筛，直至完全研成细粉为度；树脂类的药物如乳香、没药、血竭等，应分研后再与其他药物的细粉用"等量递增"的方法研匀；动物类药物在粉碎时应根据药物的不同性质分别加工。乌梢蛇、蛤蚧等质地柔韧，应切成小块，烘焙后研粉；凤凰衣、露蜂房等质地绵软的药物，则应剪细，烘焙后研粉；生贝壳或矿物类药物质地坚硬，应先粉碎成粗末，再另行研成极细粉末，大多采用"水飞"法；芳香类药物多含挥发油，所以一般只能晾晒干燥后再进行粉碎研粉，切忌烘烤；贵重细料药、毒性药一般应单独粉碎后，用"等量递增"法混合均匀。

2. 注意事项

（1）供制散剂的原料药物均应粉碎。除另有规定外，口服用散剂为细粉，儿科用和局部用散剂应为最细粉。

（2）散剂中可含或不含辅料。口服散剂需要时亦可加矫味剂、芳香剂、着色剂等。

（3）为防止胃酸对生物制品散剂中活性成分的破坏，散剂稀释剂中可调配中和胃酸的成分。

（4）散剂应干燥、疏松、混合均匀、色泽一致。制备含有毒性药、贵重药或药物剂量小的散剂时，应采用配研法混匀并过筛。

（5）散剂可单剂量包（分）装，多剂量包装者应附分剂量的用具。含有毒性药的口服散剂应单剂量包装。

（6）除另有规定外，散剂应密闭贮存，含挥发性原料药物或易吸潮原料药物的散剂应密封贮存。生物制品应采用防潮材料包装。

（7）散剂用于烧伤治疗如为非无菌制剂的，应在标签上标明"非无菌制剂"；产品说明书中应注明"本品为非无菌制剂"，同时在适应症下应明确"用于程度较轻的烧伤（Ⅰ或浅Ⅱ）"。

（8）注意事项下规定"应遵医嘱使用"。

3. 质量要求

除另有规定外，散剂应进行以下相应检查。

【粒度】除另有规定外,化学药局部用散剂和用于烧伤或严重创伤的中药局部用散剂及儿科用散剂,照下述方法检查,应符合规定。

检查法:除另有规定外,取供试品 10 g,精密称定,照粒度和粒度分布测定法(药典通则 0982 单筛分法)测定。化学药散剂通过七号筛(中药通过六号筛)的粉末重量,不得少于 95%。

【外观均匀度】取供试品适量,置光滑纸上,平铺约 5 cm^2,将其表面压平,在明亮处观察,应色泽均匀,无花纹与色斑。

【水分】中药散剂照水分测定法(药典通则 0832)测定,除另有规定外,不得过 9.0%。

【干燥失重】化学药和生物制品散剂,除另有规定外,取供试品,照干燥失重测定法(药典通则 0831)测定,在 105 ℃干燥至恒重,减失重量不得过 2.0%。

【装量差异】单剂量包装的散剂,照下述方法检查,应符合规定。

检查法:除另有规定外,取供试品 10 袋(瓶),分别精密称定每袋(瓶)内容物的重量,求出内容物的装量与平均装量。每袋(瓶)装量与平均装量相比较〔凡有标示装量的散剂,每袋(瓶)装量应与标示装量相比较〕,按下表中的规定,超出装量差异限度的散剂不得多于 2 袋(瓶),并不得有 1 袋(瓶)超出装量差异限度的 1 倍。

表 2-9-4　散剂装量差异限度规定

平均装量或标示装量	装量差异限度(中药、化学药)	装量差异限度(生物制品)
0.1 g 及 0.1g 以下	±15%	±15%
0.1 g 以上至 0.5 g	±10%	±10%
0.5 g 以上至 1.5 g	±8%	±7.5%
1.5 g 以上至 6.0 g	±7%	±5%
6.0 g 以上	±5%	±3%

凡规定检查含量均匀度的化学药和生物制品散剂,一般不再进行装量差异的检查。

【装量】除另有规定外,多剂量包装的散剂,照最低装量检查法(药典通则 0942)检查,应符合规定。

【无菌】除另有规定外,用于烧伤〔除程度较轻的烧伤(Ⅰ 或浅 Ⅱ)外〕、严重创伤或临床必需无菌的局部用散剂,照无菌检查法(药典通则 1101)检查,应符合规定。

【微生物限度】除另有规定外,照非无菌产品微生物限度检查:微生物计数法(药典通则 1105)和控制菌检查法(药典通则 1106)及非无菌药品微生物限度标准(药典通则 1107)检查,应符合规定。凡规定进行杂菌检查的生物制品散剂,可不进行微生物限度检查。

四、酒　剂

酒剂系指饮片用蒸馏酒提取调配而制成的澄清液体制剂。

1. 制备方法

（1）冷浸法：将药材切碎，置适宜容器中，加一定量白酒密闭浸渍，每日搅拌1~2次，一周后每周搅拌一次，共浸30日，取上清液。药渣另榨，榨出液与上清液合并，滤过至澄清，加入砂糖或蜂蜜，搅拌溶解，静置14天以上，滤过澄清，分装即得。

（2）热浸法：药材加工后置于锅中，如有糖、蜜同时加入，加定量白酒，用蒸汽加热，煎煮7~10 min，待酒微沸，搅拌一次，使糖、蜜溶解，继续煮至酒沸，然后连渣倾入大罐中，密封，静置数月，吸取上清液，与药渣压榨液合并，静置过滤，得澄清液，灌装即得。

（3）回流法：将药材与蜂蜜、白酒同置回流提取罐中，加热回流提取三次，合并滤液，置不锈钢罐中静置三个月，待悬浮物沉淀后，取上清液滤过，得澄清液，分装即得。

（4）渗漉法：以白酒为溶媒进行渗漉。糖和蜂蜜先溶解在白酒中然后渗漉，收集渗漉液，静置，滤清即得。

2. 注意事项

（1）酒剂可用浸渍、渗漉、热回流等方法制备。

（2）生产酒剂所用的饮片，一般应当适当粉碎。

（3）生产内服酒剂应当以谷类酒为原料。

（4）蒸馏酒的浓度及用量、浸渍温度和时间、渗漉速度，均应符合各品种制法项下的要求。

（5）可加入适量的糖或蜂蜜调味。

（6）配置后的酒剂需静置澄清，滤过后分装于洁净的容器中。在贮存期间允许有少量摇之易散的沉淀。

（7）酒剂应检查乙醇含量和甲醇含量。

（8）除另有规定外，酒剂应密封，置阴凉处贮存。

3. 质量要求

除另有规定外，酒剂应进行以下相应检查。

【总固体】含糖、蜂蜜的酒剂照第一法检查，不含糖、蜂蜜的酒剂照第二法检查，应符合规定。

第一法：精密量取供试品上清液50 mL，置蒸发皿中，水浴上蒸至稠膏状，除另有规定外，加无水乙醇搅拌提取4次，每次10 mL，滤过，合并滤液，置已干燥至恒重的蒸发皿中，蒸至近干，精密加入硅藻土1 g（经105 ℃干燥3 h，移置干燥器中冷却30 min），搅匀，在105 ℃干燥3 h，移置干燥器中，冷却30 min，迅速精密称定重量，扣除加入的硅藻土量，遗留残渣应符合各品种项下的有关规定。

第二法：精密量取供试品上清液50 mL，置已干燥至恒重的蒸发皿中，水浴上蒸干，在105 ℃干燥3 h，移置干燥器中，冷却30 min，迅速精密称定重量，遗留残渣应符合各品种项下的有关规定。

【乙醇量】照乙醇量测定法（药典通则0711）测定，应符合各品种项下的规定。

【甲醇量】照甲醇量检查法（药典通则 0871）检查，应符合规定。

【装量】照最低装量检查法（药典通则 0942）检查，应符合规定。

【微生物限度】照非无菌产品微生物限度检查：微生物计数法（药典通则 1105）和控制菌检查法（药典通则 1106）及非无菌药品微生物限度标准（药典通则 1107）检查，除需氧菌总数每 1 mL 不得过 500 cfu，霉菌和酵母菌总数每 1 mL 不得过 100 cfu 外，其他应符合规定。

五、酊　剂

酊剂系指将原料药物用规定浓度的乙醇提取或溶解而制成的澄清液体制剂，也可用流浸膏稀释制成。酊剂多供内服，少数供外用，不加糖或蜂蜜矫味和着色。

1. 制备方法

（1）溶解法或稀释法：取原料药物的粉末或流浸膏，加规定浓度的乙醇适量，溶解或稀释，静置，必要时滤过，即得。

（2）浸渍法：取适当粉碎的饮片，置有盖容器中，加入溶剂适量，密盖，搅拌或振摇，浸渍 3～5 日或规定的时间，倾取上清液，再加入溶剂适量，依法浸渍至有效成分充分浸出，合并浸出液，加溶剂至规定量后，静置，滤过，即得。

（3）渗漉法：照流浸膏剂项下的方法（药典通则 0189），用溶剂适量渗漉，至流出液达到规定量后，静置，滤过，即得。

2. 注意事项

（1）除另有规定外，每 100 mL 相当于原饮片 20 g。含有毒剧药品的中药酊剂，每 100 mL 应相当于原饮片 10g；其有效成分明确者，应根据其半成品的含量加以调整，使符合各酊剂项下的规定。

（2）酊剂可用溶解、稀释、浸渍或渗漉等法制备。

（3）除另有规定外，酊剂应澄清。酊剂组分无显著变化的前提下，久置允许有少量摇之易散的沉淀。

（4）除另有规定外，酊剂应遮光，密封，置阴凉处贮存。

3. 质量要求

除另有规定外，酊剂应进行以下相应检查。

【乙醇量】照乙醇量测定法（药典通则 0711）测定，应符合各品种项下的规定。

【甲醇量】照甲醇量检查法（药典通则 0871）检查，应符合规定。

【装量】照最低装量检查法（药典通则 0942）检查，应符合规定。

【微生物限度】除另有规定外，照非无菌产品微生物限度检查：微生物计数法（药典通则 1105）和控制菌检查法（药典通则 1106）及非无菌药品微生物限度标准（药典通则 1107）检查，应符合规定。

> **知识链接**
>
> ## 丹　剂
>
> 丹剂在我国已有 2 000 多年的历史。早在《周礼·天官》就有"疡医疗疡，以五毒攻之"的记载。这里的"五毒"就包括丹砂、雄黄等药物。丹剂一般是指含有汞、硫磺等矿物，经过加热升华提炼而成的一种化合制剂，具有剂量小、作用大、含矿物质之特点。此剂多外用，如红升丹、白降丹等。此外，习惯上把某些较贵重的药品或有特殊功效的药物剂型也叫作丹，如至宝丹、紫雪丹等。

模块二　项目九　练习题

1. 单项选择题

（1）制备煎膏剂时，除另有规定外，加入炼蜜或糖的量一般不超过清膏量的（　　）倍。
　　A. 3　　　　　　　B. 13　　　　　　　C. 9　　　　　　　D. 6

（2）《中国药典》现行版规定儿科和外用散剂应是（　　）。
　　A. 最细粉　　　　B. 细粉　　　　　　C. 极细粉　　　　D. 中粉

（3）散剂中所含的水分不得超过（　　）。
　　A. 9.0%　　　　　B. 5.0%　　　　　　C. 3.0%　　　　　D. 8.0%

（4）九分散中马钱子粉与麻黄等，采用下列哪种方法与其余药粉混匀，制得散剂？（　　）
　　A. 研磨法　　　　B. 过筛混合法　　　C. 等量递增法　　D. 分散法

2. 多项选择题

（1）制备煎膏时炼糖的目的是（　　）。
　　A. 使产生适量转化糖　　　　　　　　B. 使产生焦糖
　　C. 除去杂质和水分　　　　　　　　　D. 杀死细菌

（2）关于酒剂、酊剂的异同点，叙述正确的是（　　）。
　　A. 酊剂是选用不同浓度的乙醇制成的澄明液体制剂
　　B. 酒剂多供内服，所用的酒应为谷类酒，符合蒸馏酒的质量标准
　　C. 酒剂和酊剂均应测定乙醇含量、pH 和总固体量
　　D. 酒剂和酊剂均不允许有沉淀

（3）下列关于煎膏剂的叙述，正确的有（　　）。
　　A. 煎膏剂含较多的糖和蜜，药物浓度高，稳定性较差
　　B. 煎膏剂的效用以滋补为主，多用于慢性疾病
　　C. 煎膏剂一般多采用煎煮法
　　D. 煎膏剂中加入糖和蜜的量一般不超过清膏量的 3 倍

项目十　全国中药传统技能大赛中药调剂项目简介

【学习目标】

（1）掌握中药传统技能大赛中药饮片调剂操作规范。
（2）熟悉中药传统技能大赛中药饮片调剂的比赛流程。
（3）了解中药传统技能大赛中药饮片调剂比赛要求。

全国中药传统技能大赛是全国职业院校技能大赛其中一项，由中华人民共和国教育部发起，国家中医药管理局等部门共同主办的一项年度全国性职业教育学生竞赛活动。全国中药传统技能大赛2012年开始至今已举办10届，贵州省自2017年开始举办贵州省中药传统技能大赛，至2022年已举办5届。通过竞赛，能够检验中医药职业院校专业建设和教学改革成果，考核与展示各参赛院校学生的岗位通用核心技术、综合职业能力，引领和促进中医药职业院校中药学专业教学改革，实现专业与产业对接、课程内容与职业标准对接、教学过程与生产过程对接，激发行业企业关注和参与中药学专业教学改革的主动性和积极性，提升高职中药学专业人才培养工作水平，强化实践教学，检验参赛院校学生从事中药生产、流通、服务等岗位的综合职业素质和职业能力，提高中医药职业教育的社会认可度，促进中医药职业教育又好又快地发展，并促进中药技能的传承。全国中药传统技能大赛分为中药性状鉴别、中药显微鉴别、中药调剂、中药炮制、中药制剂分析等5个赛项，其中中药调剂项目分为审方理论考试和调剂操作两大项。

任务一　全国中药传统技能大赛处方审核要求

一、审方理论考试要求

中药调剂审方理论考试于赛前在计算机上单人单机集中进行，由赛项执委会主任或裁判长负责从审方题库中随机抽取2个处方确定本次比赛试题，参赛选手根据调剂审方要求找出处方中存在的不规范处，在计算机试题给出的备选答案中选出结果，在10 min内完成并提交，计算机自动阅卷打分。

二、审方理论考试样题

2017 年中药传统技能大赛处方笺
（高职组）

处方 A		普通处方

科别　儿科　　　　门诊号　GS201601　　　2017 年 4 月 21 日

姓名　王兰兰　　　性别　女　　　　　　　年龄　10 岁

临床诊断　外感风寒

R：

   紫苏子 后下 9g   麻黄 9g

   苦杏仁 后下 9g   橘皮 9g

   桑白皮 9g   茯苓 9g

   制半夏 12g   瓜蒌根 9g

   甘草 6g

每日 1 剂，水煎服，早晚各 1 次

医师：*陈雨泽*　　　　　　剂数：3

药价：　　　　　　　　　　计价人：

调配：　　　　　　核对：　　　　　　发药：

　　　　　　　　　　　　　　　　　　取药号：

调剂审方选择项

（请在下列 8 个选项的备选答案中选出处方的 5 个错误，其中"临床诊断错误"出现 4 个不同选项时，应选出诊断的正确答案）

1□ 处方类别错误

  A.普通处方 B.儿科处方 C.急诊处方 D.外用处方

2□ 处方前记错误

  A.科别 B.日期 C.性别 D.年龄

3□ 临床诊断错误

  A.外感风寒 B.外感风寒 C.外感风寒 D.外感风寒

4□ 处方用名错误

  A.麻黄 B.橘皮 C.制半夏 D.瓜蒌根

5□ 配伍禁忌、妊娠禁忌错误

  A.制半夏与瓜蒌根 B.瓜蒌根与甘草 C.茯苓与瓜蒌根 D.茯苓与甘草

6□ 有毒中药超量

  A.麻黄 B.橘皮 C.制半夏 D.瓜蒌根

7□ 煎法服法错误

  A.每日 1 剂 B.水煎服 C.早晚各 1 次 D.煎汤剂

8□ 特殊用法错误

  A.紫苏子 B.苦杏仁 C.制半夏 D.甘草

三、审方评分细则

中药调剂审方理论考试由计算机自动阅卷打分，裁判复核并登记成绩。表 2-10-1 为中药调剂审方评分细则。

表 2-10-1　中药调剂审方评分细则

项目	审方要求	扣分项目	得分
处方格式	处方前记从科别、日期、性别、年龄等是否符合《处方管理办法》中相关规定，找出处方中不规范之处		
	处方后记从医师签名、剂数、药价、取药号等是否符合《处方管理办法》中相关规定，找出处方中不规范之处		
	处方类别从普通处方、儿科处方、急诊处方、外用处方等是否符合《处方管理办法》中相关规定，找出处方中不规范之处		
处方药物用名	处方药物用名以 2020 版《中国药典》为依据，正确书写药名和炮制品名，找出不规范药物用名		
临床诊断	找出处方不规范适应证用语		
配伍禁忌	妊娠禁忌、十九畏、十八反等配伍禁忌以 2020 版《中国药典》为依据，找出处方中不规范之处		
有毒中药	有毒中药的限量以 2020 版《中国药典》为准。找出处方中有毒中药用量不规范之处		
煎法服法用量	找出处方中煎法服法用量的不规范之处		
特殊用法	先煎（以 2020 版《中国药典》为准）		
	后下（以 2020 版《中国药典》为准）		
	包煎（以 2020 版《中国药典》为准）		
一个处方中有 5 处不规范之处，全部找出者，得 5 分；找错一处或少一处或多一处，均扣 1 分			

任务二　全国中药传统技能大赛中药饮片调剂要求

一、中药饮片调剂比赛要求

中药饮片调剂操作采取无药斗抓药方式进行，处方中药分别装在相同规格的容器内，随机摆放在工作台正前方，药盒上不注药名。参赛选手需在规定时间内调配 10 味 × 3 剂中药，要求调配操作规范，剂量准确，不撒、不漏，脚注处理合理，包装美观牢固、整齐规范。为节省时间，计价与捣碎工作已由工作人员完成，参赛选手可忽略该程序；调配时，参赛选手可使用自带戥秤，也可使用统一准备的戥秤。

二、中药饮片调剂操作样题

参赛选手听从项目裁判长指令"开始"，按照下列处方调配 3 剂，计时员计时。

中药传统技能赛项处方笺（高职组）

处方 A		普通处方

科别　中医科　　　　　门诊号　0105　　　2022 年 4 月 20 日

姓名　李阿毛　　　　　性　别　男　　　　年龄　63

临床诊断　　肺虚咳喘

R:

　　　　　　佩　兰 9g　　　高良姜 9g
　　　　　　益智仁 9g　　　前　胡 9g
　　　　　　桔　梗 12g　　 百　部 12g
　　　　　　枳　实 10g　　 橘　核 9g
　　　　　　炒白术 12g　　 煅蛤壳先煎 9g

每日 1 剂，水煎服，早晚各 1 次

医　师：刘佳音　　　　　　　剂　数：3

药　价：42 元　　　　　　　计 价 人：蔡青青

调　配：　　　　核　对：　　　　发　药：

取药号：05

三、中药饮片调剂比赛评分（表 2-10-2）

中药调剂操作完毕，每 2 位裁判员对同一选手的操作情况、称量准确度和熟练程度（调配用时）逐项打分，取平均分值作为参赛选手得分。

表 2-10-2 中药调剂操作比赛评分表

赛位号：_____ 处方号：_____ 调剂用时：_____ 成绩：_____

项目	要求与扣分标准	扣分项目	得分
1.审核处方（10分）	赛前单独进行，计算机主动阅卷评分		
2.验戥准备（5分）	着装（束紧袖口）戴帽（前面不漏头发），衣帽清洁，双手清洁、指甲合格，得1分，否则扣1分		
	检查戥子是否洁净，审慎、包装纸整齐放置，得1分，否则扣1分		
	持戥（左手持戥，手心向上），查戥，校戥（面向顾客，左手不挨戥），得3分，否则扣3分		
3.分戥称量（5分）	调配时逐剂减戥称量的得5分；一次未减戥称量或大把抓药或总量称定后凭经验估分的扣1分		
4.按序调配、单味分列（10分）	按序调配、单味分列、无混杂、无散落、无遗漏、无错配等现象的得10分；称量排放顺序混乱的扣1分；药物混杂的扣1分；药物撒在台面上未拣回或撒在地上的扣1分；每缺1味，扣5分；抓错一味药，调配不得分（扣10分）		
5.单包注明（5分）	应先煎、后下等特殊药物按规定单包并注明的得5分；脚注处理错误或未单包的扣5分，单包后未注明或标注错误的扣1分		
6.复核装袋（10分）	处方调配完毕后看方对药，认真核对，确认无误后装袋折口，处方签字、药袋上注明考号的得10分；核对不认真，没有看方对药的扣1分；存在缺味、错配现象没有发现的扣5分；装袋后未折口的扣1分，处方签字（大药袋写患者姓名、性别、年龄）不合要求的扣1分，药袋未标注工位号的扣1分		
7.发药交代（5分）	发药交代的内容（煎煮器具、加水量、浸泡时间、煎药时间、饮食禁忌等）均按要求在药袋上注明的得5分；未注明的扣5分；标注时有漏项的每项扣1分		
8.及时清场（5分）	调配工作完成后及时清场，做到物归原处、清洁戥盘、戥称复原、工作台整洁的得5分。戥盘未清洁扣1分；戥称未复原扣1分；工作台不整洁扣2分		
9.总量误差率（15分）	低于±1.00%的，得15分；±1.01%~2.00%的，扣3分（得12分）；±2.01%~3.00%的，扣6分（得9分）；±3.01%~4.00%的，扣9分（得6分）；±4.01%~5.00%的，扣12分（得3分）；超过±5.00%的不得分		
10.单剂最大误差率(15分)	低于±1.00%的，得15分；±1.01%-2.00%的，扣3分（得12分）；±2.01%-3.00%的，扣6分（得9分）；±3.01%-4.00%的，扣9分（得6分）；±4.01%-5.00%的，扣12分（得3分）；超过±5.00%的不得分		
11.调配时间（15分）	在9分钟内完成的，得15分；在9.01~10分钟完成的，得14分；在10.01~11分钟内完成的，得13分；在11.01~12分钟内完成的，得12分；在12.01~13分钟内完成的，得11分；在13.01~14分钟内完成的，得10分；在14.01~15分钟内完成的，得5分；超过15分钟，调配不得分		
合 计			

计时员签字：_____　　　　　____年___月___日
裁判员签字：_____　　　　　____年___月___日
裁判长签字：_____　　　　　____年___月___日
监督员签字：_____　　　　　____年___月___日

四、中药饮片调剂比赛称重记录及称量误差率计算表（表 2-10-3）

表 2-10-3　中药调剂技能比赛称重记录及称量误差率计算表

赛位号：_____　处方号：_____　成绩：_____

考号	第一剂重量（克）		第二剂重量（克）		第三剂重量（克）		三剂总净重量（克）	三剂总量误差率（％）	单剂最大误差率（％）
	毛		毛		毛				
	净		净		净				
	毛		毛		毛				
	净		净		净				
	毛		毛		毛				
	净		净		净				
	毛		毛		毛				
	净		净		净				
	毛		毛		毛				
	净		净		净				
	毛		毛		毛				
	净		净		净				
	毛		毛		毛				
	净		净		净				

监考员签字：_____　　　　　____年___月___日
裁判员签字：_____　　　　　____年___月___日
裁判长签字：_____　　　　　____年___月___日
监督员签字：_____　　　　　____年___月___日

任务三　全国中药传统技能大赛中药调剂操作要点

一、准备环节

1. 个人卫生

衣帽整齐，干净。双手无长指甲、染指甲。

2. 物品卫生

检查戥秤是否洁净；检查冲筒是否洁净；审方、包装纸（台纸）整齐放置，工作台面清洁。

3. 持　戥

应左手持戥，虎口向上，右手拿戥秤。校戥，戥砣线放在定盘星处，右手拿戥纽前毫，举戥齐眉。

二、审方铺纸环节

审方时除了检查处方是否存在不合理性以外，重点检查处方有几剂药，有哪些需要特殊处理，按需要铺好门票。

三、调配环节

1. 从敞口容器中取药

看清饮片，辨别品种，计算好总量，右手抓药，称量后面向评委展示。

2. 分剂量

采用递减分戥的方式，用右手按每剂药的剂量分取相应的重量于门票上，每递减分取一剂药都要回戥。

3. 饮片摆放

递减分戥后，按处方书写顺序间隔排放在门票上，两种以上药物堆放在一起不易区分的视为混杂。配方过程中，如果将饮片撒到台面上，允许拣回，不拣回或者落到地上的均视为有散落现象。

四、特殊处理的品种

1. 辨识品种

特殊处理包括先煎、后下、包煎、烊化、另煎、冲服等。

2. 准备包装用品及包装

① 对先煎、后下、烊化、另煎的品种准备适宜的小包装纸，将纸放在门票上方，每剂药根据特殊处理品种的数量放相应的小包装纸。分剂量后，按小包的包装方法包四角包。② 对包煎的品种还要准备一个布袋，在包装时夹在小包内。③对粉面的包煎品种和冲服的粉面，包装时应按粉面包的包装方法包成长方包，包煎的粉面最后也要加一个布袋。

3. 注明特殊处理的方法

将包装好的小包，用笔书写处理方法。将小包放回相应的门票内。

五、复核与装袋

1. 复　核

应逐味看方对药，认真核对，看调配品种的数量、剂数，尤其是要核对品种与处方药名是否一致。复核结束应在处方的调剂人员处签自己的考号。

2. 装　袋

包前须将患者姓名、处方号等填写清楚。药物装袋后要折口，并在药袋右上角逐一注明选手准考证号。

六、发药交代

装袋后直接于事先备好印有中药煎服法及注意事项的药袋选项栏上打钩即可（只需填1个药袋）空项应画线。此段时间记在调配计时范围。

七、清　场

调配完毕后要及时彻底清场，清洁戥秤复原（戥砣放戥盘内），清洁冲筒，清洁调剂台，工具摆放整齐。清场后要向评委口头报告"操作完毕"，计时结束，并将所配处方交给评委。此环节动作要紧凑。

模块二　项目十　练习题

1. 单项选择题

（1）贵州省中药传统技能大赛自2017年至2022年已举办（　　）届。

　　A.1　　　　　　　　B.2　　　　　　　　C.3
　　D.4　　　　　　　　E.5

（2）中药饮片调剂参赛选手需在规定时间内调配（　　）。

　　A.10味×3剂　　　　B.10味×4剂　　　　C.10味×5剂

D. 10味×2剂　　　　E. 10味×1剂
（3）中药饮片调剂分剂量，主要采用（　　）的方式
A. 递减分戥　　　B. 递增分戥　　　C. 速加分戥
D. 加减分戥　　　E. 逐减分戥

2. 多项选择题

（1）全国中药传统技能大赛中药调剂项目分为（　　）。
A. 审方理论考试　　B. 调剂操作　　　C. 复核操作
D. 炮制操作　　　　E. 显微操作
（2）根据调配内容和操作技术的不同，中药调剂分为（　　）。
A. 中药饮片调剂　　B. 中成药调剂　　C. 中药材调剂
D. 处方调剂　　　　E. 医师调剂

模块三 中成药调剂技术

项目一 中成药的分类码放

【学习目标】

（1）掌握中成药的概念。
（2）熟悉中成药的分类和陈列方法。

一、中成药的概念

中成药是根据国家药品标准，在中医药理论指导下，选用疗效确切、应用广泛和稳定性好的处方，采用经过炮制的合格中药材为原料，大量生产一定的剂型，以供临床医生辨证使用，或由患者根据经验直接选购或使用的中药制剂。

相对于中药药材而言，中成药治病省了中药煎剂所必要的煎煮时间，更因其能随身携带，不需煎煮等一应器具，故而使用十分方便。由于中成药多为经过一定特殊加工浓缩而成的制成品，故其每次需用量远远少于中药煎剂，而且中成药已几乎消除了中药煎剂服用时特有异味等的不良刺激，因而在服药反应上，也较易被大众所接受。

从中成药的深度和广度来讲，其与方剂可一脉相承，综合应用了祖国医学"理、法、方、药"组方理论、充分发挥了中医整体观念和辨证施治作用特点、积累和提炼了复方之实质精华，为医药实践和生产管理等创造了极为宝贵的财富。中成药在中国医药事业中有着举足轻重的重要地位，对人类的健康作出了巨大的贡献。

二、中成药的分类

中成药源于方剂，故其分类方法大部分也都在沿用方剂的分类法。从有方剂之始，大抵有按组成分类、按功效分类、按病证分类、按剂型分类、按给药途径分类等方法。但由于中成药有其自身特点和规律，所以在中成药分类上以功用、剂型分类为主。随着现代临床分科的细化，按照科别及病名对中成药进行分类更为普遍，这也是中成药分类的进一步发展。

（一）按剂型分类

中成药按剂型分类系将制备工艺相仿、制剂形式相似的中成药归为一类，也是药剂学常用的分类方法，有利于制剂生产。中成药现有剂型约40多种，常用的有20多种，可分为液体、固体（含半固体）及气体等类。液体剂型中内服的有汤剂、合剂、酊剂、酒剂、露剂、糖浆剂、乳剂、流浸膏剂等；液体剂型中外用及五官科制剂有洗剂、搽剂、浴剂、灌肠剂、滴（洗）眼剂、滴鼻（耳）剂、涂膜剂、含漱剂等；注射给药的有中药小针剂、粉针剂、输液剂等。固体或半固体剂型中内服的有散剂、丸剂、片剂、胶囊剂、颗粒剂、胶剂、煎膏剂、茶剂、锭剂、膜剂、曲剂等；固体（半固体）剂型中外用及五官科用的有软膏剂、糊剂、洗剂、栓剂、外用散剂等。气体剂型有气雾剂、吸入剂等。

（二）按功用分类

便于辨证临床应用。如解表类、祛暑类、泻下类、温里类、止咳平喘类、开窍类、固涩类、补益类等。

（三）按临床科属分类

如内科、外科、妇科、儿科、五官科及其他科分类，此分类法突出科别分类，便于临床专科医生使用专方。

（四）按给药途径分类

传统中成药的给药途径主要以口服为主，所以口服给药途径占绝对优势。现代开发中成药新品种，还考虑了其他的给药途径及其相关剂型，如鼻腔给药、透皮给药、口腔给药、穴位给药、静脉滴注等。虽然至今还未见有书籍按此类方法分类，但是考虑此法能方便人们了解中成药的丰富品种，适应广大患者对中成药多层次及多样化的需求，满足医药市场供应的优点，也不失为一种值得尝试的分类方法。

三、中成药的陈列

目前国内上市销售的中成药有数千种之多，《中华人民共和国药典》2020年版共收载中成药1606种，通常每个中药房或药店经营的中成药品种也有几百种，因此，合理有序地陈列药品是中药房和药店一项细致而重要的工作，可以体现药师的素质和管理水平。

1. 中成药的陈列原则

（1）处方药和非处方药分开。
（2）药品与非药品分开。
（3）内服药及外用药分开。
（4）易串味药品与一般药品分开。
（5）拆零药品的陈列要集中存放。拆零药品应放在拆零柜，并要保留原包装标签。
（6）危险品不能陈列。如需陈列只能用空包装或代用品。
（7）药品包装相近的或不同批号的要分开。避免混淆药品，拿错药。

（8）特殊药品要单独存放。如陈列二类精神药品，要设专柜、专人管理、专册登记，确保安全。

2. 药品陈列注意事项

（1）陈列药品的柜台、货架必须保持清洁、卫生，无其他物品，防止人为污染药品。

（2）药品陈列摆放，要整齐美观，药品包装正面朝上，药品名称面向顾客，标价签对位放置，标价字迹书写规范清楚，所标明的内容要齐全不漏项。

（3）各柜台、货架应有明显的分类标志。

（4）处方药严禁开架陈列。

（5）需冷藏或阴凉存储的药品一般要存放在 2~10 ℃的冰柜里。

（6）质量不合格的中成药、超过有效期的中成药不得陈列，应置于药品不合格区。

3. 中成药陈列方法

（1）按剂型分类陈列：如将中成药按蜜丸类、水丸类、糊丸类、膏滋类、膏药类、药酒类、散剂类、片剂类等剂型分类陈列。这种陈列方法的优点是方便库房贮存保管和养护，便于经营管理。

（2）按功效分类陈列：将功效相同的中成药集中区域陈列，方便按功效识别和了解药品，而且也方便调剂人员或患者快速找到中成药。如将中成药按解表药、清热解毒类药、止咳祛痰类药、疏肝理气类药、开窍类药、祛暑类药、补益类药等分类陈列。

（3）按病症分类陈列：将治疗同一类病症的中成药集中区域陈列，方便按病症识别和了解药品，而且也方便调剂人员或患者快速找到中成药。如将中成药按感冒类药、头痛类药、咳嗽类药、胃痛类药、腹泻类药、便秘类药、失眠类药等分类陈列。

（4）按给药途径分类陈列：一般按照口服、注射、外用三种给药途径分别陈列药品。

（5）按管理分类陈列：药店将中成药按处方药和非处方药分开陈列，一般处方药陈列在药柜中，方便调剂人员取药；非处方药陈列在开放性的药架上，方便患者选购药品。中药房将精神药品、麻醉药品按照相应的规定专柜或保险柜存放。药店将精神药品按照相应的规定专柜存放。

（6）综合性陈列：上述 5 种药品陈列方法中，每一种都有各自的优缺点，且都不能完全满足药品陈列要求。因此，药房或药店本着缩短调配时间和方便保管养护药品，且符合药政部门的管理要求的目的，对药房或药店内的中成药一般采取综合性陈列方法。

项目二　中成药调剂的设施

【学习目标】

（1）了解中成药的货架、货柜的规格。
（2）熟悉中成药的分类和陈列注意事项。

存放中成药的主要设施是柜台和货架，布局主要根据自身营业场所、业务量及人员条件而定。

一、货　架

货架又称"货橱"，主要用于摆放非处方中成药，可开架摆放；也可摆放处方中成药，但不可开架摆放。多采用玻璃柜橱，尺寸大小与药斗架基本相似，以高 200~220 cm 宽 40 cm 为适宜，柜内多分数层，每层货架摆放中成药数十个，依调剂室大小和工作量可设置数个货架，一般采取线条式、岛屿式和陈列式排列。其药品宣传方式有橱窗宣传、药品展销、药品介绍、药品报道、包装纸和传单，以便充分展示所售商品。

二、货　柜

货柜，主要用于摆放处方中成药，材料可选用玻璃、木质框架、铝合金或大理石。一般多为台式铝合金玻璃柜，以高 80~85 cm、宽 60 cm 为适宜，柜内多分 3 层左右，大门可关上，使药品不开架摆放，还可防虫、防鼠。柜内中成药按规律分层排列，依调剂室大小和工作量可设置数个"货柜"，按一字形或丁字形排列，使顾客可方便看到，柜外贴标记，查找方便，便于管理。

三、其他设施

贵重药品柜、冷藏柜、电脑等。

项目三 中成药的调剂操作

【学习目标】

(1) 掌握中成药处方调配程序及要求。
(2) 熟悉中成药处方审查内容。
(3) 了解中药不良反应的分类和监测报告制度。

随着我国医药体制改革的进一步深化，药品分类管理制度的逐步实行，广大人民群众自我保健意识的不断提高，以及中成药历史悠久、应用广泛、用之有效、服用方便、不良反应少等特点，中成药的销售量在整个药品销售行业中所占比例越来越大，因此搞好中成药调剂工作尤为重要。

中成药调剂严格按收方、审方、计价、调配、复核和发药等程序进行。

一、审　方

审方包括审查中成药处方的药名、剂型、剂量和用法。

(一) 审核处方的药名

药品名称以《中华人民共和国药典》收载或药典委员会公布的《中国药品通用名称》或经国家批准的专利药品名为准。如无收载，可采用通用名或商品名。药名简写或缩写必须为国内通用写法。中成药与正式批准的名称一致。医疗、防御、保健机构或医师、药师不得自行编制药品缩写名或用代号。

药学专业技术人员发现药品滥用和用药失误，应拒绝调剂，并及时告知处方医师，但不得擅自更改或者配发代用药品。

(二) 审核处方的剂型

药品的剂型多种多样，应根据疾病的轻重缓急、患者的体质强弱及各种剂型的特点，选择适宜剂型。审核处方时要看清剂型、规格、单位，规格单位不同用量也不同。片剂、丸剂、胶囊剂、颗粒剂分别以片、丸、粒、袋为单位；溶液剂以支、瓶为单位，软膏及霜剂以支、盒为单位；注射剂以支、瓶为单位，应注明含量；饮片以剂或付为单位。

(三) 审核处方的用法用量

药品剂量一般应按照药品说明书中的常用剂量使用，特殊情况下需要超剂量使用时，应注明原因并再次签名。药品用法、用量要准确，不得使用"遵医嘱""自用""按说明服"等含糊不清的字句。

门诊处方药品一般不得超过 7 日用量；急诊处方一般不得超过 3 日用量；对于某些慢性病、老年病或特殊情况，处方用量可适当延长，但医师必须注明理由。精神药品、医用毒性药品等特殊药品的处方用量应当严格执行国家有关规定。

二、调　配

（1）药品调剂人员应按照操作规程调剂处方药品，认真审核处方，准确调配药品，正确书写药袋或粘贴标签，注明患者姓名和药品名称、用法、用量、包装。向患者交付药品时，按照药品说明书或者处方用法，进行用药交代与指导，包括每种药品的用法、用量、注意事项等。

（2）药品调剂人员调剂处方时必须做到"四查十对"：查处方，对科别、姓名、年龄；查药品，对药名、剂型、规格、数量；查配伍禁忌，对药品性状、用法用量；查用药合理性，对临床诊断。

（3）药品调剂人员在完成处方调剂后，应当在处方上签名或加盖专用签章。

（4）药品调剂人员对于不规范处方或不能判定其合法性的处方，不得调剂。

三、复核与发药

（一）复　核

复核是指由另一名有经验的药师对所调配处方药品做一次全面的核对。复核内容：

（1）逐个核对所配的药品与处方药名是否一致，所配药物规格、剂量、剂型是否一致。核对药品的有效期，确保药品在患者处方治疗期是有效的。

（2）逐个检查药品外观质量是否合格。如发现药品标签不清或破损等情况时，一律严禁调配发药。

（3）处方经全面复核无误后，核对人员在处方相应处签字，以示负责。核对工作完成后转入发药环节。

（二）发　药

发药是指将调配好并已核对好的药品发给患者的过程。发药是调配工作的最后一关，发药人员一定要思想高度集中。

（1）核对：询问患者姓名、年龄、门诊号（或住院号），确保将药品发给正确的患者，防止张冠李戴。严格执行五核对：核对姓名、处方编号、发票编号、配方剂数、处方发票金额，无误方可发出。

（2）发药：将包装好的药剂，交付患者。按照药品说明书或者处方医嘱，向患者或其家属进行相应的用药交代与指导，包括每种药品的名称、用法、用量、注意事项等。

（3）提供咨询服务：当患者咨询有关用药问题时，药学人员应当热情、认真、详细、正确地予以解答，尽可能满足患者对用药知识的需求。使患者明确了解按医嘱用药的意图，增强患者用药的依从性，达到治疗疾病的目的，直到患者或家属完全明白为止，以保证患者用药的安全、有效。

（4）签名：发药完成后，发药人要在处方相应处签名，以示负责，并将处方按规定办法归档储存。

四、中成药的用药指导

（一）中成药给药时间

中成药用于治疗疾病，给药时间一般据病情需要尽可能发挥中成药的预防、治疗和保健作用。

（1）补益类中成药：一般宜吃饭前服用，补阴的中成药可考虑晚上服药。

（2）镇静安神类中成药：宜睡前 1~2 h 服用。

（3）健胃消食类中成药：用于开胃的宜吃饭前服；用于消食导滞的宜吃饭后服。

（4）润肠通便类中成药：宜空腹或半空腹时服用。

（5）泻下中成药：可入睡前给药，也可据实际定给药时间。

（6）一般的无特殊规定的中成药：一日 2~3 次，于早中晚或饭前 30~60 min 服用。或遵医嘱或详看说明书。

（二）中成药给药方法

中成药给药方法基本上以内服（包括送服、调服、含化、炖服和泡冲等）和外用（包括涂撒、调敷、贴、纳塞、滴、点眼、吹入等）为主，少数也有肌肉注射的。

（三）中成药应用原则

1. 必须对证下药

中成药用于治疗疾病，必须对症下药，应辨证论治，因证制宜，因中成药的药物组成是固定的，虽有注明其特定的功效，但有时并非是固定治疗某种疾病或症状的特效药，它可以一种中成药用于多病多证（症），也可多种中成药同时用于同一种病证，因此必须对症下药，选择更贴切更有疗效的药物。如滋补肝肾的六味地黄丸是用于肝肾阴虚证的常用中成药，不但可以用于现代的糖尿病、高血压、肾炎，也可用于损容疾病如黄褐斑、雀斑等，但必须是肝肾阴虚型的证候才能使用。再如呕吐，若夏季外感风寒内伤食滞的呕吐宜选藿香正气水（或丸、片）；若因食积内停的呕吐则选保和丸；若因脾胃虚弱引起呕吐则以选用香砂六君丸为宜。

2. 必须合理用药

俗话说"凡药皆有毒，是药三分毒"，因此中成药用于治疗疾病必须严格把握用药指征，严格用药剂量，做到合理用药，避免滥用和泛用。从理论上说合理用药就是要求充分发挥药物的疗效而避免或减少可能发生的不良反应，要做到这点首先必须准确诊断，然后才是按证选药，尽量避免"包围疗法"。

3. 必须按时服药

为了确保药物剂量和在体内的血药浓度，保证服药后应有的疗效，中成药治疗疾病必须按时服药。一般口服药一日服2~3次，于早、晚或早、中、晚各服一次，或饭前服，或饭后服，或饭时服，或间隔服，或睡前服等，其他特殊病情据特殊服药时间按时服用。

4. 必须注意配伍

中成药治疗疾病也要注意配伍用药，有时当疾病出现复杂症状时，使用一种中成药常会出现顾此失彼的情况，利用中成药配伍用药有时可达到相辅相成的效果。同时也要注意配伍禁忌，特别是中成药与西药联合应用时更要注意不良反应的出现。

5. 必须疗程足够

药物治疗疾病需要一定的时间，应根据病情来确定疗程。只有达到足够疗程，才能彻底消除或抑制病原微生物等致病因子，促进人体脏器机能的恢复，达到痊愈的目的。同样中成药用于治疗疾病也必须有足够的疗程和剂量，才能达到应有的效果，不能半途而废，也不能突然停药。有些疾病在治疗后，病情得到控制或缓解，但巩固疗效仍需较长的时间，如突然停药，一方面可使原有病情恶化，另一方面有可能引起药物反跳现象。有的损容疾病，如色斑、脱发等，使用中成药治疗不是一二周就能见到疗效的，有时需要长期服药，具有足够疗程才能见到效果。

五、中成药不良反应的监测

在合理使用中成药的同时，应加强其不良反应的监测工作，逐步建立起完善的中成药不良反应监测体系，减少漏报率。一旦出现不良反应立即停药，并采取相应治疗措施。

特别加强中药注射剂、含毒性中药材的中成药的不良反应监测，临床用药前应详细询问过敏史，重视个体差异，辨证施治。制定科学用药方案，避免中西药联合应用的不良反应，掌握含毒性药材的中成药的用药规律。

建立中药严重不良反应快速反应、紧急处理预案，并建立严重病例报告追踪调查制度。对中药严重不良反应关联性进行分析评价时，必要时应追踪原始病案、药品生产厂家、批号及原料药的产地、采集、加工、炮制与制剂的工艺方法等。

对上市5年以内的药品和列为国家重点监测的药品，要报告该药品引起的所有可疑不良反应；对上市5年以上的药品主要报告该药品引起严重、罕见或新的不良反应。各省、自治区、直辖市药品监督管理部门和卫生行政部门是本地区实行药品不良反应报告制度的监管部门。国家对药品不良反应实行逐级、定期报告制度。严重或罕见的药品不良反应须随时报告，必要时可以越级报告。医疗预防保健机构发现严重、罕见或新的不良反应病例和在外单位使用药物发生不良反应后来本单位就诊的病例，应先经医护人员诊治和处理，并在15个工作日内向所在省、自治区、直辖市药品不良反应监测部门报告。

模块三　练习题

1. 单项选择题

（1）以鲜芦根汤为药引可以增强清热透表生津作用的中成药是（　　）。

A. 川芎茶调散　　　　　B. 藿香正气丸　　　　　C. 银翘解毒丸　　　　　D. 六神丸

（2）关于滴眼剂的使用方法，下列说法不正确的是（　　）。

A. 如眼分泌物过多，应先把分泌物清净，再滴入滴眼剂

B. 同时使用两种滴眼剂时，应同时滴加

C. 使用滴眼剂时勿使滴管口碰及眼睑

D. 白天宜用滴眼液反复多次滴加，临睡前应用眼膏剂涂敷

（3）审查处方时，发现处方书写有误，应（　　）。

A. 由审方人员更改后调配发药

B. 由计价收费员更改

C. 由开方医师更改，并在修改处签字后才能调配

D. 由调剂人员照方调配发药

（4）部分乳膏剂涂后采用封包方式，其作用为（　　）。

A. 增加药物吸收

B. 防止药物挥发

C. 防止病发部位转移

D. 降低角质层的含水量

（5）药品商品名称不得与通用名称同行书写，其字体和颜色不得比通用名称更突出和显著，其字体以单字面积计不得大于通用名称所用字体的（　　）。

A. 二分之一　　　　　B. 一倍　　　　　C. 两倍　　　　　D. 三倍

2. 多项选择题

（1）中成药外敷，常用的辅料有（　　）。

A. 白酒　　　　　B. 醋　　　　　C. 茶水

D. 香油　　　　　E. 蛋清

（2）中成药的外用方法有（　　）。

A. 调敷患处　　　　　B. 贴患处　　　　　C. 涂患处

D. 吹布患处　　　　　E. 撒布患处

模块四 中药采购管理技术

【学习目标】

（1）掌握中药采购的基本流程及原则。
（2）掌握中药验收的方法及注意事项。
（3）熟悉中药采购的主要渠道和方式。
（4）了解中药采购新的改革模式。

中药采购管理是指对医疗机构或者中药经营企业依照药品监督管理部门有关规定，从合法的供应单位购进中药饮片或中药材的整个过程进行规范化管理的一项技术。中药采购一般分为采购和验收两部分。规范采购过程是为了保证中药进货渠道的合法性，确保从资质合法完整、中药生产质量合格的供应单位采购中药，以保障中药疗效及安全性。验收管理是根据国家相关中药标准及管理规范进行验收，以保障中药的质量合格、数量吻合，防止伪劣中药在使用环节流通。

中药的采购管理必须严格按照《中华人民共和国药品管理法》《药品经营质量管理规范》等相关法律法规的要求，结合实际情况制定和执行保证经营药品质量的规章制度，遵循中药采购的基本程序、选择合法的进货渠道，严把中药采购关，才能从源头上保证中药质量。简单来说，采购中药饮片，由库管人员依据本单位库存情况及实际需求提出计划，采购人员核实采购计划及审核供货商资质，经本单位主管中药饮片工作的负责人审批签字后，依照药品监督管理部门有关规定从合法的供应单位购进中药饮片。

项目一　中药采购的基本流程及原则

一、成立领导组及工作组

中药采购工作是确保中药质量稳定性、安全性和有效性的首要环节，必须在强化组织领导，明确责任分工的前提下进行，避免因责任落实不明确而产生不良后果。一般情况下，二级以上医疗机构的中药饮片管理由单位的药事管理委员会监督指导，药学部门主管、中药房主任或相关部门负责人具体负责。负责采购和库管的工作人员也必须具备爱岗敬业、诚实守信、廉洁自律、客观公正、坚持原则等最基本的职业素养，在二级以上医院应当是具有中级以上专业技术职称和饮片鉴别经验的人员；在一级医院应当是具有初级以上专业技术职称和饮片鉴别经验的人员。

二、选择合法的进货商

医疗机构或中药经营企业要严格把好进货渠道关，所有货源必须是合法的。供货商企业必须提供依法取得的《药品生产许可证》《企业法人营业执照》《药品生产质量管理规范》认证，中药经营企业应提供依法取得《药品经营许可证》《企业法人营业执照》《药品经营质量管理规范》认证，且必须保证在经营范围以内及有效期以内，按照批准文号管理的中药必须提供中药生产注册批件。负责经营中药的企业必须能提供生产企业的资质材料及产品合格证，确保所采购的中药符合国家规定的质量标准。

毒性中药的经营由各级药品监督管理部门及相关部门指定的药品经营企业负责，其他任何单位和个人不得从事毒性中药品的收购和经营。

如直接购进进口药品，一是要通过有进口权的中药经营企业向国外订货；二是对进口的药品，供货单位必须提供《进口药品注册证》和《进口药品检验报告书》的复印件，并加盖供货单位的公章。

目前，中药进货商的选择多数采用公开招投标的形式，本着公开公正透明的原则从多个供货商优选出质量最优，价格合理的中药是非常重要的。

三、签订采购合同

中药的采购是一种购销双方之间的经营行为，双方应依法签订《购销合同》《质量保证协议》《廉洁购销合同》等。应当验证生产经营企业的《药品生产许可证》或《药品经营许可证》《企业法人营业执照》和销售人员的授权委托书、资格证明、身份证，并将复印件存档备查。签订中药采购合同的原则要求如下：

（1）签订合同的当事人必须是企业法人或法人委托人。
（2）合同内容必须符合国家的法律法规要求。

（3）首次签订合同双方都应仔细查看合同条款，并考察对方是否具备履行合同的能力。
（4）签订合同必须贯彻平等互利原则。

合同条款中必须注明中药的质量应"符合国家规定的质量标准"。可结合实际需要，注明中药价格、包装标志、包装要求等。供货商需提供发票及随货通行单模板存档。进口药品还应将药品标准及标准品或"进口药品注册证"和"进口药品检验报告书"复印件等附在合同上。

四、提出采购申请

采购申请是由库管人员以中药库房的实际库存情况为基础资料和依据提出的，库管人员需要通过认真的盘查库存，掌握本库房中药的实际库存情况，确定哪些品种的库存已不足，需要购进；哪些品种的库存正常，不需要购进；哪些品种的库存已处于积压，需要通过外调进行调整。一般情况下，中药库存以不超过一个月使用量为宜，如遇特殊情况或者公共卫生事件时可以适当增加库存，一般不超过三个月使用量。在实际管理中需要做到账物相符，这样才能避免因账物不符造成采购失误，定期盘点库存是做到账物相符的有效方法。目前，在中药药库管理中，应用计算机软件管理具有非常大的优势。

五、拟定采购计划

库管人员提出采购申请以后提交采购人员，采购人员根据中药使用情况审核采购计划，核对每一味中药的合同价格及供应商资质，确保所提出的中药采购计划在合理使用范围内、确保每一味中药的供应渠道合法性。

六、审核采购计划

采购人员拟订采购计划以后需提交上级领导审核签字，比如医疗机构的药品采购计划需提交药剂科主任和分管领导分别签字后方能发出。

七、发送采购计划

采购人员根据采购计划将所需中药的名称、规格、数量、配送地点、配送时间等信息发送给供应商授权委托人，并做好配送过程中的相关接洽工作。

八、供应商根据计划配送中药

供应商需根据采购计划按照规定时间把中药送到指定地点，并附上随货同行单及发票等待验收入库。

项目二　中药验收流程及注意事项

一、中药验收流程

为了保障入库药材数量准确,质量完好,防止假冒、伪劣药材入库,库管人员须按照随货同行单核对品名、规格、产地、数量件数、外观质量、包装质量、生产批号等进行验收并逐一登记签字,确保准确无误后才可以入库。验收记录应保存至超过药品有效期一年,并不得少于二年。库管人员对与随货同行单不相符,质量有异常,标志不清等的中药都应拒收。在质量验收过程时,对真伪优劣有疑问的药材,可送实验室进行鉴定和检测,经检验不合格者,应及时同供应商办理退货手续,并对验收中查出的伪劣或质量问题及时记录,单独存放在不合格区。退货药材应标志明显,妥善保管,按规定及时处理。

二、中药验收注意事项

（1）中药验收数量的同时也要称重量验收,特别是针对一些贵细药材,还应除皮重过称,以确定净重。贵细药材应使用天平称量,做到计算准确无误。

（2）依照《中华人民共和国药典》和其他有关的质量标准,检查来货等级规格是否与所签合同要求一致。

（3）验收中药时应检查中药是否含有杂质及发生虫蛀、发霉、走油、变色、分解、挥发、风化潮解、腐烂等现象。

（4）验收中药时应注意检查药用部位是否正确,是否含有非药用部位。

（5）验收中药炮制品时应注意检查炮制是否合格,这关系到中药疗效和毒副作用。中药材炮制品应色泽均匀,具有原有的气味,不应带异味或气味消失。炒制类中药饮片其生片、糊片均不得超标;蜜炙、醋炙、盐炙、姜汁炙等中药饮片应具有辅料香气;蒸制过的中药饮片应内无生心,色泽黑润;煅制中药饮片应内外色泽一致,酥脆易碎,不得碳化等。

（6）中药验收时应注意检查是否存在色泽过度增白、酸味增重等过度熏硫、硫磺超标等现象。

（7）中药验收时应注意检查中药的老嫩,检查老嫩的目的在于确定采收季节是否适宜。

（8）中药的外形比较相似,验收时要认真仔细地检查,如发现有假冒掺伪品,应及时作出正确处理。

项目三　中药采购的主要渠道和方式

中药采购的主要渠道是经国家食品药品监督管理局批准的中药生产企业。随着市场经济的发展，许多中药生产企业的主要精力放在产品的开发与生产上，而将所有或部分产品委托给中药经营企业全权代理经营。有实力的代理商一般具有良好的企业形象，较强的市场营销能力，完善的销售网络。近年来，国家大力发展中医中药，涌现出许多实力比较强的中药生产企业和经营企业，很多企业在符合国家标准之外还制定了严格的企业标准，大力发展精品中药。随着中药价格不断上涨，野生中药资源越来越缺乏，很多企业也大力发展规模化、规范化的种植基地，从源头上把控中药质量，避免了从药材市场收药、从农民手里买药等老模式而导致的中药材质量参差不齐。2020年，贵州省中药材种植面积高达700万亩，与大企业合作结合"精准扶贫"发展模式，科学发展中药材种植养殖，保护野生中药材资源，集中发展中药材生态产业，促进构建中药材质量保障体系。

中药采购的方式一般有采购招标采购、议标采购、议价采购、产地收购、指定采购等方式。公开招标采购是目前最为常用的方法，其公开透明、公平公正，可避免暗箱操作，杜绝采购业务中的不正当行为，保证采购货源价格合理，质量可靠。招标采购的规范性操作是由招标企业选择、委托具有药品招标资质的中介公司，按照国家颁布的药品招标管理办法进行招标。招标中介公司一般都采用网上招标的办法。步骤为：制订招标计划；网上发布招标通告及标书；接收投标商投标申请并进行资格认定；合格的投标商通过网络进行网上投标，并提供样品；当众开标；由企业招标委员会组织专家组对招标商的资质、药品的报价、质量标准和供货条件等进行综合评价，最后宣布中标商品及企业，签订采购合同。议标采购是由企业评标专家在投标企业投标价格的基础上结合市场情况与投标单位的代表再进行议价，以确定价格，达成协议，签订合同，采购商品。这种方法适用于某些新药、中药产品保护品种、供货货源较少的品种。产地收购一般是针对一些地产的中药材，企业可规定价格和质量要求，到产地进行定点收购。指定采购指的是毒性中药或限制类中药，须到国家指定的经营部门进行采购。

项目四　探讨中药采购新的改革模式

中医药是中华文化的瑰宝，国家高度重视中医药的传承和发展。国家药品监督管理局发布的《药品监督管理统计年度报告（2020年）》显示，截至2020年底，全国生产中成药的企业有2 160家，中药饮片生产企业2 197家。全国医药工业统计表明，2021年我国中药工业主营收入达到6 919亿元，其中中成药主营业务收入4 862亿元，中药饮片主营业务收入2 057亿元。中药生产企业众多，但规模和生产条件有很大差距。大部分为中小型企业，中药生产小、散、乱，恶性竞争、低水平重复、重营销轻技术的现象仍然普遍存在，既浪费社会资源，也给政府监管增加了工作量和难度。因此，很多专家建议把中药饮片及中药配方颗粒纳入药品集中带量采购，认为可以有效推动中药企业规模化生产经营，降低中药用药成本，推动中药企业注重管理和技术进步，进而促进中医药行业的健康发展。2018年以来，国家推行的西药集中带量采购工作取得了显著成效，国家组织药品集采前三批共涉及112个品种，中标产品的平均降幅达到54%，截至2020年，实际采购量已经达到协议采购量的2.4倍，节约费用总体上超过1 000亿元，有效降低了患者负担，提高了群众用药的普及性。中药集中采购可以借鉴许多西药集中采购中的成功经验和方法，但同时也需要结合中药发展的特点和每个地区不同的用药特点制定中药集中采购方案。

模块四　练习题

1. 单项选择题

（1）中药采购是有由（　　）依据本单位库存情况及实际需求提出计划，采购人员核实采购计划及审核供货商资质，经本单位主管中药饮片工作的负责人审批签字后，依照药品监督管理部门有关规定从合法的供应单位购进中药饮片。

  A. 销售人员　　　　　　　　　　B. 库管人员
  C. 分管领导　　　　　　　　　　D. 采购人员

（2）一般情况下，中药库存以不超过（　　）使用量为宜，如遇特殊情况或者公共卫生事件时可以适当增加库存，一般不超过（　　）使用量。

  A. 一周、一个月　　　　　　　　B. 两周、二个月
  C. 一个月、三个月　　　　　　　D. 三个月、六个月

（3）中药验收时，验收记录应保存至超过药品有效期一年，并不得少于（　　）。

  A. 一年　　　　　　　　　　　　B. 两年
  C. 三年　　　　　　　　　　　　D. 四年

2. 多项选择题

（1）在通过正规流程选定供应商、签订采购合同的前提下，中药采购还需要以下几个步

骤?（   ）
  A. 提出采购申请   B. 拟定采购计划
  C. 审核采购计划   D. 发送采购计划

（2）中药到货验时，收库管人员须按照随货同行单核对(　)、(　)、(　)、(　)、外观质量、包装质量、生产批号、生产合格证等到进行验收并逐一登记签字，确保准确无误后才可以入库。
  A. 名称   B. 规格
  C. 数量   D. 产地

（3）中药验收时，应特别要注意检查中药是否含有杂质及发生(　)、(　)、(　)、(　)、分解、挥发、风化潮解、腐烂等现象。
  A、虫蛀   B、发霉
  C、走油   D、变色

附录：中药采购流程图（以医疗机构为例）

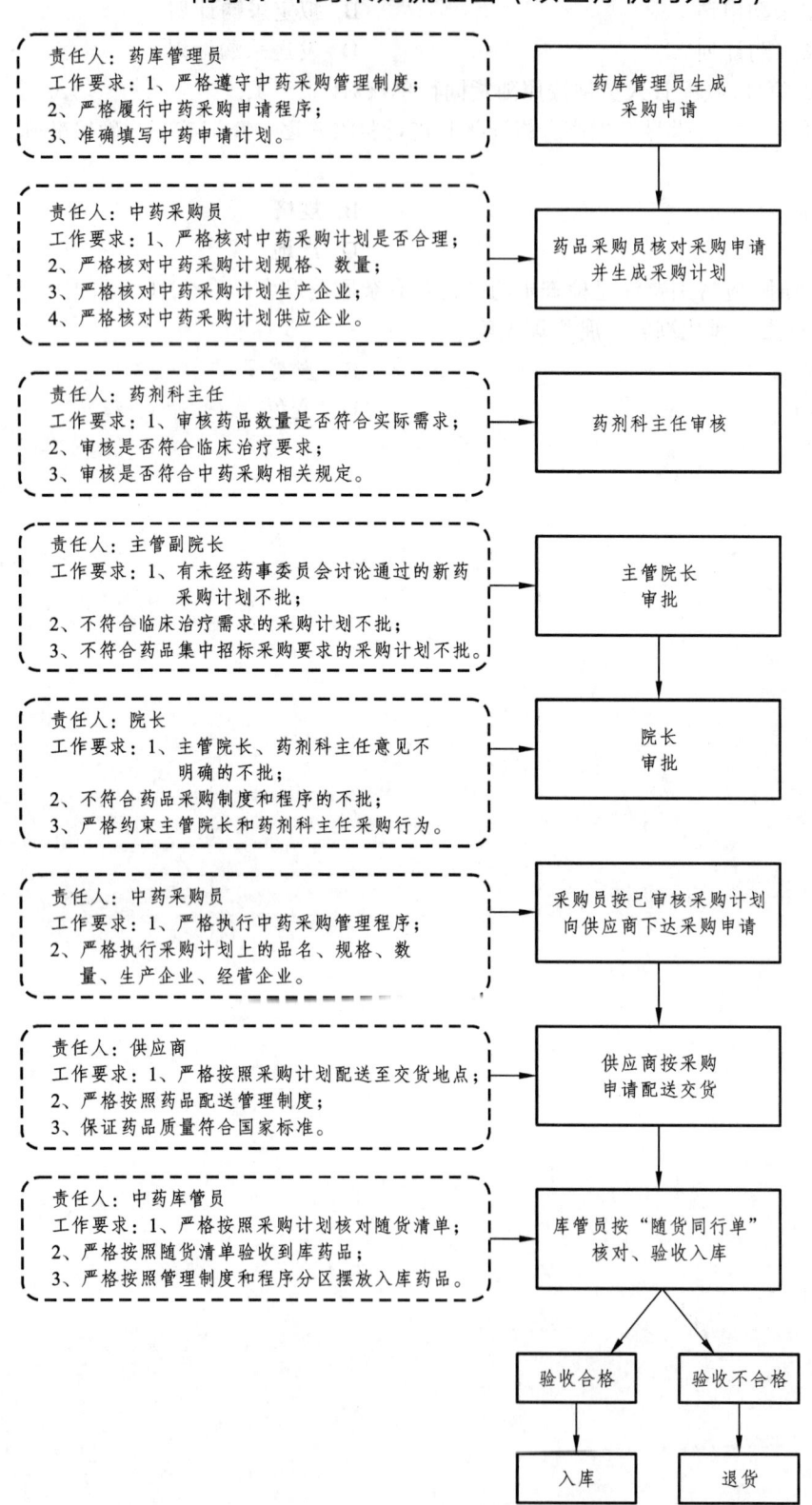

模块五　中药贮藏与养护技术

中药贮藏与养护是中药质量管理的重要组成部分，其目的是保持在库中药的质量和数量。由于中药品种多、性质复杂，贮藏保管技术很高，因此必须了解各种中药的性质以及外界环境对中药质量的影响，不断研究贮藏条件和保管方法，并依据国家相关法律法规来贮藏养护中药，以防止中药变质，确保质量。

项目一　中药库房日常管理

【学习目标】

（1）掌握中药验收入库的基本操作。
（2）熟悉中药库房的类型、库区的划分色标管理规定、中药在库管理基本要求。
（3）了解中药验收入库的管理规定、在库分类与注意事项。

任务一　中药仓库及设施

中药品种繁多、需求量大，药品生产企业、社会药房和医疗机构，只要开展有中药业务，就必须配备中药库房。中药库房管理工作做好，不仅能保证药品质量，满足市场需求，还可以减少药品积压，防止药品浪费，提高企业利润。

一、仓库的类型与库区划分

（一）仓库的类型

药物在储存过程中，外界温度的改变，对药物变质速度有很大的影响。依据《药品生产质量管理规范》（GMP）和《药品经营质量管理规范》（GSP）的规定，所有中药生产或经营企业都应设立常温库、阴凉库和冷库。

1. 常温库

常温库是指温度为 10~30 ℃（相对湿度为 35%~75%）的仓库。主要用于储存化学性质比较稳定的中药和未规定储存温度的中药。

2. 阴凉库

阴凉库是指温度不超过 20 ℃（相对湿度为 35%~75%）的仓库。主要用于储存化学性质不稳定的中药。

3. 冷　库

冷库是指温度为 2~10 ℃（相对湿度 35%~75%）的仓库。主要用于储存贵细（稀有）药材或饮片和按规定冷藏储存的中成药。

　　　　　　　　中药仓库的库房特点

中药仓库的库房结构各不相同，有平房仓库，也有多层楼房仓库。通常，底层楼通风不畅、潮湿，但比较阴凉；顶层楼通风、干燥，但温度较高；中层楼既干燥又凉爽，贮存条件最好。在同一库房内，各个仓位的温度、湿度、光照程度、通风条件等也不相同，通常贮存在西北方向仓位的中药易干燥；偏西的仓位光照时间长，温度较高。由于仓库结构和仓位条件导致了环境条件的不一致，因此，根据不同中药的特性选择适宜的仓位进行分类贮存，才能保证中药的质量稳定。

（二）库区划分与色标管理

依据 GSP 的规定，根据药品经营企业规模和经营品种，一般药品批发企业和药品零售连锁企业仓库应划分有待验药品库（区）、合格药品库（区）、发货库（区）、不合格药品库（区）、退货药品库（区）等专用场所。经营中药饮片还应划分零货称取专库（区）或固定的饮片分装室。

在库房储存药品，按质量状态实行色标管理：合格药品为绿色，不合格药品为红色，待确定药品为黄色，见表 5-1-1。

表 5-1-1　按色标管理划分库区

色标	库区
绿色	合格药品库（区）、零售称取专库（区）、发货库（区）
黄色	待验药品库（区）、退货药品库（区）
红色	不合格药品库（区）

二、库内设施设备

依据 GSP 的规定，库房应当配备以下设施设备：
（1）药品与地面之间有效隔离的设备，如药架、药柜等（图 5-1-1，图 5-1-2）。

（2）避光、通风、防潮、防虫、防鼠等设备，如窗帘、空调、除湿机、挡鼠板、粘鼠板等。

（3）有效调控温湿度及进行室内外空气交换的设备，如排气扇等。

（4）自动监测、记录库房温湿度的设备（图5-1-3，图5-1-4）。

（5）符合储存作业要求的照明设备。

（6）用于零货拣选、拼箱发货操作及复核的作业区域和设备。

（7）经营特殊管理的药品需有符合国家规定的储存设施，如保险柜等。

（8）经营冷藏、冷冻药品，还要配备制冷设备，如冷柜、冰箱等。

（9）经营中药材、中药饮片的，应当有养护工作场所，直接收购地产中药材的应当设置中药样品室（柜）。

图5-1-1　药架样式1　　　　　　　图5-1-2　药架样式2

图5-1-3　温湿度记录仪样式1　　　图5-1-4　温湿度记录仪样式2

任务二　入库验收

药品验收是指按照与合同相符的供货方发货单及有关凭证，对购进药品所进行的数量点收和质量验收工作。做好验收工作，是防止和消灭差错事故，防止假药、劣药流入市场，维护患者生命健康和合法权益的重要环节，同时也是分清供货方、运输单位与收货方之间经济责任的重要手段。实践证明，验收制度不严，是造成药品医疗事故责任不清、药品经营企业经济损失的重要原因之一，因此，药品验收是库房日常管理的重要环节。药品验收要做好对单验收、包装验收、数量验收、质量验收等四个方面的工作，以达到单货相符、质量相符、数量无误、包装完整的要求。药品验收具体流程见图5-1-5。

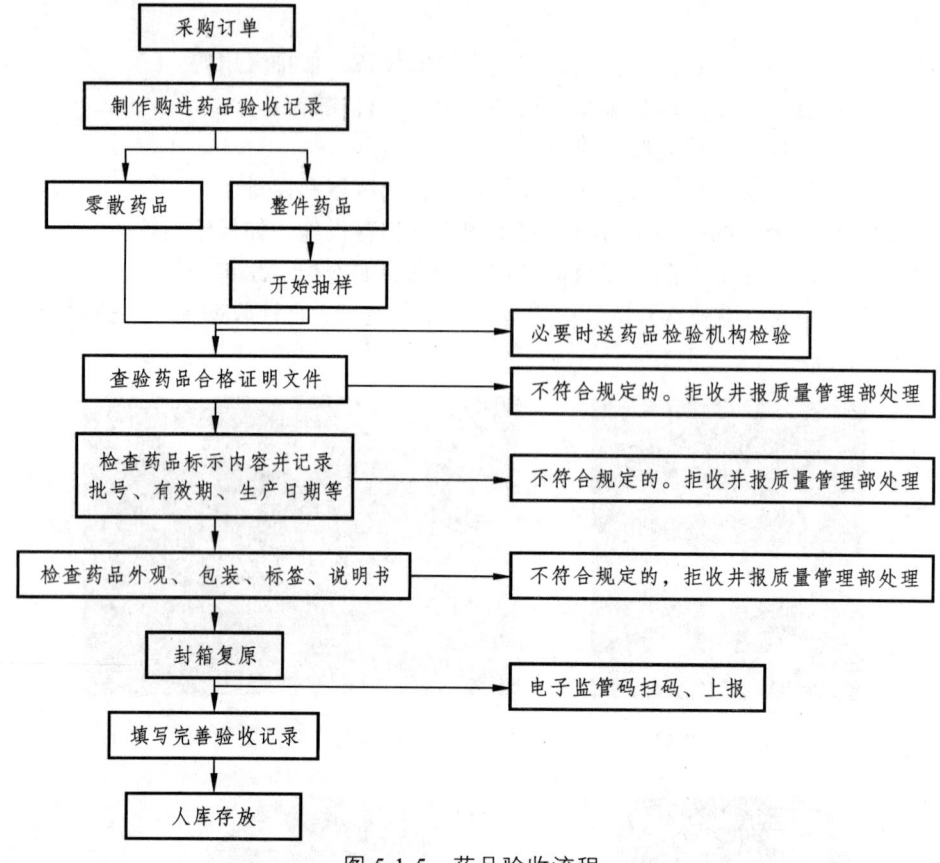

图 5-1-5　药品验收流程

一、中药饮片验收

（1）核对供货方送货单及入库通知单上的饮片品名和数量是否与入库货物一致，做到单货相符。

（2）检查箱（袋）外标志标签的内容是否相符或完整，如品名、规格、数量、产品批号、生产日期、产地、生产企业等，并附有质量合格的标志。对实施批准文号管理的中药饮片需检查药品批准文号。

（3）检查包装的质量，外包装是否有破损、松散、潮湿、油渍、虫蛀等现象，内包装是否破损、污染、渗漏、虫蛀等。

（4）检查饮片的质量，饮片是否有霉斑、虫蛀、鼠咬、潮解、变色、泛油、失去气味、风化、破碎、异臭等现象。

（5）验收罂粟壳、毒性中药饮片必须实行双人验收制度。双人签字，专账记录，双人双锁专库或专柜管理，严禁与其他药品混杂。

（6）贵细中药验收入库应双人逐件验收、称量，并双人签字，专账记录。

二、中成药验收

中成药的验收入库也应符合 GSP 的规定。

（1）按照药品批号查验同批号的检验报告书。供货单位为批发企业的，检验报告书应当加盖其质量管理专用章原印章。检验报告书的传递和保存可以采用电子数据形式，但应当保证其合法性和有效性。

（2）企业应当按照验收规定，对每次到货药品进行逐批抽样验收，抽取的样品应当具有代表性。同一批号的药品应当至少检查一个最小包装，但生产企业有特殊质量控制要求或者打开最小包装可能影响药品质量的，可不打开最小包装；破损、污染、渗液、封条损坏等包装异常以及零货、拼箱的，应当开箱检查至最小包装。

（3）验收人员应当对抽样药品的外观、包装、标签、说明书等逐一进行检查、核对。

（4）对实施电子监管的中成药，经营企业应当按规定及时将数据上传至中国药品电子监管网系统平台。

三、在库管理

（一）分类贮存

国家《药品流通监督管理办法》中明确指出，"中药材、中药饮片、化学药品、中成药应分别储存、分类存放。"GSP 也明确规定，药品应"按剂型、用途以及储存要求分类陈列"。因此，合理做好药品贮存工作，应对在库中药实行分类贮存管理。

（二）中药饮片的在库分类贮存

中药饮片品种多、规格多，将其进行分类管理，有利于货物进出、账目清晰、核对方便、日常养护。分类贮存主要是把性质相似、易发生相同变化的中药归为一类，选择合适的贮存环境，采取相应的养护措施，达到保护中药质量的目的。

1. 根据来源不同分类贮存

如动物药、矿物药、植物药分开存放。植物药根据药用部位不同又可以分为根及根茎类、皮类及茎木类、花叶类、果实种子类、全草类、其他类等。同时性状相近的中药为了防止混淆，也应分隔开一定距离存放，如生地黄与玄参、葛根与茯苓、天花粉与白芷、紫苏梗与荆芥等。

2. 根据炮制规格不同分类贮存

如清炒品、麸炒品、烫制品、煅制品、酒炙品、醋炙品、蜜炙品、盐炙品等应分开存放。

3. 根据功效分类贮存

如滋补类、解表类、清热类、泻下类等分开存放，以便于查找。

（三）中成药的在库分类贮存

中成药一般按照剂型进行分类贮存。

1. 液体及半固体制剂

如合剂、糖浆剂、酒剂、酊剂、浸膏剂、膏药等，均对光和热敏感，应贮存在阴凉干燥处。

2. 固体制剂

如散剂、片剂、胶囊剂、丸剂、颗粒剂等，容易受潮、散气、发霉、虫蛀，应密封贮存。

（四）在库检查

中药的在库检查是指对库存的中药质量、数量及库房自身维持系统等进行检查，以便及时了解其变化情况，从而采取相应的措施来保证中药质量。

1. 检查方法和时间

中药库房的检查方法可分为定期检查和突击检查。

定期检查就是按固定周期进行的检查，可针对不同中药或所处季节确定不同的检查周期，如每天、每周、每月、每季度、每半年进行一次检查。

突击检查是在气候异常状况下或在发现有质量变化迹象的情况下，对库存中药进行的检查。通过这两种方法的结合，不仅能掌握库存中药的基本情况，还能及时发现异常情况。

2. 检查内容与要求

检查内容包括库存中药的检查以及库房软、硬件的检查。基本要求就是及时、准确、真实地将检查情况进行记录。对检查中发现的异常情况，要及时由质量管理部门按照确定的规程进行处置。

对中药的检查包括查看中药质量变异的情况以及对库存中药进行盘点。

对库房软、硬件的检查主要是查看库房的温湿度调控系统的维持状况、进出库房物流及人流的管理情况、管理人员对相关管理规章制度的落实执行情况等。

模块五　项目一　练习题

1. 单项选择题

（1）储存药品的仓库对湿度的规定是相对湿度应为（　　）。
　　A. 25%~65%　　　　B. 35%~70%　　　　C. 35%~65%　　　　D. 35%~75%

（2）储存药品冷库对温度的规定是（　　）。
　　A. 0 ℃以下　　　　B. 2~10 ℃　　　　C. 0~10 ℃　　　　D. 1~8 ℃

（3）下列关于药品贮存与养护叙述错误的是（　　）。
　　A. 药品要按温湿度要求储存于相应的库中

B. 对近效期的药品，应按月填报效期报表
C. 待验药品区为红色
D. 在库药品均实行色标管理

（4）药品贮存的基本原则是（　　　）。

A. 按批号贮存　　　　　　　　　　B. 分类贮存
C. 按包装大小贮存　　　　　　　　D. 按进货时间贮存

2. 多项选择题

（1）药品在库检查的主要内容有（　　　）。

A. 药品数量　　　　　　　　　　　B. 药品质量
C. 药品库房的维持状况　　　　　　D. 药品的变异情况

（2）根据库房温度要求不同，将库房分为（　　　）。

A. 常温库　　　　B. 冷库　　　　C. 阴凉库　　　　D. 低温库

（3）以下关于中药分类储存说法正确的是（　　　）。

A. 性质相似、易发生相同变化的中药一般储存在一起
B. 药用部位相同的中药一般储存在一起
C. 白芷和天花粉可以储存在一起
D. 一般功效相同的中药储存在一起
E. 有相同养护要求的中药储存在一起

（4）在验收时必须实行双人验收制度，双人签字，专账记录的中药饮片有（　　　）。

A. 甘草　　　　　B. 雄黄　　　　C. 朱砂
D. 罂粟壳　　　　E. 雪上一支蒿

项目二　中药饮片保管与养护

【学习目标】

（1）掌握中药饮片常见的变质现象。
（2）熟悉中药饮片变质的主要诱因，中药饮片的贮藏及养护方法。
（3）了解中药饮片科学贮藏的意义。

任务一　中药饮片贮藏常见变质现象

一、中药饮片常见变质现象

贮藏技术是保证中药饮片稳定性的关键技术之一，贮藏同时也是中药流通的重要环节之一。中药生产部门、收购部门、批发部门、零售部门都必须设有贮藏中药的仓库，运输中的中药同样也属于贮藏状态。

科学的贮藏是为了保证中药的质量，所采取的各种维护措施可称为养护。药材在贮藏中因受周围环境和自然条件等因素的影响，常会发生霉烂、虫蛀、变色、泛油等变质现象，导致中药性状、化学成分与性味的变化等而失去疗效，所以贮药场所应达到干燥、通风、避光等要求。同时，要根据药材的不同特性采用具体的保存方法。如含大量油质及芳香性成分的中药，应放在密封的容器中贮藏。易于虫蛀的中药，可采用密封法、冷藏法或对抗法保存。剧毒类中药，要单独贮藏保管，以防发生中毒事故。总之，贮藏的条件和时间直接关系到中药质量和临床疗效，必须高度重视。

中药饮片良好的贮藏情况，直接关系着饮片的质量、临床疗效甚至患者的安危。因此，做好中药饮片的储存养护工作意义重大。中药饮片在贮存中由于贮存条件不当，可使药物的颜色、气味、形态、内部组织等出现各种各样的变化。常见的变质现象大致可分为以下几种。

（一）霉　变

霉变即为发霉，是霉菌在中药饮片表面或内部滋生的现象。导致饮片发霉的主要因素是温度和湿度，一般温度在 20~35 ℃，相对湿度达 75% 以上，或者当药材含水量超过 15% 时，在有足够的营养条件下，霉菌就易繁殖。尤其在夏季，气候炎热、空气湿度大，药材最易霉变。凡含有糖类、黏液质、淀粉、蛋白质及油类的饮片较易霉变，如党参、黄芪、怀牛膝、独活、紫菀等。此外，中药鲜药因含水量较多，也容易发生霉变。有效控制中药饮片库房及调剂室的温度、湿度，尽量采用密封包装来盛装中药饮片，都可有效防止霉变。

（二）虫　蛀

虫蛀是指昆虫侵入中药饮片内部所引起的破坏作用。虫蛀使饮片出现空洞、破碎，被虫的排泄物污染，甚至将饮片完全蛀成粉末。中药饮片中含的淀粉、糖、脂肪、蛋白质等营养成分利于害虫生长繁殖，故易生虫，如大黄、白芷、前胡、桑螵蛸、娑罗子、北沙参、山药、川芎、泽泻、枸杞子、当归等。将中药饮片充分干燥，杀灭虫卵，可有效防止虫蛀。

（三）变　色

变色是指中药饮片在采收加工、贮藏过程中，由于保管养护不当而引起本身固有色泽改变的现象。各种中药饮片都具有一定的色泽，色泽不仅是饮片外表性状鉴别的标志，也是判断其品质好坏的一项指标。饮片变色是由于所含色素受到外界影响使饮片失去了原有的色泽，影响饮片质量。由于保管不善，某些饮片的颜色可由浅变深，如泽泻、白芷、山药、天花粉等；有些饮片颜色可由深变浅，如黄芪、黄柏等；由鲜艳变暗淡的有红花、菊花、金银花、腊梅花等。采取冷藏、避光或密闭贮藏，能有效防止饮片变色。

（四）泛　油

泛油又称走油或浸油，是指某些含油中药的油质溢于中药饮片表面的现象。含有脂肪油、挥发油、黏液质、糖类等较多的中药，在温度和湿度较高时出现的油润、发软、发黏、颜色变深等都被称为"泛油"或"走油"。常见易泛油的中药饮片多见于果实种子类药物，如柏子仁、桃仁、杏仁等。另外，含糖量较多的饮片，可因受潮而造成返软而"走油"。如牛膝、麦冬、天门冬、熟地黄、黄精等。通常将中药饮片进行干燥、冷藏、低温、隔绝空气和避光保存等，可防止出现泛油现象。

（五）气味散失

气味散失，是指一些含有易挥发性成分的中药饮片，其固有的气味在外界因素的影响下，或贮藏时间过长，原有气味改变或变淡的现象。中药的固有气味是由其所含的各种成分决定的，气味改变或变淡会影响药性和药效。饮片发霉、泛油、变色均能使药物气味散失；环境温度过高，可使含挥发油的药物如肉桂、沉香等，气味逐渐散失，失去油润而干燥，且温度越高挥发油挥发得越快；豆蔻、砂仁粉碎后气味会逐渐挥发散失。一般将饮片进行小包装、密闭存放，能延缓气味散失的程度。

（六）风　化

风化，是指某些含结晶水的盐类中药，与干燥空气接触时间过长逐渐失去结晶水，变为非结晶状无水物质，最终成为粉末的现象。中药风化后质量和药性也随之发生改变，如芒硝、硼砂等。只有密闭保存才能防止中药风化。

（七）升　华

升华是指某些中药所含的挥发性成分在常温下由固态直接变为气态的现象。易升华的中药是经蒸馏冷却制备而成的含挥发性成分的结晶性物质，如樟脑、冰片、薄荷脑等。易升华中药的贮藏养护，宜采用小包装或小件严密固封。

（八）挥　发

挥发指某些含挥发油的中药，因受温度和空气的影响，挥发油挥发，药物失去油润，产生干枯或破裂的现象，如肉桂、厚朴等。对此宜控制温度，密闭存放。

（九）潮　解

潮解习称返潮、回潮，是固体饮片吸收潮湿空气中的水分，表面逐渐湿润慢慢溶化成液体状态的现象。如芒硝、青盐、咸秋石等。潮解使得饮片功效降低，难以贮藏。此类药物宜密闭存放为妥。

（十）粘　连

粘连是指某些固体饮片，因熔点较低，遇热发黏而黏结在一起，或含糖分较高的饮片，吸潮后黏结在一起，使原来形态发生改变的现象，多出现在树脂类及胶类中药中，如乳香、没药、阿胶、鹿角胶、龟甲胶等。对其存放宜控制温度，同时采用小包装密闭存放。

（十一）腐　烂

腐烂是指某些新鲜中药存放过久或受温度影响而引起闷热，出现霉烂败坏的现象。如鲜生地黄、鲜生姜、鲜藿香、鲜薄荷等，饮片一旦腐烂即不能入药。因此对新鲜中药一般应随用随采，禁止过长时间存放。

常见的中药饮片变质现象见表 5-2-1。

表 5-2-1　常见中药饮片变质现象

变质现象	饮片
虫蛀	党参、人参、南沙参、冬虫夏草、当归、独活、白芷、防风、板蓝根、甘遂、生地黄、泽泻、全瓜蒌、枸杞子、大皂角、桑葚、龙眼肉、核桃仁、莲子、莲子心、薏苡仁、苦杏仁、桃仁、青风藤、桑白皮、鹿茸、鸡内金、菊花、金银花、凌霄花、北沙参、防己、莪术、川贝母、浙贝母、金果榄、佛手、陈皮、砂仁、酸枣仁、红花、芫花、蝉蜕、狗肾、地龙、甘草、黄芪、山药、天花粉、桔梗、灵芝、茯苓、水蛭、僵蚕、蜈蚣、葛根、赤芍、大黄、肉豆蔻、柴胡、地榆、川芎等
发霉	天冬、牛膝、独活、黄精、白果、全瓜蒌、山茱萸、莲子心、大枣、马齿苋、大蓟、小蓟、大青叶、桑叶、蛤蟆油、狗肾、黄柏、白鲜皮、人参、党参、当归、知母、紫菀、菊花、红花、金银花、白及、木香、五味子、地龙、蜈蚣、甘草、葛根、青皮、芡实、薏苡仁、栀子、羌活、黄芩、远志、地黄、胖大海
泛油	独活、火麻仁、核桃仁、桃仁、当归、牛膝、巴豆、狗肾、木香、龙眼肉、苦杏仁、前胡、川芎、白术、苍术、柏子仁
变色	月季花、梅花、玫瑰花、款冬花、红花、山茶花、扁豆花、橘络、佛手、通草、麻黄、莲须

续表

变质现象	饮片
气味散失	广藿香、紫苏、薄荷、佩兰、荆芥、细辛、肉桂、花椒、月季花、玫瑰花、吴茱萸、八角茴香、丁香、檀香、沉香、厚朴、独活、当归、川芎
升华	樟脑、薄荷脑、冰片
软化、融化	松香、芦荟、阿魏、安息香、乳香、没药
风化	芒硝、硼砂、白矾、绿矾、胆矾
潮解	芒硝、大青盐、绿矾、胆矾、硼砂、盐附子、全蝎、海藻、昆布

二、引起中药饮片质量变异的因素

（一）内在因素

内在因素是指中药本身所含的成分因受自然界的影响而引起变异，导致其质量变化。如含淀粉的药材，质地较疏松，易吸收外界水分，受霉菌感染，有利于害虫吸取赖以生存的养料。所以内在因素是中药饮片变质的基本诱因，既不可忽视，也要注意饮片的自身特点。具体特点可分为以下几个方面：

1. 水　分

各类中药饮片都含有一定的水分。水分过多会使中药饮片腐烂、生霉、虫蛀、潮解、粘连等；水分过少会使中药饮片失润，出现风化、气味散失、泛油、干裂残损等现象。

2. 挥发油

含有挥发油的药材，遇水或受潮后即可膨胀发热，从而引起发酵、霉变。若长期与空气接触，饮片随着油分的挥发，气味会随之减弱，当温度较高时，会加速挥发。

3. 淀　粉

淀粉是一种容易导致虫蛀、霉菌生长的营养基质，含淀粉较多的饮片或药材大多质地疏松，易吸收水分，当表面水分增加时，更利于霉菌、虫卵繁殖，因此淀粉含量高的饮片容易发生虫蛀、霉变。

4. 黏液质

黏液质是一种近似树胶的多糖类物质，它存在于植物细胞中。黏液质遇水后会膨胀发热，既易于发酵，又是微生物、虫卵的营养基质。

5. 油　脂

含有油脂的药材若长时间与空气、日光、湿气等接触，保管不当，油脂就会发生水解和氧化，其成分受到破坏而产生分解和酸败现象。

6. 色　素

含有色素的药材，常会受到温度、湿度、日光、空气的影响，导致色素被破坏而引起药材色泽的变化。

（二）外在因素

外在因素可理解为环境因素，是导致中药变质的自然因素，直接或间接影响其质量。外在因素主要有以下几种：

1. 日　光

日光能引起或促进中药饮片中的许多无机物和有机物发生化学变化，如氧化、还原、分解等，从而影响中药质量。如含有生物碱类、维生素类、酚类、挥发油类、黄酮类、蒽醌类等成分的中药，受光照射后，易发生光化反应，出现颜色变化。同时日光还有大量热能，对中药有加热作用，使曝晒的中药温度升高，导致某些中药出现气味散失、泛油、粘连、融化、干枯等现象。

2. 空　气

空气中的氧气易与中药饮片中的某些成分发生化学反应，如绿矾的主要成分为硫酸亚铁，在湿空气中能迅速氧化，变成黄棕色的碱式硫化铁。部分中药饮片长期接触空气，会出现变色、质脆、气味散失等现象。

3. 温　度

温度过高对含挥发性成分的中药饮片影响较大，可使其成分迅速流失。此外，温度还对某些中药成分的氧化、水解、升华、熔化及中药发霉、生虫、黏结、膨胀、皱缩、干枯、泛油、变色等有较大的关系。当温度在 20~35 ℃时，害虫、霉菌及其他腐生菌都容易孳生繁殖；当温度在 35 ℃以上时，含糖类与含油脂多的中药饮片则会因受热而引起泛油或发生粘连，挥发性成分也易挥发。因此，在仓储中要根据中药饮片的不同性质选择适宜的温度。

4. 湿　度

潮解、熔化、酸败、干枯、风化、皱缩和霉烂等引起中药质量变化的现象均与湿度有关。多数中药变质现象的发生都与湿度有一定关系。如湿度控制得好，则害虫不易孳生，霉菌不易繁殖，也不易引起泛油、变色、变味、溶解、氧化、挥发、升华等变质现象，故仓储中要严格控制湿度。我国各地相对湿度的分布很不均匀，长江流域及其以南地区全年平均湿度约在 70%以上；沿海地区、四川西部、贵州东部、湖南、湖北以及我国台湾等地可达 80%，是全年平均相对湿度最大的地区。由于各地区、各季节相对湿度变化较大，仓储时应根据季节的变化高度重视防潮问题。

5. 微生物

大部分中药由于含有脂肪、蛋白质、碳水化合物和水分等，在贮藏期间很容易受到微生物的侵袭。导致中药饮片霉变的微生物主要是霉菌和酵母菌。常见的霉菌有曲霉、青霉、毛霉、根霉、木霉。微生物对中药的质变作用是通过分解、吸收而实现它的营养代谢过程。

6. 时　间

时间因素是指贮藏期限。中药因含有多种成分，尽管贮藏条件适宜，但时间过久也会或多或少受到外界环境影响，逐渐变质、失效。所以在仓储中应做到先进先出，对于贮藏期过长的药物需要及时处理。

任务二　中药饮片贮藏与养护

一、中药饮片的贮藏方法

在常用的 500 余种饮片中，有 60% 以上的品种容易生霉，有 70% 以上的品种容易虫蛀，所以防霉、防蛀是贮藏中药饮片的首要任务。引起发霉、虫蛀的主要因素是霉菌和仓虫。霉菌是一切能引起发霉真菌的总称，约有 8 万种以上；仓虫指各种危害中药的仓库害虫，约有 200 多种，其中以甲虫类最多，其次是蛾类和螨类。防霉、防虫必须从控制温度、湿度和空气三个方面入手。

（一）控制温度

多数霉菌、仓虫最适宜生长和繁殖的温度是 18~35 ℃，所以，中药在夏季最易被虫蛀或发霉。为了防止虫蛀和霉变，可将贮藏温度控制在 17 ℃ 以下或 36 ℃ 以上，也可以利用自然的低温和高温进行控制。

1. 保持库内低温

将易生虫的药材及饮片放在有顶无墙的货棚中，并分批摊晾。实验证明：在 0 ℃ 以下，仓虫及虫卵会因体液冻结、原生质停止活动而死亡；霉菌虽不会完全冻死，但能够控制其繁殖。个别数量少或贵重药如麝香、牛黄等，可放入冰箱中保存。

2. 利用自然高温

盛夏直射阳光有时可致室温达 50 ℃ 以上，此温度维持 30 min（或在 50~60 ℃ 烘烤 1 h），各种仓虫、霉菌都可因体内水分大量减少和蛋白质凝固而死亡；日光中的紫外线对霉菌也有杀灭作用，所以可利用夏季摊晒药材。但有些因受热易走油、散失香气和日晒易变色的药材不宜采用此方法。

控制温度的方法只有短期效果，且易受气候、环境的限制，故较适于零售部门，大库则应重点控制湿度。

（二）控制湿度

这里所说的"湿度"，包括中药饮片含水量和空气相对湿度。中药饮片含水量是指中药饮片中水分的重量，常以百分比表示。如"含水量为 15%"，就是说在 100 g 中药饮片中含有

15 g 水分。测定中药含水量，可按中国药典取样法取样或测定，亦可用快速水分测定仪测定。相对湿度是指在一定温度时，空气中水蒸气饱和的程度，也用百分比表示。相对湿度可用各种湿度计测定。

霉菌需要的水分来自空气；仓虫体内的水分主要来自药材，但药材含水量的变动又受周围空气中湿度的影响。一般来说，当药材含水量在 13% 以下、空气相对湿度在 70% 以下时，各种霉菌、仓虫会因缺水而迅速死亡。这两个指标必须同时控制，若药材含水量低而空气相对湿度高，那么药材会吸收空气中水分而增加含水量。常用降低空气相对湿度的方法有两种：一是通风降潮，在库内安装排风扇，当库内相对湿度高于库外时，开扇排出潮气；阴雨天库外湿度常高于库内，不宜通风。二是吸湿干燥，在密闭的库内放置适量干燥剂，吸收空气中的水蒸气。可放置生石灰箱，箱内装入拳头大小的石灰块，当石灰块变成粉末状时要及时更换。

（三）控制空气组成

霉菌、仓虫的生长需要足够的氧气。人为创造一个密闭环境，降低其中的氧气浓度，或增加有害气体的浓度，都可使霉菌、仓虫很快死亡。常用来控制空气组成的方法有四大类：

1. 埋藏法

一般采用干燥的沙子、谷糠、稻壳、锯末等将药材埋藏。由于细沙等埋藏物的填充，使药材周围的空气很少，霉菌、仓虫不易生存，外面的霉菌、仓虫也不易进入。药材在埋藏前须经干燥处理，摆放时尽量挤紧，减少空气，必要时埋藏后密封。本法适用于易发霉、生虫的根茎类药材。

2. 对抗法

该法是将某种含有杀虫香气的中药与易生虫中药共贮，以达到驱虫、防蛀的目的。常用的驱虫中药有花椒、冰片、薄荷脑、肉桂、丁香、大蒜、牡丹皮、小茴香等，均以香气浓者为佳。贮藏时将这些中药用纱布包裹，置于易生虫中药的容器中，密封容器，使挥发性驱虫香气逐渐充满空间并保持一定浓度，即可起到防蛀作用。此法以药护药，简便经济，对中药无损害；其缺点是效果不够稳定，不能防霉，不适用于大量中药的贮藏。常见的对抗法应用见表 5-2-2。

表 5-2-2　常见中药贮藏对抗法应用

同贮药	方法	效果
泽泻、山药 同 牡丹皮	层层存放或存放在一起	防止泽泻生虫，又可防止牡丹皮变色
西红花 同 冬虫夏草	共同存放低温干燥处	冬虫夏草久贮不坏
蜂蜜 同 龙眼肉	同蜂蜜拌匀，陶瓷缸内密封，置阴凉干燥处	龙眼肉能保质两个夏季，味色完好

续表

同贮药	方法	效果
大蒜 同 芡实、薏苡仁、土鳖虫、斑蝥、全蝎、僵蚕	同贮加入适量用纸包好的生大蒜瓣	防芡实、薏苡仁被虫蛀；防土鳖虫、斑蝥、全蝎、僵蚕生虫
细辛 同 鹿茸	细辛研磨调糊，涂在鹿茸锯口和有裂缝处，再烤干置于密闭的撒有樟脑或细辛的樟木箱内，置阴凉干燥处	防止鹿茸生虫
生姜 同 蜂蜜	将净生姜片撒于蜂蜜上，盖严封紧	防止蜂蜜发酵"涌潮"
当归 同 麝香	分别分件用纸包好，以此装入瓷罐内，密封盖口，置于干燥处	麝香既不变色也不走香气

3. 药剂熏蒸法

该法是利用某些化学药剂产生的有毒气体驱杀仓虫的方法，可用于各种中药的贮藏。

将氯仿、四氯化碳、二硫化碳、酒精等易挥发性液体药剂浸透药棉，放置于密闭的盛药容器中；或将药剂直接喷洒于药材表面，药剂挥发产生的蒸气慢慢充满药材中每一空隙，与空气混合而达到一定浓度，通过仓虫的呼吸系统进入虫体内部组织引起中毒，经过一定时间而死亡。例如，在贮有药材的密闭箱内，约每 4 m^3 容积滴加 1 mL 氯仿或四氯化碳，可将药材上的成虫或幼虫全部杀死；隔1~2周重复1次，可将由卵孵化的幼虫杀死，确保药材在夏季不再生虫。熏蒸后的药材在使用前最好摊晾1~2天，使药剂气味散尽。

4. 气 调

气调就是空气组成的调整管理，又称之为"气调贮藏"，是目前应用最为广泛的方法之一。即将中药置于密封的环境中，对空气中氧的浓度进行有效控制，人为地造成低氧或高浓度的二氧化碳（或氮气）状态，使害虫不能产生或侵入，原有的仓虫和霉菌因缺氧不能生长繁殖或窒息死亡。此法与药剂熏蒸比较，具有无毒、无污染、节约费用、防止走油和变色等优点。但由于批发仓库及零售仓库中的药材进出频繁，不能整库、整垛地用气调法养护，可用自然降氧法。自然降氧法是将药材装入塑料袋内后密封，利用药材中仓虫、霉菌的呼吸作用，使氧气自然消耗，造成缺氧环境；如果同时采取抽气或在袋中放吸氧剂等措施，效果更佳。

在中药的贮藏中，温度、湿度、空气组成是三个主要的条件，只要有效地控制其中之一，便可以达到有效地贮藏。如中药饮片已相当干燥而又能充分防止湿气侵入时，则可无需低温、气调；反之，如果中药已贮藏于低温或低氧处所，则干燥程度稍差亦可。

二、中药饮片的养护方法

中药饮片的养护是运用现代科学的方法研究中药饮片保管和影响中药饮片贮藏质量及其养护防患的一门综合性技术，是在继承中医药学遗产和劳动人民长期积累贮藏中药饮片经验的基础上，运用现代自然科学知识和方法来研究中药饮片贮藏理论和指导实践的基本技能。中药饮片养护的最主要目的是预防中药饮片变质，确保中药饮片质量符合药用要求。养护是为了保障贮藏，养护是手段，贮藏是目的，因此贮藏方法和养护技术是有联系的，甚至是相通的。

（一）干燥养护技术

干燥不仅能去除中药饮片中过多的水分，同时还能杀灭饮片所带的霉菌、害虫及虫卵，起到防霉治虫的目的，达到久贮不变质的效果。常用的传统干燥方法有晒、晾、烘等，现代新型干燥方法还有微波干燥、远红外干燥等。

1. 摊晾法

摊晾法也称阴干法，即将中药置于室内或阴凉处，借助流动的空气，吹去水分而达到干燥的一种方法。该法适用于芳香性叶类、花类、果皮类及油性大的种子类药材，因为这些药材若用曝晒法会使挥发油损失，或引起质地脆裂、走油、变色等。如陈皮常切成丝，水分多时易变软、霉烂，水分少则干脆易碎，增加损耗，将其在烈日下曝晒会导致干枯变色，因此只能用摊晾法干燥。又如柏子仁、杏仁、火麻仁等药材，采用摊晾法干燥，能避免走油引起的质量降低。采用该法时，若能勤翻动，并增加通风，效果会更好。

2. 烘干法

烘干法是指借助适当的烘干设备，采用加热增温以达到去除饮片所含水分的一种干燥方法。该方法适合大多数中药饮片，且效率较高、省劳力，最重要的是不受天气的制约，随时需要随时就能烘干。另外，加热干燥还能杀虫驱霉，特别是采用烘箱来烘干饮片，其温度可以根据需要控制。烘干饮片时必须根据药材的性质及对加工炮制品的要求，掌握烘干的温度、时间及其操作方法，分别对待，以免影响质量。同时，在烘干时，要勤观察，发现问题及时处理。若饮片较湿，在烘干初期，要注意隔段时间适当通风，及时排出水蒸气，能提高烘干效率；饮片堆积不能太厚，否则容易积热而引起失火。采用烘干法干燥饮片，一定要注意安全生产，防止事故发生。

3. 石灰干燥法

石灰干燥法即利用石灰的吸湿性对饮片进行干燥的一种方法。一般采用石灰箱、石灰缸或石灰吸潮袋进行干燥。凡中药饮片容易变色，价格较贵重，质娇嫩易走油、溢糖或生虫霉变，回潮后不适宜曝晒或烘干的品种，如白糖参、枸杞子、怀牛膝等均可采用此法，所放石灰量一般占石灰缸容量高度的五分之一左右较适宜。

4. 木炭干燥法

木炭干燥法同石灰干燥法原理类似，一般先将木炭烘干或晒干，然后用皮纸包裹，将其夹置于容易受潮发霉的中药饮片内，可以随时吸收环境侵入的水分而防霉虫。使用木炭吸潮有以下优点：木炭性质稳定，不会与任何中药发生反应，使用方便，价格经济，可重复使用。一般可1个月烘干木炭1次，梅雨季根据具体情况，酌情增加木炭烘晒次数。

5. 翻垛通风法

翻垛通风法就是将垛底中药饮片翻到垛面,或堆成通风垛,使热气及水分散发。一般在梅雨季节或发现药材含水量较高时采用,为了增强通风效果,可利用电风扇、鼓风机等机械装置加速通风。

6. 密封吸湿法

密封吸湿法是贮藏方法中的密封法同养护方法中干燥法的结合,即将中药饮片密封在一定的空间内,采用合适的吸湿剂以吸收饮片中的水分,进而保证饮片的质量。

(二)冷藏养护技术

冷藏养护技术基本同贮藏方法中的低温贮藏法类似,一般采用低温(2~10 ℃)来贮存养护中药饮片,可以有效地防止不宜烘、晾中药的生虫、发霉、变色等变质现象发生。但此法需要一定的设备,费用较大,故主要用于贵重中药、特别容易霉蛀的药材以及无其他较好办法保管养护的中药。例如,夏季枸杞子极易吸潮变软、生虫,若将其烘干,容易导致枸杞子颜色变黄,但若采用冷藏法,会起到很好的效果。

(三)埋藏养护技术

埋藏养护技术就是将中药饮片直接或采用合适的包装包裹后埋置于适当的材料中,以达到干燥、隔热、隔潮、保鲜等目的的一种养护技术。该方法操作简单,使用方便,但应用有局限,只适用于部分中药饮片。

(四)化学药剂养护技术

化学药剂养护技术是采用适当的化学药剂来喷淋或熏蒸中药饮片,起到抑制霉菌、虫生长,改善饮片外观色泽的一种养护方法。本法效果好、速度快、省时省力,因此曾经广泛应用。但随着人们环保意识的提高及对无公害"绿色中药"概念的重视,使化学药剂养护逐步在实际中减少使用,或被禁止使用。

 简单介绍化学药剂养护技术

1. 硫黄熏蒸法

硫黄燃烧后能生成二氧化硫气体,该气体能毒死或抑制中药饮片中的多种霉菌和害虫,同时用硫黄熏蒸还能改善中药饮片外观色泽。2020年版药典要求:除另有规定外,药材及饮片(矿物类除外)二氧化硫残留量不得超过 150 mg/kg。

2. 磷化铝熏蒸法

磷化铝为高毒杀虫剂,在干燥条件下对人畜较安全,吸潮自行分解释放出磷化氢气体,磷化氢有毒。磷化铝是近年来应用较广的一种新型高效仓库熏蒸剂,有较强的扩散性和渗透性,不易被中药和物体吸附,故散气快。但使用时一定要加强安

全管控,防止事故发生。

3. 氯化苦熏蒸法

氯化苦是一种无色或微黄色油状液体,毒性强烈,会引起眼与咽喉部刺激症状以及头痛、恶心、呕吐、腹痛、呼吸困难、心悸、气促、胸部紧束感等,严重者可发生肺水肿,往往由于肺水肿而致死。但其具有特殊的刺激气味,有较强的"警戒性"和较强的杀虫、杀菌、杀鼠力,对常见的中药害虫都可致死。在接触和使用氯化苦的时候一定要小心谨慎,必须做好防护措施。

4. 氨水熏蒸

氨水指氨气的水溶液,有强烈刺鼻气味,对人体的眼、鼻和皮肤都有一定的刺激性和腐蚀性,可用作消毒剂。如用其熏蒸鲜瓜蒌后,经过40天瓜蒌都不会生霉。

5. 醋酸钠喷洒

醋酸钠具有一定的防霉作用。以40%~50%的乙醇为溶剂,按6∶1的比例配成醋酸钠乙醇溶液,用喷雾器在中药垛的外缘喷洒一层,然后以苇席封好。试验证明,每喷药一次,可以保持20~30天不霉变。

模块五 项目二 练习题

1. 单项选择题

(1)以下说法错误的是( )。

A. 贮藏是保证中药饮片等稳定性的关键技术之一,同时也是中药各种商品流通的重要环节

B. 科学的贮藏是为了保证中药的质量

C. 中药饮片特性相似,保存方法基本一致

D. 为了科学贮藏而采取的各种维护措施称为养护

(2)中药饮片水分过少会引起的现象是( )。

A. 风化　　　　B. 生霉　　　　C. 腐烂　　　　D. 粘连

(3)不易发生霉变的中药饮片类型是( )。

A. 挥发油含量高　　　　　　B. 含色素量高

C. 黏液质含量高　　　　　　D. 含水量高

(4)以下中药饮片不易生虫的有( )。

A. 山药　　　　B. 白芷　　　　C. 硼砂　　　　D. 枸杞子

(5)以下说法错误的是( )。

A. 虫蛀会使饮片出现空洞、破碎,被污染,甚至将饮片完全蛀成粉末

B. 泽泻、白芷、山药等由于保管不善,颜色会由深变浅

C. 泛油是指某些含油中药的油质溢于中药饮片表面的现象

D. 将饮片进行小包装、密闭存放,能延缓气味散失的程度

（6）较易发生挥发现象的中药饮片有（　　）。
  A. 红花、金银花　　　　　　　　　　B. 芒硝、青盐
  C. 柏子仁、杏仁　　　　　　　　　　D. 肉桂、厚朴
（7）常见对抗法应用不合适的是（　　）。
  A. 山药　同　牡丹皮　　　　　　　　B. 蜂蜜　同　龙眼肉
  C. 蜂蜜　同　鹿茸　　　　　　　　　D. 大蒜　同　薏苡仁
（8）在以下中药饮片养护方法中，最不宜采用的是（　　）。
  A. 化学药剂养护技术　　　　　　　　B. 埋藏养护技术
  C. 冷藏养护技术　　　　　　　　　　D. 干燥养护技术

2. 多项选择题

（1）中药饮片的贮藏包括以下哪些环节？（　　）
  A. 生产　　　　B. 收购　　　　C. 批发零售　　　　D. 运输
（2）引起中药饮片变质的内在因素包括（　　）。
  A. 淀粉　　　　B. 水分　　　　C. 微生物　　　　D. 油脂
（3）以下因素会引起中药饮片泛油现象的有（　　）。
  A. 淀粉高　　　B. 含水少　　　C. 温度高　　　　D. 日光晒
（4）在四川西部、贵州东部、湖南、湖北等地，较常见的中药饮片变质现象有（　　）。
  A. 霉变　　　　B. 虫蛀　　　　C. 潮解　　　　　D. 风化
（5）可使仓虫死亡的贮藏措施包括（　　）。
  A. 保持库内低温　　　　　　　　　　B. 日晒
  C. 控制湿度在70%以下　　　　　　　D. 利用干燥的沙子、谷糠等进行埋藏

项目三　中成药的贮藏与养护

【学习目标】

（1）掌握中成药常见变质现象及影响因素。
（2）熟悉中成药的贮藏方法。
（3）了解中成药的养护方法。

任务一　中成药贮藏常见变质现象

一、中成药常见变质现象

中成药最常见的变质现象有虫蛀、霉变、发硬、粘连、发酵、返砂、沉淀、变色开裂等。

（一）虫　蛀

蜜丸、水蜜丸、水丸等有时可发生虫蛀，丸药表面形成孔洞，甚至蛀成粉末状，并有虫的排泄物，严重影响质量。虫蛀的原因与原料药成分、温湿度影响、贮存过久、包装材料等因素有关。

（二）霉　变

空气中的霉菌孢子感染药物，在适宜的温度、湿度条件下生成菌丝，形成霉变。蜜丸、水丸、散剂发霉后出现白色或其他颜色的霉点，并可改变药物应有的气味。糖浆、膏滋剂发霉后则出现白色絮状物。

（三）发　硬

蜜丸因长期贮存，失去水分而发硬。外用膏药也可因存期过久而干枯发硬，失去黏性，不能使用。

（四）粘　连

粘连是指因受热、受潮而致药物变形粘连在一起的变质现象。如胶剂、颗粒剂一经粘连则失去其原有形状，结块成饼，影响质量。

（五）发　酵

发酵是指内服膏剂或糖浆之类的中成药，因受热、受潮，在酵母菌作用下，膨胀酸败变质。

（六）返　砂

返砂是指内服膏剂出现析出糖的结晶现象。造成"返砂"的原因，除工艺操作时糖的转化不完全外，还有在贮藏中温度过高、水分蒸发等原因，从而影响药品质量。

（七）沉　淀

药酒、露剂、针剂等液体制剂，可由于灭菌操作不严、过滤不清或贮藏过久，使药物产生絮状沉淀而变质。

（八）变色、开裂

一般指各类片剂、丸剂等药品，由于受潮、受热、日光的影响或因贮存日久出现变色、开裂，影响质量。

二、引起中成药变质的影响因素

同中药饮片变质影响因素一样，中成药变质的影响因素也可分为内在因素和外在因素。在贮存过程中，外在影响因素主要有温度、湿度、空气、日光、微生物（霉菌）及害虫等，若不按规定条件贮藏，受这些因素影响，中成药会产生复杂的物理和生物化学变化而发生变质。中成药是一种固定处方制剂，一般都由多味中药组成，且中成药有多种剂型，因此中成药质量变异的内因不外乎组成中成药的原料药性以及制作方法、剂型、包装环境、包装质量好坏等，即使同样的原材料，制作方法或剂型不同，其变质程度也不尽相同。

任务二　中成药的保管与养护

一、中成药的贮藏方法

中成药合理的贮藏保管方法，是保障用药安全、有效的重要环节。中成药因剂型不同，贮藏保管方法也不同。

（一）散　剂

散剂的吸湿性与风化较显著，故须充分干燥，包装材料防潮性能要好。一般散剂用防潮、韧性大的纸或塑料薄膜包装折口或熔封后，再装入外层袋内进行封口。含有挥发性成分的散剂，应用玻璃管或玻璃瓶装，塞紧，沾蜡封口。对含糖、贵重及急救的散剂如紫雪散、安宫牛黄散等，宜密封在瓷质、玻璃、金属等容器内贮存，必要时还应置吸潮剂。贮存较大量散剂时，可酌加防腐剂，以防久贮变质发霉。另外有些散剂还须避热、避光，防鼠害、虫蛀。除另有规定外，散剂应密闭贮存，含挥发性药物或吸潮药物的散剂应密封贮存。

（二）丸　剂

中药丸剂分为蜜丸、水蜜丸、水丸、糊丸、蜡丸和浓缩丸等类型。蜜丸、水蜜丸含蜂蜜，受潮易霉变、黏结、虫蛀、蜜味减失；水丸、糊丸、浓缩丸易干枯失泽，受潮易霉变、虫蛀。因此，丸剂宜密封，置阴凉干燥处贮藏，防潮湿和微生物污染。

（三）片　剂

片剂因含药材粉末或浸膏量较多，因此当气温高时，片剂极易吸潮、松片、裂片以致粘连、霉变等，发现上述现象则不能再使用。温度过低，则药品易干裂，影响质量。片剂常用无色、棕色玻璃瓶或塑料瓶封口加盖密封，亦可用塑料袋包装密封，置于室内凉爽、通风、干燥处。除另有规定外，片剂均应密封贮存。

（四）颗粒剂

颗粒剂因含有浸膏及大量糖粉、淀粉等辅料，极易受潮结块、发霉。通常装入塑料袋，袋口热熔封严，置于室内阴凉干燥处，要遮光、防潮、防高温。

（五）胶囊剂

胶囊剂容易吸收水分，轻者可鼓胀，胶囊表面浑浊，严重时可霉变、粘连，甚至软化、破裂；遇热则易软化、粘连；但过于干燥，水分过少，则易脆裂，因此贮存温度不宜超过 30 ℃，故应置于室内阴凉干燥处。除另有规定外，胶囊剂均应密封贮存。

（六）糖浆剂

糖浆剂的常用辅料为蔗糖。蔗糖是一种营养物质，其水溶液很容易被霉菌、酵母菌等污染，使糖浆被分解而酸败、混浊。盛装容器一般为容积不超过 500 mL 的棕色细颈瓶，于灌装后密封，贮藏于室内阴凉干燥处，应避光、防潮、防热等。

（七）含乙醇的中药制剂、中药酊剂、药酒、流浸膏等制剂

这些制剂皆含乙醇（或白酒），具有良好的防腐作用，故贮藏过程中相对比较稳定。但由于乙醇易挥发，故应密闭存放。夏季应避热，冬季应防冻，置于室内阴凉干燥处贮藏保管。

（八）注射剂

中药注射剂目前多是提取药物的水溶性有效成分制成。一些高分子化合物，如鞣质、树脂、树胶、色素等，在贮藏过程中可因条件的变化，发生氧化、水解、聚合等反应，逐渐出现浑浊或沉淀，宜避光、避热、防冻保管。

（九）膏　药

多种膏药中含有挥发性药物，如冰片、樟脑、麝香等，如贮藏时间过久，这些药物的有效成分则易散失；如贮藏环境过热，膏药易渗过纸或布面；如贮藏环境过冷或吸湿性过大，膏药黏性会降低，贴时易脱落。故宜密闭贮藏，置于干燥阴凉处，防热、防潮、避风保管。

（十）栓　剂

栓剂是以可可豆油或甘油明胶等为基质而制成的，熔点较低，遇热容易软化变形。甘油明胶有很强的吸湿性，易吸湿而霉变；空气中湿度过低时，它又可析出水而干化。故在贮存中应以蜡纸、锡纸包裹，放于纸盒内或装于塑料或玻璃瓶中，注意不要挤压，以免互相接触发生粘连或变形。宜置于室内阴凉干燥处，最好贮存在 30 ℃以下。

（十一）合　剂

合剂成分复杂，久贮容易变质，故在制剂中应讲究清洁卫生，必要时加防腐剂，灌装后密封。应于防潮、遮光、凉爽处保存与养护。

（十二）茶　剂

茶剂制成后应先阴至半干，然后晒干或加热进行低温烘干，待充分干燥后放冷，每块以纸包或袋装，置木箱内贮存。茶剂为药材粗粉，包装又简易，极易吸潮霉蛀，挥发油成分又易散失。故茶剂必须贮于干燥通风处，严防受潮，最好不要久贮，约 1 年内为宜。

二、中成药的养护技术

中成药的养护要比中药饮片的养护简单些，因中成药包装都经过国家药品监督管理部门审核批准，符合规定要求，对药品本身已起到防护作用，能有效保障药品的质量。但结合中成药的不同剂型，下面介绍中成药养护的几点注意事项。

（一）遮　光

遮光是指用不透光或棕色的材料包装或遮盖。对日光照射后容易变质的中成药，要遮光保存。如存放在棕色瓶内，或用黑纸等不透光的材料遮盖。常见的糖浆剂常用深色瓶子盛装。

（二）密闭和密封

密闭是指将容器密闭，以防止尘土异物进入；密封是指将容器密封，以防止风化、吸潮、挥发或异物污染。密闭可防止昆虫、老鼠的侵入，密封可有效控制温、湿度。怕生虫、怕冻、怕热、怕潮、怕过分干燥的中成药，可存放于密室、箱、柜、缸等密闭或密封环境内。

（三）控制温度

将中成药置于密闭环境中，怕冻的给其加热保温，怕热的给其降温或放置冷处（2~10 ℃）。

（四）控制湿度

将中成药置于密闭或封闭的环境中，湿度太大时，可放入生石灰等吸湿剂吸湿；过分干燥时，可在密闭或封闭环境的底部洒水或用加湿器增加密闭或封闭环境中的水分含量，以加大湿度。

（五）单独保管

名贵、剧毒或其他特殊性质的中成药要专库、专柜、专人保管并定时养护，实行双人双锁管理。

模块五　项目三　练习题

1. 单项选择题

（1）中成药变质的内因不包含（　　）。
　　A. 原料药性　　　　　　　　　　B. 制作方法和剂型
　　C. 温、湿度　　　　　　　　　　D. 包装质量

（2）以下说法正确的是（　　）。
　　A. 蜜丸、水蜜丸有时会发生虫蛀，但水丸不会
　　B. 发酵是指内服膏剂或糖浆之类成药，因受热、受潮，在酵母菌作用下，膨胀酸败变质
　　C. 中成药是固定处方制剂，不会发生粘连
　　D. 返砂指内服膏剂出现析出油脂的现象

（3）中成药中不易霉变的剂型为（　　）。
　　A. 药酒　　　　　B. 片剂　　　　　C. 丸剂　　　　　D. 糖浆剂

（4）膏药剂型贮藏方法不正确的是（　　）。
　　A. 限定贮藏时间　　　　　　　　B. 避免环境过热
　　C. 避免环境潮湿　　　　　　　　D. 避免加入挥发性药物

（5）以下关于贮藏的术语解释有误的是（　　）。
　　A. 密闭：系指将容器密闭，以防止尘土及异物进入
　　B. 密封：系指将容器密封，以防止风化、吸潮、挥发或异物进入
　　C. 避光：系指用不透光的容器包装，例如棕色容器或黑色包装材料包裹的无色透明、半透明容器
　　D. 阴凉处：系指不超过 20 ℃

2. 多项选择题

中成药中易发生粘连、黏结的剂型有（　　）。
　　A. 散剂　　　　　B. 丸剂　　　　　C. 片剂　　　　　D. 胶囊剂

模块六　技能实训

实训一　戥秤的使用

【实训的目的】

（1）熟悉戥秤的基本构造、量程范围、戥星刻度等。

（2）掌握戥秤正确持握姿势、戥秤校准方法及其正确称量操作规范。

（3）能正确使用戥秤准确称取各味中药。

【实训任务】

（1）认识并熟悉戥秤。

（2）能正确使用戥秤准确称取中药材。

【实训工具与材料】

（1）实训工具：戥秤。

（2）实训材料：包装纸、蒲公英、黄芪、山药、茯苓、百合等。

【实训操作】

将学生进行分组，至少两人一组，组员间相互协作进行戥秤的结构认识、戥秤校对、药品称量等练习。

1. 熟悉戥秤的基本构造

（1）戥秤基本结构认识：每一位组员指认戥秤结构，戥杆、戥砣、戥纽（又名戥毫，分前毫与后毫）、戥盘。

（2）熟悉戥星刻度：给出不同重量并在戥星上找出相应位置。

2. 练习正确持握戥秤姿势

如图 6-1-1 所示，以左手虎口和食指、中指夹持住戥杆，无名指和小指稳住戥砣绳在戥杆刻度位置；右手拇指和食指捏住戥毫，手腕向上手心向前提起戥杆，戥盘放平悬空。

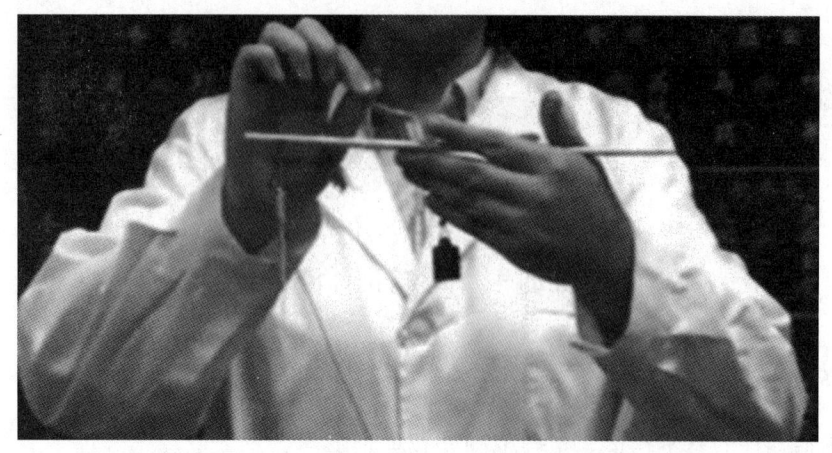

图 6-1-1 戥秤正确持握姿势

3. 戥秤的校对（简称校戥）

校戥主要是检查戥秤是否准确，每一次称量前都要对戥秤进行校对。将戥砣绳移动到定盘星位置，如上述正确持握戥秤并右手提戥毫至戥杆齐目（"齐眉对戥"），缓慢放开左手检查戥杆是否呈水平状态，呈水平状态则戥秤可进行下一步称量，若不呈水平状态则表示戥秤计量不准。

4. 药品的称取

准确称取蒲公英（30 g）、黄芪（15 g）、山药（12 g）、茯苓（9 g）、百合（6 g）等中药饮片，置于包装纸上，同组组员相互检查戥秤操作的规范性及剂量的准确性。

【实训报告】

（1）写出戥秤基本组成结构，并画出戥秤的简图，标示出各组成部分。
（2）根据戥秤操作规程填写本实验步骤及要点（表 6-1-1）。

表 6-1-1 戥秤操作步骤及操作要点

序号	操作步骤	操作要点
1	准备工作	
2	校戥	
3	称量	
4	收秤	

（3）实训成绩评定：对学生实训操作进行评分（表6-1-2）。

表6-1-2 戥秤使用技能评分表

序号	项目	评价要求	分值	得分
1	准备工作	1. 工作服、工作帽佩戴整齐、整洁无污物 2. 检查实训工具、材料是否齐全 3. 清洁戥盘，检查戥盘、戥纽号码相符性	10	
2	熟悉戥秤结构	1. 准确识别戥秤各组成部分 2. 准确识别戥秤称量范围、刻度	10	
3	正确持握戥秤	左右手按照操作规范持戥秤	20	
4	戥秤的校对	1. 正确放置戥砣绳校对位置 2. 校对时右手提起前纽 3. 校对时提起戥秤做到"齐眉对戥"	20	
5	称量	1. 根据称取剂量正确选择前后纽 2. 称量时左右手持戥、取药配合协调 3. 右手取药不撒药 4. 正确加减饮片直至戥秤平衡	20	
6	实训工作态度	1. 实训过程中认真严肃严谨，无喧哗 2. 实训前后保持工作台、工作环境整洁	20	
总分				
评语			教师签字	

实训二　审　方

【实训目的】

（1）掌握中药饮片处方审查要点。

（2）能掌握中药药名、配伍禁忌、妊娠禁忌、毒麻中药常用剂量。

（3）能正确识读中药饮片处方，掌握处理不合格或不合理处方的处理方法。

【实训任务】

审核中药饮片处方的各项要素，并正确处理不合格处方。

【实训工具与材料】

有缺陷的不合格中药饮片处方若干，审方结果记录表若干份。

【实训操作】

以实训小组为单位，审核10张处方，每个实训小组两人轮流扮演医生、患者角色，其余组员扮演审方药师，通过查找相关资料进行讨论，审核处方是否合格，分析原因，并采取相应措施，同时练习与医患的沟通技巧。然后模拟整个审方流程，每组派代表解说处方的审核结果，其他组进行修正或补充完善，教师进行点评。

【实训报告】

1. 审方填表

在规定时间内审核所给处方，并填写审方记录表，见表6-2-1。

表6-2-1 审方记录表

处方编号	不合格项目及理由	审核结论

2. 实训思考

（1）中药处方审查要点有哪些？

（2）不合格处方应如何处理？

3. 实训成绩评价

教师按审方技能考核评分表对学生实训操作进行评价，考核评分见表6-2-2。

表 6-2-2 审方技能考核评分表

项目	评分细则	分值	得分
处方格式规范审核	处方前记后记正文内容应齐全 医师应签名应规范 药名使用正确规范（别名、并开名、无错别字等）	5	
处方书写规范审核	需特殊处理的药物标注（脚注）应正确 处方应分列饮片名称、剂量 用法用量是否书写完善 包括每日剂量、剂型、每剂分几次服用、用药方法、服用要求等 罂粟壳需使用麻醉专用处方	10	
用药合理性审核	剂量选择是否合理 超剂量处是否有双签名 配伍禁忌、妊娠禁忌 重复用药 适应证不适宜，辨证与用药不符，或遴选药品不适宜的 熬药方式或给药途径不适宜的 特殊人群用量不适宜	65	
处方审核结论	□合格 □不合格 审核结论正确得全分，否则不得分	5	
不合格处方处理措施	方式正确（直接与医生联系，能准确告知医生处方审核存在的问题，能和患者良好沟通）	5	
职业素养	着装整齐洁净、仪容仪表好 言语得体、沟通技巧好	10	
教师评语		总分	

附:【审方实训处方参考】

处方 1

ID:		费别:		处方日期:
姓名: 王xx	性别:		年龄: 21	处方序号:
科别: 中医科门诊		病区		床号:
诊断:肝郁					
Rp				
白芍 15 g	当归 9 g	柴胡 9 g	茯苓 12 g	炒白术 12 g
甘草 3 g	薏苡仁 18 g	杏仁 6 g	白豆蔻 3 g	淡竹叶 12 g
滑石 18 g	厚朴 6 g	通草 3 g	乌药 6 g	
共 3 剂			每日1剂,水煎600 mL,分3次服		
金额:254				
医师杨xx	审核王xx	调配	复核李xx	发药

处方 2

ID:		费别:		处方日期:
姓名:	性别: 女		年龄:	处方序号:
科别: 中医科门诊		病区		床号:
诊断:				
Rp				
柴胡 12 g	黄芩 4 g	半夏 12 g	陈皮 9 g	茯苓 12 g
炙甘草 3 g	北沙参 15 g	郁金 9 g	龙骨 24 g	牡蛎 24 g
仙鹤草 24 g	白花蛇舌草 24 g	浙贝 4 g	麦芽 12 g	紫苏 9 g
共 5 剂			每日1剂,水煎600 mL,分3次服		
金额:156				
医师崔xx	审核王xx	调配吴xx	复核王xx	发药李xx

处方 3

ID：		费别：		处方日期：	
姓名：	张xx	性别：女	年龄：42	处方序号：	
科别：	中医科门诊		病区：	床号：	
诊断：肺结节					
Rp					
浙贝母 4 g	瓜蒌皮 15 g	半夏 12 g	仙鹤草 24 g	白花蛇舌草 30 g	
陈皮 9 g	茯苓 12 g	甘草 3 g	陈皮 9 g	竹茹 12 g	
薏苡仁 24 g	牡蛎 18 g	海藻 12 g	砂仁 3 g		
共 56 剂			每日 1 剂，水煎 600 mL，分 3 次服		
金额：1201					
医师张xx	审核	调配杨xx	复核王xx	发药王xx	

处方 4

ID：		费别：		处方日期：	
姓名：	金xx	性别：男	年龄：54	处方序号：	
科别：	中医科门诊		病区：	床号：	
诊断：消渴					
Rp					
黄芪 25 g	黄精 18 g	党参 12 g	山药 30 g	当归 9 g	
炒白术 12 g	炙甘草 4 g	芡实 18 g	茯苓 12 g	龙眼肉 12 g	
菟丝子 15 g	陈皮 3 g	补骨脂 12 g	牛膝 120 g	木瓜 12 g	
共 3 剂			每日 1 剂，水煎 600 mL，分 3 次服		
金额：78					
医师	审核杨xx	调配	复核王xx	发药王xx	

处方 5

ID：		费别：		处方日期：
姓名： 王xx	性别：女		年龄： 78	处方序号：
科别： 中医科门诊			病区：	床号：
诊断：				
Rp				
淫羊藿 18 g	菟丝子 15 g	丹参 15 g	熟地 18 g	山茱萸 12 g
山药 18 g	附片 30 g	牡丹皮 9 g	益智仁 9 g	茯苓 12 g
乌药 6 g	桑螵蛸 6 g	半夏 12 g		
共　14　剂			每日1剂，水煎600 mL，分3次服	
金额：302				
医师	审核王xx	调配杨xx	复核陈xx	发药陈xx

处方 6

ID：		费别：		处方日期：
姓名： 王xx	性别： 男		年龄：	处方序号：
科别： 中医科门诊			病区：	床号：
诊断：转方				
Rp				
丹参 12 g	百合 30 g	酸枣仁 12 g	延胡索 9 g	柴胡 9 g
半夏 12 g	黄芩 3 g	丹参 12 g	大枣 15 g	淫羊藿 24 g
远志 9 g	磁铁石 18 g			
共　10　剂			每日1剂，水煎600 mL，分3次服	
金额：251.2				
医师王xx	审核张xx	调配杨xx	复核	发药陈xx

处方 7

ID:		费别:		处方日期:	
姓名: 范xx		性别: 女		年龄: 21	处方序号:
科别: 中医科门诊			病区:	床号:	
诊断: 心悸					
Rp					
仙鹤草 24 g	浙贝母 4 g		半夏 14 g	厚朴 9 g	百合 18 g g
人参 9 g	远志 9 g		细辛 2 g	黄精 18 g	炙甘草 6 g
藜芦 9 g	酸枣仁 24 g				
共 92 剂				每日 1 剂,水煎 600 mL,分 3 次服	
金额: 2135.2					
医师陈xx	审核王xx		调配	复核陈xx	发药陈xx

处方 8

ID:		费别:		处方日期:	
姓名: 邓x		性别: 女		年龄: 27	处方序号:
科别: 中医科门诊			病区:	床号:	
诊断: 胃病					
Rp					
旋复花 9 g	紫苏 9 g		高良姜 5 g	香附 6 g	益智仁 5 g
连翘 9 g	半夏 12 g		黄连 5 g	干姜 4 g	山药 18 g
补骨脂 12 g	砂仁 3 g		瓦楞子 18 g		
共 6 剂				每日 1 剂,水煎 600 mL,分 3 次服	
金额:					
医师陈xx	审核吴xx		调配王xx	复核刘xx	发药刘xx

处方 9

ID：		费别：		处方日期：
姓名：向 x		性别：女	年龄：30	处方序号：
科别：中医科门诊		病区：		床号：
诊断：				
Rp				
龙牡 24 g	枸杞 15 g	菟丝子 15 g	荆芥 4 g	艾叶 4 g
丹参 12 g	党参 12 g	黄芪 15 g	当归 9 g	炒白术 12 g
炙甘草 4 g	茯苓 12 g	淫羊藿 24		
共 14 剂			每日 1 剂，水煎 600 mL，分 3 次服	
金额：297				
医师许 x	审核王 x	调配王 x	复核刘 x	发药刘 x

处方 10

ID：		费别：		处方日期：
姓名：田 x		性别：女	年龄：54	处方序号：
科别：中医科门诊		病区：		床号：
诊断：痰				
Rp				
地龙 9 g	全虫 3 g	红花 9 g	桃仁 9 g	附片 3 g
川芎 9 g	僵蚕 9 g	丹参 12 g	蜈蚣 10 条	伸筋草 12 g
路路通 12 g				
共 6 剂			每日 1 剂，水煎 600 mL，分 3 次服	
金额：126				
医师王 x	审核陈 x	调配陈 x	复核陈 x	发药陈 x

实训三 计 价

【实训目的】

（1）学会处方划价的方法。

（2）能用计算器准确计算处方总价。

【实训任务】

参照中药饮片价格参考表，准确计算下列 10 张处方的价格。

【实训工具与材料】

1. 工 具

计算器。

2. 材 料

处方及价目表。

【实训操作】

两位同学一组，参考中药饮片零售价格表（见表 6-3-1）中的中药价格、计价用处方表（见表 6-3-2）中的处方内容与剂数，每人计算 10 张处方，得数对比，不一致的重新核算，直至答案统一，将每方的单价和总价填入处方价格记录表（见表 6-3-3）。

表 6-3-1 中药饮片零售价格表

序号	药品名称	价格（元/10g）	序号	药品名称	价格（元/10g）	序号	药品名称	价格（元/10g）
1	白芍	0.9	27	黄芩	0.4	53	山楂	0.4
2	板蓝根	0.6	28	鸡内金	0.3	54	山萸肉（自）	1.6
3	薄荷	0.6	29	鸡血藤	1.5	55	射干	1.0
4	苍术	0.3	30	姜半夏	1.3	56	南沙参	0.8
5	北柴胡	0.5	31	金银花（贵）	1.4	57	升麻	0.2
6	陈皮	1.9	32	黄柏	1.9	58	生地黄	0.3
7	赤芍	0.3	33	黄连	0.9	59	石膏	0.5
8	川楝子	0.8	34	桔梗	12.2	60	干石斛	0.3
9	川芎	0.5	35	菊花	0.4	61	酒大黄	0.4
10	川牛膝	0.8	36	化橘红	0.6	62	熟地黄	0.4

续表

序号	药品名称	价格（元/10g）	序号	药品名称	价格（元/10g）	序号	药品名称	价格（元/10g）
11	大黄	0.6	37	苦杏仁	0.8	63	酸枣仁	0.9
12	丹参	0.8	38	连翘	0.8	64	炒栀子	0.8
13	当归	0.9	39	莲子	1.5	65	煇桃仁	0.8
14	党参	1.0	40	龙骨	0.3	66	天冬	0.7
15	牛蒡子	0.3	41	麦冬	0.7	67	天花粉	0.5
16	防风	2.8	42	蔓荆子	0.3	68	瓦楞子	0.7
17	防己	1.3	43	没药（自）	1.3	69	乌梅	0.6
18	佛手	0.7	44	牡丹皮	0.5	70	五味子	1.6
19	茯苓	0.6	45	牡蛎	0.5	71	香附	0.5
20	甘草	0.7	46	木瓜	0.5	72	玄参	0.3
21	枸杞子（自）	1.0	47	牛膝	0.5	73	延胡索	0.6
22	瓜蒌子	0.6	48	乳香（自）	1.3	74	野菊花	0.9
23	何首乌	0.7	49	三棱	0.4	75	郁金	0.3
24	红花	1.5	50	北沙参	0.8	76	知母	0.9
25	红参（贵）	2.0	51	砂仁	1.9	77	枳壳	0.4
26	黄芪	1.2	52	山药	0.9	78	枳实	0.3

表 6-3-2　计价用处方表

序号	处方内容	剂数
处方 1	北柴胡 12g，黄芩 9g，党参 12g，姜半夏 9g，枳壳 10g，甘草 9g，枸杞子 10g	5
处方 2	黄芩 9g，黄连 3g，黄柏 3g，大黄 3g，栀子 6g，双花 6g，连翘 6g	14
处方 3	生地黄 30g，香附 10g，沙参 10g，二冬（各）10g，牡丹皮 10g，白芍 15g，枸杞子 9g	7
处方 4	红花 6g，当归 10g，生地 10g，二冬（各）10g，枳实 9g，木瓜 15，化红 10g，川军 3g，乳没（各）20g	3
处方 5	党参 10g，茯苓 10g，红参 10g，枣仁 6g，龙牡（各）18g，沙参 10g，甘草 6g	5

续表

序号	处方内容	剂数
处方 6	柴胡 12g, 陈皮 9g, 香附 6g, 薄荷 9g, 赤芍 12g, 甘草 4g	3
处方 7	桃红 24g, 秦归 9g, 生地黄 12g, 赤芍 12g, 牛膝 12g, 枳壳 6g, 柴胡 5g, 桔梗 6g, 枳实 6g, 甘草 3g	14
处方 8	石膏 30g, 桔梗 15g, 牡丹皮 12g, 二花 6g, 野菊花 15g, 薄荷 6g, 大力子 15g, 山楂 10g, 蔓荆子 10g, 枯芩 3g	7
处方 9	杭菊 9g, 莲子 15g, 板蓝根 10g, 瓦楞子 20g, 石斛 12g, 白芍 9g, 天花粉 9g, 薄荷 10g, 延胡索 20g, 川牛膝 12g	3
处方 10	枳壳 15g, 砂仁 3g, 郁金 10g, 三棱 10g, 佛手 9g, 鸡血藤 15g, 升麻 3g, 泡参 9g, 龙骨 30g	7

【实训报告】

1. 记录实训结果

根据计算结果填写处方价格记录表（见表 6-3-3）。

表 6-3-3 处方价格记录表

处方号										
单价										
总价										

2. 实训成绩评价

教师按计价实训成绩评价表评价学生实训成绩，填入表 6-3-4。

表 6-3-4 计价实训成绩评价表

考核内容	技能要求	分值	得分
计算方法	每味药价等于药剂量乘以单价 （注：每味药价尾数不得进位或舍去）	10	
	每剂药价等于各味药价之和 （注：每剂药价尾数按四舍五入到分）	10	
	处方药价等于每剂药价乘以剂数	10	
	并开药名中的单味药按总量的平均值计算	10	

续表

考核内容	技能要求	分值	得分
常规要求	自费药价单列	10	
	贵重药药价应在其药名的顶部注明	10	
	原方复配时应重新计价，不得随原价	10	
	计价时使用蓝色或黑色钢笔、圆珠笔	10	
	将单价、总价填写在处方相应的位置	10	
准确度	计价准确无误	10	
总分		100	

实训四　处方调配

【实训目的】

（1）掌握处方调配流程。
（2）掌握分剂量手法与原则。
（3）掌握处方调配顺序与饮片排放方法。
（4）掌握特殊处理药物品种。
（5）掌握复核方法，并能正确封口。
（6）熟悉中药药味码放、能正确选择包装纸（袋）。

【实训任务】

1. 包装的选择与码放

能根据药量的多少、体积的大小选择包装纸或中药袋，并掌握药味码放方法。

2. 处方调配顺序和饮片排放顺序

能按正确的顺序调配处方，并说明药物的排放原则。

3. 饮片生、制（炙）和并写应付

熟悉生、制（炙）饮片的应付；掌握并开药物及其应付方法。

4. 分剂量方法

掌握等量递减法。

5. 特殊用法药物处理

掌握特殊用法药物品种,并在包装上注明用法。

6. 复核与封口

掌握复核方法,并能正确封口。

【实训工具与材料】

1. 工　具

戥秤、冲筒。

2. 材　料

处方一张,饮片若干,不同规格包装纸、中药袋若干。

【实训操作】

两位同学组成一个实训小组,相互协作进行处方审核、药味码放、药物的称量、分戥、特殊用法和并开药物判读应付,包装封口等实训任务的练习。

1. 处方内容审核

① 判读处方中包括的特殊用法、药名、并开药名;② 相互提问处方药物应付,明确生、制(炙)品种。互相指认,说出应选用包装纸(袋)的大小。

2. 药品码放

各药味码放是否规范。

3. 处方调配

每人分别按照处方调配,相互检查操作的规范性、剂量的准确度和调配速度、调配是否按顺序、分戥是否遵循"等量递减法"。

【处方一】枸杞 15 g 杜仲 6 g 白芍 15 g 当归 10 g 柴胡 6 g 炙甘草 4 g 牛膝 10 g 麸炒白术 12 g 艾叶 6 g 丹参 6 g 仙灵脾 18 g 干姜 3 g

【处方二】法夏 10 g 厚朴 10 g 川军 3 g 枯芩 3 g 茯苓 12 g 仙鹤草 18 g 白花蛇舌草 24 g 大枣 12 g 藿香 9 g 苏叶 9 g

【处方三】藁本 10 g 蔓荆子 10 g 牛膝 6 g 酒川芎 6 g 生二芽 24 g 苏梗 12 g 白芍 15 g 柴胡 6 g 细辛 3 g

【处方四】桂枝 9 g 白芍 9 g 干姜 9 g 甘草 6 g 大枣 12 g 龙牡 24 g 柴胡 6 g

【处方五】人参 9 g 麸炒白术 12 g 炙甘草 4 g 茯苓 12 g 陈皮 3 g 法夏 12 g 砂仁 3 g 木香 5 g

【实训报告】

1. 简述题

写出处方调配的流程及调配中应遵循的原则和注意事项。

2. 填写调配规范操作步骤表（表 6-4-1）

表 6-4-1 调配规范操作步骤表

步骤	操作要点
准备工作	
审方	
校戥、称量、分剂	
特殊用法药物和并开药名调配	

3. 实训成绩评价

教师按处方调配实训成绩评价表评价学生实训成绩，填入表6-4-2。

表 6-4-2　处方调配实训成绩评价表

项目	评价标准	分值	得分
准备工作（12分）	着装（束紧袖口）衣服清洁，双手清洁，不留长指甲	2	
	调剂前清场：检查戥秤、冲筒是否干净，调剂台面整理等	2	
	包装纸（中药袋）大小选择，审慎、包装纸（药盘）整齐放置 查戥：是否干净，戥线不绕，戥盘水平	6	
	校戥：举戥齐眉，面向顾客，左手不接触	2	
调配（88分）	审方全面无误	6	
	处方应付、药品选择正确无误	4	
	拉斗：适度，动作熟练 抓药：戥斗靠近，手心向上取药，反手入戥，不撒药。正确称量 推斗：称量后随手推斗，不撒药 持戥：左手持戥，手心向上	8	
	正确分戥	4	
	面向顾客展示称量无误	4	
	临时捣碎药品正确	6	
	捣药动作规范，匀而快，动作熟练	4	
	按处方顺序取药，药味按顺序摆放，间隔平放	6	
	正确处理需特殊煎煮的药材	6	
	调配后自查	4	
	签字	4	
	双人复核	6	
	包装	6	
	单味剂量准确	10	
	全方剂量准确	10	
	总分	100	

实训五 发 药

【实训目的】

（1）掌握发药常规流程。
（2）熟悉中药煎煮方法、用药禁忌、服用方法等，并能给患者做好发药交代工作。
（3）掌握与患者沟通交流的技巧。

【实训任务】

按照处方将调配好的药品发出。

【实训工具与材料】

1. 实训工具

叫号机。

2. 实训材料

调配好的桂枝芍药知母汤药包及处方。

【实训操作】

将学生进行分组，每三个人一组，一人扮演发药人、另一人扮演患者、第三人对整个训练过程进行检查评价。每组组员间互换角色进行发药练习，并相互评价给出成绩以作参考。

1. 准备工作

检查实训工具、实训材料、服装等到位情况。

实训处方：桂枝 12 g、芍药 9 g、甘草 6 g、麻黄 12 g、生姜 15 g、白术 15 g、知母 12 g、防风 12 g、附子 10 g（炮）。

2. 发药前的核对工作

叫号前发药人要核查处方，做到"四查十对"。核对是否存在用药不合适的情况，核对药品品类、剂数等与处方的一致性，检查附子是否单独包装、包装是否完整无破损及污物等。

3. 叫 号

核对患者取药凭证，确认患者就诊科别、医师、药品等凭证信息与处方一致。

4. 发药及发药交代

发药：将包装好的药品与取药人一起逐一核对后交给取药人。核对内容包括药品剂数、单包药、附带药等是否齐全。

发药交代：注意语言技巧，交代内容简单易懂。交代取药人一日一剂，一剂每日三服，餐前温热服用。煎煮时先将附子煎煮 40 min 后，再加入其他药物共同煎煮 20 min 后即可。煎煮好的汤药不宜长时存放，请按时按量及时服用。

确认取药人对交代事宜的认知，如对取药人说："我说清楚了吗？是否需要作标记？"等。最后，待取药人确认后对取药人说："您的药发齐了"。

5. 结束签字

发药人发药结束并确认签字。

6. 清　场

【实训报告】

1. 填写发药流程表（表 6-5-1）

根据实训要求填写发药流程表中实训各步骤及操作要点。

表 6-5-1　发药流程表

序号	操作步骤	操作要点
1	发药前审查核对	
2	叫号	
3	发药	
4	发药交代	
5	签字	
6	结束清场	

2. 填写实训过程评分表（表 6-5-2）

学生实训成绩由学生之间的互评及教师评价两部分组成，其中学生评分占比为 40%，教师评分占比为 60%。通过互评，学生对发药过程注意事项更加清晰，有利于学生对发药流程及其注意事项的掌握。

表 6-5-2　发药实训过程评分表

序号	项目	评价要求	分值	学生评分	教师评分
1	准备工作	1.工作服、工作帽佩戴整齐、整洁无污物 2.检查实训工具、材料是否齐全 3.手指甲是否修理、整洁	10		
2	发药前审核检查	1.审查处方 2.核对药品,查看剂数单包药附子与处方是否相符 3.查验药品包装是否完好无损	10		
3	叫号	核对科室、医师、药品等信息与处方是否一致	20		
4	发药	1.与取药人一起逐一核对药品剂数、单包药附子等 2.态度和蔼、亲切自然	20		
5	发药交代	1.交代取药人先煎煮附子 40 min,后加入其他药物再共同煎煮 20 min 即可 2.一日一剂,一日三服,餐前温热服用 3.对取药人进行发药交代后的确认 4.规范用语,注意语言技巧,交代内容简单易懂	20		
6	签字结束	发药人在处方"符合发药"处签字,字迹清楚	10		
7	现场清理	发药结束后整理现场,整洁有序	10		
		占比		40%	60%
		总分			
评语			签字		

3. 总结思考

通过实训分组讨论:在发药过程中容易出现哪些问题?导致发错药的原因有哪些?发错药需要做什么后续工作?现实中患者可能会问哪些问题?发药人应该怎么回答并应该做哪些相关知识的深入学习?

4. 发药差错登记表

发药人一定要有很强的责任心,注意力要高度集中,养成良好的工作习惯,避免发生错误。一旦发生发错药的情况,要及时向科室负责人报告,做好补救措施,减小发错药造成的不良后果,同时做好发药差错登记(表 6-5-3)。

表 6-5-3 发药差错登记表

登记时间	患者姓名	性别	年龄	就诊科室	门诊号	责任人
差错发生时间		发药差错情况说明				
差错发现时间						
药品是否追回						
科室处理意见						
事故分析及整改措施						
记录员						

实训六 煎 药

【实训的目的】

（1）掌握汤剂制备特殊处理要求及方法。
（2）掌握煎药操作规定规范。
（3）熟悉汤剂制备质量要求。
（4）了解煎药室工作制度。

【实训任务】

用传统煎煮法制备桂枝芍药知母汤。

【实训工具与材料】

（1）实训工具：不锈钢锅、搪瓷锅、砂锅等，可调控电炉。
（2）实训材料：调配好的桂枝芍药知母汤药包及处方。

【实训操作】

（1）分组：2~5人为一组，对实训内容及操作流程进行交流，分工协作，达成共识，按照实训操作要求完成汤剂制备及现场清理工作。

（2）打开调配好的桂枝芍药知母汤药包，判断是否有需要特殊处理的药物。

（3）取出附子，用水煎煮 40 min 备用。

（4）将其他药物用冷水浸泡 30 min 左右，取水量控制在超过药物表面 2~4 cm。

（5）第一次煎煮：浸泡药物与备用附子混合后装入不锈钢锅中，开火，武火煮至沸腾时开始计时，文火煎煮 20 min 后关火，趁热滤取药液。

（6）第二次煎煮：加冷水入药渣中，超过药渣面 1~2 cm，武火煎煮至沸腾时开始计时，文火煎煮 15-20 min 后关火，趁热滤取药液。

（7）将两次煎煮的药液混合均匀。

（8）做好煎药记录。

（9）清场。

【实训报告】

根据实训要求填写煎药操作流程表（表 6-6-1），完成实训各步骤及操作要点的填写。

表 6-6-1　煎药操作流程表

序号	操作步骤	操作要点
1	准备工作	
2	判断是否有特殊药物处理	
3	浸泡	
4	第一次煎煮	
5	第二次煎煮	
6	混合	
7	结束清场	

【实训报告】

实训教师根据下列煎药实训评价表评分细则（表 6-6-2）对学生煎药实训过程进行评价。

表 6-6-2　煎药实训过程评分表

序号	项目	评价要求	分值	教师评分
1	煎药前准备工作	1.工作服、工作帽佩戴整齐、整洁无污物 2.检查实训工具、材料是否齐全 3.手指甲是否修理、整洁	10	
2	汤剂制备操作规范	1.能正确判断需要特殊处理的药物 2.能对需要特殊的药物进行正确规范的处理 3.能正确规范进行药物浸泡 4.正确把握浸泡用水量和第二次煎煮用水量 5.能正确把握用火火候，正确把握武火、文火的转换及煎煮时间的控制 6.总药液量能控制在正确范围内	60	
3	煎煮药液质量评价	1.气味：无焦糊味或霉烂异味 2.颜色：药液澄明，黄棕或黑棕色 3.不溶物：有少量沉淀，振后能分散开，无异物 4.药渣：无硬心，煎煮充分透彻	20	
4	现场清理	煎药结束后整理现场，整洁有序	10	
		总分		
评语			签字	

实训七　中成药分类码放

【实训目的】

（1）掌握中成药的陈列原则。
（2）熟悉各种中成药分类、陈列的方法。
（3）熟悉中成药的在库检查，正确填表。
（4）了解中成药的常用分类方法和种类。

【实训任务】

参观学校模拟药房。
（1）通过观察药品，将中成药合理分类摆放。
（2）对在库药品盘点检查，补充新药。
（3）填表，记录相关数据、信息。

【实训工具与材料】

模拟中成药房、中成药货架及柜台各10组、中成药包装盒多个、标签等。

【实训操作】

（1）每2人为1组，负责20种中成药分类码放。要求在20 min之内将20种中成药按照功效类别的不同进行整理分类、整齐陈列和摆放。要求动作迅速、表情自信、表现大方，不得有归类错误情况出现。

（2）每2人为1组，按照内科用药、外科用药、骨伤科用药、皮肤科用药、五官科用药、妇科用药、儿科用药的标识牌陈列中成药。陈列开始时即计时，结束时学生须向老师报告，老师准确记录此过程学生的用时。

（3）完成在库中成药的盘点检查，及时补充新药。

（4）练习药品分类、上架的正确操作，并做好相关记录。

【实训报告】

1. 填写实训记录表

学生根据实训内容填写以下工作记录表。分类记录见常见中成药分类表（上，表6-7-1）和常见中成药分类表（下，表6-7-2），中成药在库检查记录见中成药盘点记录表（表6-7-3）。

表6-7-1 常见中成药分类表（上）

中成药名称	活血剂	解表剂	清热剂	理气剂	补益剂	温里剂	消食剂
维C银翘片							
山楂丸							
健胃消食片							
十全大补丸							
金银花露							
小建中合剂							
逍遥丸							
丹参片							
黄连上清丸							
藿香正气丸							

（注：在对应的表格内打"√"，将上述药品分类后整齐码放在货架上）

表 6-7-2 常见中成药分类表（下）

分类	常见中成药药名					
内科用药						
外科用药						
骨伤科用药						
皮肤科用药						
五官科用药						
妇科用药						
儿科用药						

（注：在对应的表格内填上药名，将上述药品分类后整齐码放在货架上）

表 6-7-3 中成药盘点记录表

日期	品名	规格	生产企业	批准文号	批号	有效期	在库数量	质量	检查人	备注

2. 实训成绩评价

教师按学生实训操作表现填写中成药分类码放实训考核表（表6-7-4）。

表 6-7-4 中成药分类码放实训考核表

实训项目	评分标准	分值	得分
职业形象	统一着工作服，戴工作帽，干净整洁	10	
分类	10分钟内完成，错1个扣2分	20	
上架	10分钟内完成，延误1分钟扣2分	20	
陈列	整齐、正确、美观	10	
在库盘点	发现问题，及时反映	10	
填写记录	正确	20	
清场	检查20种药，是否都上架，对工作区清场	10	
合计		100	

实训八　中成药调剂

【实训目的】

（1）读懂中成药包装、标签及说明书的有关内容。
（2）学会中成药销售技巧并能解决问病售药中常见问题。
（3）掌握中成药调剂正确的操作规程。
（4）熟悉规定的120种中成药的功效类别。
（5）养成认真负责、一丝不苟的工作作风。

【实训任务】

（1）阅读中成药包装、标签及说明书的内容。
（2）练习中成药调剂正确的操作规程。
（3）问病售药，准确调剂中成药处方。

【实训工具与材料】

1. 工　具

模拟药房、中成药柜、中药药架。

2. 材　料

50种中成药、10张"问病荐药题目卷"。

附：　中成药品种目录（120种）

1. 内科用药（81种）

① 胸痹用药：复方丹参滴丸（片）、麝香保心丸、速效救心丸、地奥心血康胶囊。
② 感冒用药：双黄连颗粒（口服液）、银翘解毒片、川芎茶调丸、午时茶颗粒、感冒清热颗粒、板蓝根颗粒、玉屏风颗粒、九味羌活丸、参苏丸、小柴胡颗粒。
③ 咳嗽用药：通宣理肺丸、苏子降气丸、川贝枇杷糖浆、急支糖浆、百合固金丸、养阴清肺膏、桂龙咳喘宁胶囊、小青龙合剂。
④ 暑病用药：十滴水软胶囊、仁丹、六合定中丸、藿香正气水（口服液）、保济丸。
⑤ 胃痞胃痛用药：越鞠丸、香砂养胃丸、三九胃泰（胶囊）、桂附理中丸、小建中合剂、温胃舒颗粒、养胃舒颗粒、元胡止痛片、良附丸。
⑥ 伤食用药：大山楂丸、保和丸、健胃消食片。
⑦ 便秘用药：当归龙荟丸、麻仁润肠丸。
⑧ 实火证用药：清火栀麦片、牛黄解毒片、黄连上清丸、龙胆泻肝丸、三黄片、一清颗粒、清开灵口服液。
⑨ 腹泻用药：葛根芩连片、复方黄连素片、香连丸、四神丸。

⑩ 不寐用药：天王补心丸、刺五加片、柏子养心丸、养血安神片（丸）、安神补脑液。

⑪ 虚证用药：四君子丸、四物合剂、十全大补丸、八珍丸、归脾丸、大补阴丸、六味地黄丸、知柏地黄丸、生脉饮、左归丸、肾宝合剂、桂附地黄丸、人参健脾丸、参苓白术丸、补中益气丸、阿胶补血颗粒。

⑫ 痹证用药：独活寄生丸、小活络丸、天麻丸、风湿跌打药酒、国公酒。

⑬ 淋证用药：三金片、八正合剂、分清五淋丸。

2. 外科用药（5种）

如意金黄散、梅花点舌丸、紫草膏、小金丸、地榆槐角丸。

3. 骨伤科用药（5种）

云南白药、正骨水、伤湿止痛膏、跌打丸、颈复康颗粒。

4. 皮肤科用药（2种）

当归苦参丸、防风通圣丸。

5. 五官科用药（9种）

千柏鼻炎片（胶囊）、鼻窦炎口服液、复方草珊瑚含片、桂林西瓜霜、健民咽喉片、明目地黄丸、明目上清丸、杞菊地黄丸、马应龙八宝眼膏。

6. 妇科用药（11种）

① 月经不调、痛经用药：加味逍遥丸、逍遥丸、妇科十味片、八珍益母丸、乌鸡白凤丸、益母草膏（口服液）、固经丸、艾附暖宫丸、加味生化颗粒。

② 带下病用药：千金止带丸、妇科千金片。

7. 儿科用药（7种）

小儿感冒颗粒、小儿热速清口服液、小儿清热止咳口服液、小儿化食丸、小儿腹泻宁糖浆、儿康宁糖浆、龙牡壮骨颗粒。

说明：问病荐药技能将涉及以上120个成药品种，品种大部分源于《中药调剂员国家职业资格培训教程》中高级工要求掌握的中成药品种，少部分源于2020年版《中华人民共和国药典》。

【实训操作】

（1）每人发1种中成药药品，仔细阅读药品包装、标签及说明书的内容。

（2）每组讨论感冒类中成药的使用，学习感冒类中成药的功效知识。

（3）每组抽取1张"问病荐药试卷"交给老师，老师根据试卷中显示的病证和症状，假扮患者，与各组的1名队员以问答的方式陈述症状。老师不能说出病证，只能在回答选手提问中描述症状（不超过2分钟）。选手与老师问答完毕后，每组可集体商讨（不超过2分钟），最后各组只派一名代表作答。代表须回答三点：第一，老师假扮的患者是什么病证；第二，根据病证推荐2种常见的中成药；第三，应嘱咐患者哪些注意事项。回答时间不超过5分钟。

教师可简要记录学生的答题内容,并给出相应分数。

【实训报告】

1. 工作记录

学生根据实训内容填写常见感冒类中成药分类表(表6-8-1)。

表6-8-1 常见感冒类中成药分类表

感冒药分类	药名一	药名二	药名三	药名四	药名五	药名六	药名七
风寒感冒							
风热感冒							
暑湿感冒							

(注:在对应的表格内列举不少于五种中成药)

2. 实训作业

(1)完成中成药按药理分类的调研(任选两大类并各举三种药物,学习药物的服用方法、储存、包装)。

(2)描述感冒类中成药的常见药品和适用的临床表现。

(3)各组讨论中成药调剂常规有哪些?

3. 实训评价

教师按学生实训操作表现填写问病荐药实训考核表(表6-8-2)。

表6-8-2 问病荐药实训考核表

实训项目	评分标准	分值	得分
职业形象	统一着工作服,戴工作帽,干净整洁	10	
角色扮演	逼真	20	
诊断病证	正确	20	
推荐成药	正确	20	
注意事项	正确	20	
完成时间	超时扣分	10	
合计		100	

实训九 中药储存与养护

【实训目的】

（1）掌握中药饮片与中成药的储存与养护内容。

（2）学会填写中药饮片与中成药的养护检查记录表。

【实训任务】

（1）分组对药斗内和货架上的中药饮片进行储存与养护检查，并填写检查记录表。

（2）分组对中成药柜内的中成药进行贮存与养护检查，并填写检查记录表。

【实训工具与材料】

1. 工 具

模拟药斗、饮片架、成药柜、戥秤。

2. 材 料

（1）中药饮片：当归、党参、薏苡仁、桑椹、天冬、枸杞、黄精、麦冬、山萸肉、紫菀、乌梢蛇、郁李仁、杏仁、五味子、枣仁、泽泻、川芎、红花、蜜冬花、蜜百部、炙甘草、柏子仁、大黄、炙甘草、山药、柏子仁、薄荷、金银花、菊花、厚朴、肉桂、檀香、苍术、土鳖虫、蜈蚣、芒硝、冰片、龟板胶。

（2）中成药：六味地黄丸（蜜丸，每丸重9 g）、补中益气丸（水丸，每袋装6 g）、桂附地黄丸（浓缩丸，每瓶200丸）、小儿复方鸡内金散（2 g×12袋）、通窍鼻炎颗粒（2 g×15袋）、清眩片（0.55 g×40片）、三黄片（薄膜衣，48片/盒）、小柴胡泡腾片（每片重2.5 g）、脉血康肠溶片（每片重0.35 g）、拨云锭（锭剂，每锭重0.17 g）、复方枇杷叶膏（煎膏剂，每瓶装150 g）、阿胶（胶剂，每盒装250 g）、咳速停糖浆（糖浆剂，每瓶装100 mL）、罗浮山风湿膏药（黑膏药）、蒲地蓝消炎口服液（口服溶液剂，每支装10 mL）、复方丹参滴丸（滴丸剂，每粒重27 mg）、金水宝胶囊（胶囊剂，每粒装0.33 g）、都梁软胶囊（软胶囊，每粒装0.54 g）、精制五加皮酒（酒剂，每瓶装330 mL）、复方卡力孜然酊（酊剂，每瓶装50 mL）、麝香止痛贴膏（橡胶膏）、苦参凝胶（凝胶剂，每支 5 g）、云南白药痔疮膏（软膏剂，每支装1.5 g）、川贝止咳露（露剂，每瓶120 mL）、源吉林甘和茶（茶剂，每盒6.8 g）、痰热清注射液（注射液，每支装10 mL）、生发搽剂（搽剂，每瓶装20 mL）、雪山金罗汉止痛涂膜剂（涂膜剂，每瓶装20 mL）、百草妇炎清栓（栓剂，每粒重4 g）、开喉剑喷雾剂（喷雾剂，每瓶装20 mL）、熊胆黄芩滴眼液（眼用制剂，每支装10 mL）。

【实训操作】

（1）以小组为单位，随机检查模拟库房中饮片架上10种饮片，对饮片的规格、数量、质量及贮存状况进行检查，针对存在的问题选择适当的养护方法进行养护，并按中药饮片养护检查记录表的项目进行记录。

（2）以小组为单位，随机检查模拟中成药库中的 10 种中成药，对中成药的剂型、数量、质量及贮存状况进行检查，分析存在的问题，选择适当的养护方法进行养护，并按中成药养护检查记录表的项目进行记录。

实训十　中药调剂技能比赛

【实训目的】

通过比赛提高学生的中药调剂技能水平。

【实训任务】

（1）审方笔答。

（2）处方调配操作。

【实训工具与材料】

1. 工　具

戥秤、门票、小包装纸、布袋、捆扎绳、纱布。

2. 材　料

中药饮片 12 种、处方。

【实训操作】

1. 审方笔答

全班同学一起进行审方笔答，审查 2 个不合格处方，按要求在答题纸上写出答案，用时 10 分钟，见表 6-10-1。

表 6-10-1　审方答题纸

处方号	处方正文	回答问题
1	金银花 10 g，细辛 6 g，荆防 20 g，三棱 9 g， 白附片 6 g，清半夏 10 g，牙硝 10 g，象贝 6 g， 天花粉 6 g，葛根 9 g，甘草 6 g 3 剂，水煎服	别名改正名 并开药处方应付 配伍禁忌 剂量问题 特殊处理 处方应付
2	党参 9 g，白及 6 g，二术 12 g，白薇 9 g， 甘遂 3 g，硫黄 6 g，元明粉 12 g，粉草 6 g， 薏米 9 g，陈皮 9 g 3 剂，水煎服	别名改正名 并开药处方应付 配伍禁忌 剂量问题 特殊处理 处方应付

2. 调配处方

每人一个工位，用给定的处方，采用无斗抓药的方式，在规定时间内（15 min）完成处方调配及相关内容。包括准备、审方、对戥、调配、特殊处理、捣碎、用药交代等。

附：

调配处方 1

XXX 处方笺

科别	中医	费别	医保	2022 年 3 月 28 日		
姓名	李 X	性别 女	年龄 55	单位 X 公司		
病情及诊断： 脾胃虚弱，湿阻中焦	Rp 茯苓 15 g　　木香 10 g　　白术 10 g　　厚朴 10 g 炙黄芪 10 g　　砂仁 6 g　　陈皮 9 g　　白术 9 g 党参 10 g　　车前子 6 g　　甘草 6 g 5 剂　水煎服					
医师：韩平						
金额：	审核：	调配：	复核：	发药：		

调配处方 2

XXX 处方笺

科别	中医	费别	医保	2022 年 3 月 28 日		
姓名	王 X	性别 男	年龄 49	单位 X 公司		
病情及诊断： 肝肾不足，瘀血阻滞	Rp 丹参 10 g　　红花 6 g　　白芍 10 g　　天麻 6 g 墨旱莲 10 g　　桑葚 12 g　　赤芍 10 g　　枸杞 10 g 三七 10 g　　狗脊 6 g　　五味子 10 g 5 剂　水煎服					
医师韩平						
金额：	审核：	调配：	复核：	发药：		

调配处方 3

<u>XXX</u> 处方笺

科别　　中医	费别　　医保	2022 年 3 月 28 日
姓名　　杨 X	性别　男　年龄　37	单位　X 公司
病情及诊断： 风寒咳嗽	Rp 麻黄 6 g　　细 辛 3 g　　苦杏仁 3 g　　旋复花 6 g 桔梗 10 g　　川贝母 9 g　　薏苡仁 10 g　　化橘红 12 g 生姜 10 g　　枇杷叶 6 g　　炙甘草 10 g 5 剂　水煎服	
医师韩平		
金额：　审核：　调配：　复核：　发药：		

调配处方 4

<u>XXX</u> 处方笺

科别　　中医	费别　　医保	2022 年 3 月 28 日
姓名　　刘 X	性别　女　年龄　45	单位　X 公司
病情及诊断： 肝肾亏虚，风寒痹症	Rp 独 活 9 g　　威灵仙 12 g　　川 乌 3 g　　狗脊 6 g 桑寄生 10 g　　天 麻 12 g　　薏苡仁 10 g　　三七 6 g 千年健 10 g　　党 参 6 g　　红 花 6 g 5 剂　水煎服	
医师韩平		
金额：　审核：　调配：　复核：　发药：		

【评分标准】

教师根据学生实训操作填写中药调剂操作比赛评分表（表 6-10-2）。

表 6-10-2　中药调剂操作比赛评分表

项目	要求与扣分标准	扣分项目	得分
1.审核处方（10分）	赛前单独进行，计算机主动阅卷评分		
2.验戥准备（5分）	着装（束紧袖口）、戴帽（前面不漏头发）、衣帽清洁、双手清洁、指甲合格，得1分，否则扣1分		
	检查戥子是否洁净，审慎、包装纸整齐放置，得1分，否则扣1分		
	持戥（左手持戥，手心向上），查戥，校戥（面向顾客，左手不挨戥），得3分，否则扣3分		
3.分戥称量（5分）	调配时逐剂减戥称量的得5分；一次未减戥称量或大把抓药或总量称定后凭经验估分的扣1分		
4.按序调配、单味分列（10分）	按序调配、单味分列、无混杂、无散落、无遗漏、无错配等现象的得10分；称量排放顺序混乱的扣1分；药物混杂的扣1分；药物撒在台面上未拣回或撒在地上的扣1分；每缺1味药，扣5分；抓错一味药，调配不得分（扣10分）		
5.单包注明（5分）	应先煎、后下等特殊药物按规定单包并注明的得5分；脚注处理错误或未单包的扣5分，单包后未注明或标注错误的扣1分		
6.复核装袋（10分）	处方调配完毕后看方对药，认真核对，确认无误后装袋折口，处方签字、药袋上注明考号的得10分；核对不认真，没有看方对药的扣1分；存在缺味、错配现象没有发现的扣5分；装袋后未折口的扣1分，处方签字（大药袋写患者姓名、性别、年龄）不合要求的扣1分，药袋未标注工位号的扣1分		
7.发药交待（5分）	发药交待的内容（煎煮器具、加水量、浸泡时间、煎药时间、饮食禁忌等）均按要求在药袋上注明的得5分；未注明的扣5分；标注时有漏项的每项扣1分		
8.及时清场（5分）	调配工作完成后及时清场，做到物归原处、清洁戥盘、戥称复原、工作台整洁的得5分。戥盘未清洁扣1分；戥称未复原扣1分；工作台不整洁扣2分		
9.总量误差率（15分）	低于±1.00%的，得15分；±1.01%~2.00%的，扣3分（得12分）；±2.01%~3.00%的，扣6分（得9分）；±3.01%~4.00%的，扣9分（得6分）；±4.01%~5.00%的，扣12分（得3分）；超过±5.00%的不得分		
10.单剂最大误差率（15分）	低于±1.00%的，得15分；±1.01%~2.00%的，扣3分（得12分）；±2.01%~3.00%的，扣6分（得9分）；±3.01%~4.00%的，扣9分（得6分）；±4.01%~5.00%的，扣12分（得3分）；超过±5.00%的不得分		
11.调配时间（15分）	在9分钟内完成的，得15分；在9.01~10分钟内完成的，得14分；在10.01~11分钟内完成的，得13分；在11.01~12分钟内完成的，得12分；在12.01~13分钟内完成的，得11分；在13.01~14分钟内完成的，得10分；在14.01~15分钟内完成的，得5分；超过15分钟，调配不得分		
合计			

附录1 处方管理办法

《处方管理办法》(以下简称《办法》)是为规范处方管理,提高处方质量,促进合理用药,保障医疗安全,根据《执业医师法》、《药品管理法》《医疗机构管理条例》《麻醉药品和精神药品管理条例》等有关法律、法规制定。《办法》分为总则、处方管理的一般规定、处方权的获得、处方的开具、处方的调剂、监督管理、法律责任、附则,共8章63条,于2006年11月27日经中华人民共和国卫生部部务会议讨论通过,2007年2月14日发布,2007年5月1日起施行。

第一章 总 则

第一条 为规范处方管理,提高处方质量,促进合理用药,保障医疗安全,根据《执业医师法》、《药品管理法》、《医疗机构管理条例》、《麻醉药品和精神药品管理条例》等有关法律、法规,制定本办法。

第二条 本办法所称处方,是指由注册的执业医师和执业助理医师(以下简称医师)在诊疗活动中为患者开具的、由取得药学专业技术职务任职资格的药学专业技术人员(以下简称药师)审核、调配、核对,并作为患者用药凭证的医疗文书。处方包括医疗机构病区用药医嘱单。

本办法适用于与处方开具、调剂、保管相关的医疗机构及其人员。

第三条 卫生部负责全国处方开具、调剂、保管相关工作的监督管理。

县级以上地方卫生行政部门负责本行政区域内处方开具、调剂、保管相关工作的监督管理。

第四条 医师开具处方和药师调剂处方应当遵循安全、有效、经济的原则。

处方药应当凭医师处方销售、调剂和使用。

第二章 处方管理的一般规定

第五条 处方标准(附件1)由卫生部统一规定,处方格式由省、自治区、直辖市卫生行政部门(以下简称省级卫生行政部门)统一制定,处方由医疗机构按照规定的标准和格式印制。

第六条 处方书写应当符合下列规则:

(一)患者一般情况、临床诊断填写清晰、完整,并与病历记载相一致。

(二)每张处方限于一名患者的用药。

(三)字迹清楚,不得涂改;如需修改,应当在修改处签名并注明修改日期。

(四)药品名称应当使用规范的中文名称书写,没有中文名称的可以使用规范的英文名称书写;医疗机构或者医师、药师不得自行编制药品缩写名称或者使用代号;书写药品名称、剂量、规格、用法、用量要准确规范,药品用法可用规范的中文、英文、拉丁文或者缩写体书写，但不得使用"遵医嘱"、"自用"等含糊不清字句。

（五）患者年龄应当填写实足年龄，新生儿、婴幼儿写日、月龄，必要时要注明体重。

（六）西药和中成药可以分别开具处方，也可以开具一张处方，中药饮片应当单独开具处方。

（七）开具西药、中成药处方，每一种药品应当另起一行，每张处方不得超过5种药品。

（八）中药饮片处方的书写，一般应当按照"君、臣、佐、使"的顺序排列；调剂、煎煮的特殊要求注明在药品右上方，并加括号，如布包、先煎、后下等；对饮片的产地、炮制有特殊要求的，应当在药品名称之前写明。

（九）药品用法用量应当按照药品说明书规定的常规用法用量使用，特殊情况需要超剂量使用时，应当注明原因并再次签名。

（十）除特殊情况外，应当注明临床诊断。

（十一）开具处方后的空白处划一斜线以示处方完毕。

（十二）处方医师的签名式样和专用签章应当与院内药学部门留样备查的式样相一致，不得任意改动，否则应当重新登记留样备案。

第七条 药品剂量与数量用阿拉伯数字书写。剂量应当使用法定剂量单位：重量以克(g)、毫克（mg）、微克（μg）、纳克（ng）为单位；容量以升（L）、毫升（mL）为单位；国际单位（IU）、单位（U）；中药饮片以克（g）为单位。

片剂、丸剂、胶囊剂、颗粒剂分别以片、丸、粒、袋为单位；溶液剂以支、瓶为单位；软膏及乳膏剂以支、盒为单位；注射剂以支、瓶为单位，应当注明含量；中药饮片以剂为单位。

第三章 处方权的获得

第八条 经注册的执业医师在执业地点取得相应的处方权。

经注册的执业助理医师在医疗机构开具的处方，应当经所在执业地点执业医师签名或加盖专用签章后方有效。

第九条 经注册的执业助理医师在乡、民族乡、镇、村的医疗机构独立从事一般的执业活动，可以在注册的执业地点取得相应的处方权。

第十条 医师应当在注册的医疗机构签名留样或者专用签章备案后，方可开具处方。

第十一条 医疗机构应当按照有关规定，对本机构执业医师和药师进行麻醉药品和精神药品使用知识和规范化管理的培训。执业医师经考核合格后取得麻醉药品和第一类精神药品的处方权，药师经考核合格后取得麻醉药品和第一类精神药品调剂资格。

医师取得麻醉药品和第一类精神药品处方权后，方可在本机构开具麻醉药品和第一类精神药品处方，但不得为自己开具该类药品处方。药师取得麻醉药品和第一类精神药品调剂资格后，方可在本机构调剂麻醉药品和第一类精神药品。

第十二条 试用期人员开具处方，应当经所在医疗机构有处方权的执业医师审核、并签名或加盖专用签章后方有效。

第十三条 进修医师由接收进修的医疗机构对其胜任本专业工作的实际情况进行认定后授予相应的处方权。

第四章 处方的开具

第十四条 医师应当根据医疗、预防、保健需要，按照诊疗规范、药品说明书中的药品适应证、药理作用、用法、用量、禁忌、不良反应和注意事项等开具处方。

开具医疗用毒性药品、放射性药品的处方应当严格遵守有关法律、法规和规章的规定。

第十五条 医疗机构应当根据本机构性质、功能、任务，制定药品处方集。

第十六条 医疗机构应当按照经药品监督管理部门批准并公布的药品通用名称购进药品。同一通用名称药品的品种，注射剂型和口服剂型各不得超过2种，处方组成类同的复方制剂1~2种。因特殊诊疗需要使用其他剂型和剂量规格药品的情况除外。

第十七条 医师开具处方应当使用经药品监督管理部门批准并公布的药品通用名称、新活性化合物的专利药品名称和复方制剂药品名称。

医师开具院内制剂处方时应当使用经省级卫生行政部门审核、药品监督管理部门批准的名称。

医师可以使用由卫生部公布的药品习惯名称开具处方。

第十八条 处方开具当日有效。特殊情况下需延长有效期的，由开具处方的医师注明有效期限，但有效期最长不得超过3天。

第十九条 处方一般不得超过7日用量；急诊处方一般不得超过3日用量；对于某些慢性病、老年病或特殊情况，处方用量可适当延长，但医师应当注明理由。

医疗用毒性药品、放射性药品的处方用量应当严格按照国家有关规定执行。

第二十条 医师应当按照卫生部制定的麻醉药品和精神药品临床应用指导原则，开具麻醉药品、第一类精神药品处方。

第二十一条 门（急）诊癌症疼痛患者和中、重度慢性疼痛患者需长期使用麻醉药品和第一类精神药品的，首诊医师应当亲自诊查患者，建立相应的病历，要求其签署《知情同意书》。

病历中应当留存下列材料复印件：

（一）二级以上医院开具的诊断证明；

（二）患者户籍簿、身份证或者其他相关有效身份证明文件；

（三）为患者代办人员身份证明文件。

第二十二条 除需长期使用麻醉药品和第一类精神药品的门（急）诊癌症疼痛患者和中、重度慢性疼痛患者外，麻醉药品注射剂仅限于医疗机构内使用。

第二十三条 为门（急）诊患者开具的麻醉药品注射剂，每张处方为一次常用量；控缓释制剂，每张处方不得超过7日常用量；其他剂型，每张处方不得超过3日常用量。

第一类精神药品注射剂，每张处方为一次常用量；控缓释制剂，每张处方不得超过7日常用量；其他剂型，每张处方不得超过3日常用量。哌醋甲酯用于治疗儿童多动症时，每张处方不得超过15日常用量。

第二类精神药品一般每张处方不得超过7日常用量；对于慢性病或某些特殊情况的患者，处方用量可以适当延长，医师应当注明理由。

第二十四条 为门（急）诊癌症疼痛患者和中、重度慢性疼痛患者开具的麻醉药品、第一类精神药品注射剂，每张处方不得超过3日常用量；控缓释制剂，每张处方不得超过15

日常用量；其他剂型，每张处方不得超过7日常用量。

第二十五条　为住院患者开具的麻醉药品和第一类精神药品处方应当逐日开具，每张处方为1日常用量。

第二十六条　对于需要特别加强管制的麻醉药品，盐酸二氢埃托啡处方为一次常用量，仅限于二级以上医院内使用；盐酸哌替啶处方为一次常用量，仅限于医疗机构内使用。

第二十七条　医疗机构应当要求长期使用麻醉药品和第一类精神药品的门（急）诊癌症患者和中、重度慢性疼痛患者，每3个月复诊或者随诊一次。

第二十八条　医师利用计算机开具、传递普通处方时，应当同时打印出纸质处方，其格式与手写处方一致；打印的纸质处方经签名或者加盖签章后有效。药师核发药品时，应当核对打印的纸质处方，无误后发给药品，并将打印的纸质处方与计算机传递处方同时收存备查。

第五章　处方的调剂

第二十九条　取得药学专业技术职务任职资格的人员方可从事处方调剂工作。

第三十条　药师在执业的医疗机构取得处方调剂资格。药师签名或者专用签章式样应当在本机构留样备查。

第三十一条　具有药师以上专业技术职务任职资格的人员负责处方审核、评估、核对、发药以及安全用药指导；药士从事处方调配工作。

第三十二条　药师应当凭医师处方调剂处方药品，非经医师处方不得调剂。

第三十三条　药师应当按照操作规程调剂处方药品：认真审核处方，准确调配药品，正确书写药袋或粘贴标签，注明患者姓名和药品名称、用法、用量、包装；向患者交付药品时，按照药品说明书或者处方用法，进行用药交待与指导，包括每种药品的用法、用量、注意事项等。

第三十四条　药师应当认真逐项检查处方前记、正文和后记书写是否清晰、完整，并确认处方的合法性。

第三十五条　药师应当对处方用药适宜性进行审核，审核内容包括：

（一）规定必须做皮试的药品，处方医师是否注明过敏试验及结果的判定；

（二）处方用药与临床诊断的相符性；

（三）剂量、用法的正确性；

（四）选用剂型与给药途径的合理性；

（五）是否有重复给药现象；

（六）是否有潜在临床意义的药物相互作用和配伍禁忌；

（七）其他用药不适宜情况。

第三十六条　药师经处方审核后，认为存在用药不适宜时，应当告知处方医师，请其确认或者重新开具处方。

药师发现严重不合理用药或者用药错误，应当拒绝调剂，及时告知处方医师，并应当记录，按照有关规定报告。

第三十七条　药师调剂处方时必须做到"四查十对"：查处方，对科别、姓名、年龄；查药品，对药名、剂型、规格、数量；查配伍禁忌，对药品性状、用法用量；查用药合理性，对临床诊断。

第三十八条 药师在完成处方调剂后，应当在处方上签名或者加盖专用签章。

第三十九条 药师应当对麻醉药品和第一类精神药品处方，按年月日逐日编制顺序号。

第四十条 药师对于不规范处方或者不能判定其合法性的处方，不得调剂。

第四十一条 医疗机构应当将本机构基本用药供应目录内同类药品相关信息告知患者。

第四十二条 除麻醉药品、精神药品、医疗用毒性药品和儿科处方外，医疗机构不得限制门诊就诊人员持处方到药品零售企业购药。

第六章 监督管理

第四十三条 医疗机构应当加强对本机构处方开具、调剂和保管的管理。

第四十四条 医疗机构应当建立处方点评制度，填写处方评价表（附件2），对处方实施动态监测及超常预警，登记并通报不合理处方，对不合理用药及时予以干预。

第四十五条 医疗机构应当对出现超常处方3次以上且无正当理由的医师提出警告，限制其处方权；限制处方权后，仍连续2次以上出现超常处方且无正当理由的，取消其处方权。

第四十六条 医师出现下列情形之一的，处方权由其所在医疗机构予以取消：

（一）被责令暂停执业；

（二）考核不合格离岗培训期间；

（三）被注销、吊销执业证书；

（四）不按照规定开具处方，造成严重后果的；

（五）不按照规定使用药品，造成严重后果的；

（六）因开具处方牟取私利。

第四十七条 未取得处方权的人员及被取消处方权的医师不得开具处方。未取得麻醉药品和第一类精神药品处方资格的医师不得开具麻醉药品和第一类精神药品处方。

第四十八条 除治疗需要外，医师不得开具麻醉药品、精神药品、医疗用毒性药品和放射性药品处方。

第四十九条 未取得药学专业技术职务任职资格的人员不得从事处方调剂工作。

第五十条 处方由调剂处方药品的医疗机构妥善保存。普通处方、急诊处方、儿科处方保存期限为1年，医疗用毒性药品、第二类精神药品处方保存期限为2年，麻醉药品和第一类精神药品处方保存期限为3年。

处方保存期满后，经医疗机构主要负责人批准、登记备案，方可销毁。

第五十一条 医疗机构应当根据麻醉药品和精神药品处方开具情况，按照麻醉药品和精神药品品种、规格对其消耗量进行专册登记，登记内容包括发药日期、患者姓名、用药数量。专册保存期限为3年。

第五十二条 县级以上地方卫生行政部门应当定期对本行政区域内医疗机构处方管理情况进行监督检查。

县级以上卫生行政部门在对医疗机构实施监督管理过程中，发现医师出现本办法第四十六条规定情形的，应当责令医疗机构取消医师处方权。

第五十三条 卫生行政部门的工作人员依法对医疗机构处方管理情况进行监督检查时，

应当出示证件；被检查的医疗机构应当予以配合，如实反映情况，提供必要的资料，不得拒绝、阻碍、隐瞒。

第七章　法律责任

第五十四条　医疗机构有下列情形之一的，由县级以上卫生行政部门按照《医疗机构管理条例》第四十八条的规定，责令限期改正，并可处以5000元以下的罚款；情节严重的，吊销其《医疗机构执业许可证》：

（一）使用未取得处方权的人员、被取消处方权的医师开具处方的；

（二）使用未取得麻醉药品和第一类精神药品处方资格的医师开具麻醉药品和第一类精神药品处方的；

（三）使用未取得药学专业技术职务任职资格的人员从事处方调剂工作的。

第五十五条　医疗机构未按照规定保管麻醉药品和精神药品处方，或者未依照规定进行专册登记的，按照《麻醉药品和精神药品管理条例》第七十二条的规定，由设区的市级卫生行政部门责令限期改正，给予警告；逾期不改正的，处5000元以上1万元以下的罚款；情节严重的，吊销其印鉴卡；对直接负责的主管人员和其他直接责任人员，依法给予降级、撤职、开除的处分。

第五十六条　医师和药师出现下列情形之一的，由县级以上卫生行政部门按照《麻醉药品和精神药品管理条例》第七十三条的规定予以处罚：

（一）未取得麻醉药品和第一类精神药品处方资格的医师擅自开具麻醉药品和第一类精神药品处方的；

（二）具有麻醉药品和第一类精神药品处方医师未按照规定开具麻醉药品和第一类精神药品处方，或者未按照卫生部制定的麻醉药品和精神药品临床应用指导原则使用麻醉药品和第一类精神药品的；

（三）药师未按照规定调剂麻醉药品、精神药品处方的。

第五十七条　医师出现下列情形之一的，按照《执业医师法》第三十七条的规定，由县级以上卫生行政部门给予警告或者责令暂停六个月以上一年以下执业活动；情节严重的，吊销其执业证书：

（一）未取得处方权或者被取消处方权后开具药品处方的；

（二）未按照本办法规定开具药品处方的；

（三）违反本办法其他规定的。

第五十八条　药师未按照规定调剂处方药品，情节严重的，由县级以上卫生行政部门责令改正、通报批评，给予警告；并由所在医疗机构或者其上级单位给予纪律处分。

第五十九条　县级以上地方卫生行政部门未按照本办法规定履行监管职责的，由上级卫生行政部门责令改正。

第八章　附　则

第六十条　乡村医生按照《乡村医生从业管理条例》的规定，在省级卫生行政部门制定的乡村医生基本用药目录范围内开具药品处方。

第六十一条 本办法所称药学专业技术人员,是指按照卫生部《卫生技术人员职务试行条例》规定,取得药学专业技术职务任职资格人员,包括主任药师、副主任药师、主管药师、药师、药士。

第六十二条 本办法所称医疗机构,是指按照《医疗机构管理条例》批准登记的从事疾病诊断、治疗活动的医院、社区卫生服务中心(站)、妇幼保健院、卫生院、疗养院、门诊部、诊所、卫生室(所)、急救中心(站)、专科疾病防治院(所、站)以及护理院(站)等医疗机构。

第六十三条 本办法自2007年5月1日起施行。《处方管理办法(试行)》(卫医发[2004]269号)和《麻醉药品、精神药品处方管理规定》(卫医法[2005]436号)同时废止。

附录2 处方标准

1. 处方内容

(1)前记:包括医疗机构名称、费别、患者姓名、性别、年龄、门诊或住院病历号,科别或病区和床位号、临床诊断、开具日期等。可添列特殊要求的项目。

麻醉药品和第一类精神药品处方还应当包括患者身份证明编号,代办人姓名、身份证明编号。

(2)正文:以 Rp 或 R(拉丁文 Recipe "请取"的缩写)标示,分列药品名称、剂型、规格、数量、用法用量。

(3)后记:医师签名或者加盖专用签章,药品金额以及审核、调配,核对、发药药师签名或者加盖专用签章。

2. 处方颜色

(1)普通处方的印刷用纸为白色。

(2)急诊处方印刷用纸为淡黄色,右上角标注"急诊"。

(3)儿科处方印刷用纸为淡绿色,右上角标注"儿科"。

(4)麻醉药品和第一类精神药品处方印刷用纸为淡红色,右上角标注"麻、精一"。

(5)第二类精神药品处方印刷用纸为白色,右上角标注"精二"。

附录3 处方评价表

医疗机构名称：

填表人：　　　　　　　　　　　　　　　　　　填表日期：

处方评价表1

序号	处方日期（年月日）	年龄（岁）	药品品种	抗菌药（0/1）	注射剂（0/1）	基本药物品种数	药品通用名数	处方金额	诊断
1									
2									
3									
4									
5									
6									
7									
8									
9									
10									
11									
12									
13									
14									
15									
16									
17									
18									
19									
20									
21									
22									
23									
24									
25									
26									
27									
28									
29									
30									
总计			$A=$	$C=$	$E=$	$G=$	$I=$	$K=$	
平均			$B=$					$L=$	
%				$D=$	$F=$	$H=$	$J=$		

注：有=1，无=0；结果保留小数点后一位。

A：用药品种总数；B：平均每张处方用药品种数=$A/30$；

C：使用抗菌药的处方数；D：抗菌药使用百分率=$C/30$；

E：使用注射剂的处方数；F：注射剂使用百分率=$E/30$；

G：处方中基本药物品种总数；H：基本药物占处方用药的百分率=G/A；

I：处方中使用药品通用名总数；J：药品通用名占处方用药的百分率=I/A；

K：处方总金额；L：平均每张处方金额=$K/30$。

处方评价表 2

序号	就诊时间（分钟）	发药交待时间（秒）	处方用药品种数	实发处方药品数	标签标示完整的药品数	患者是否了解全部处方药用法（0/1）
1						
2						
3						
4						
5						
6						
7						
8						
9						
10						
11						
12						
13						
14						
15						
16						
17						
18						
19						
20						
21						
22						
23						
24						
25						
26						
27						
28						
29						
30						
总计			C=	D=	F=	H=
平均	A=	B=				
%				E=	G=	I=

注：是=1，否=0。

A：患者平均就诊时间　　B：患者取药时药师平均发药交待时间

C：处方用药品种总数　　D：按处方实际调配药品数

E：按处方实际调配药品的百分率=D/C　　F：标签标示完整的药品数

G：药品标示完整的百分率=F/D

H：能正确回答全部处方药用法的例数　　I：患者了解正确用法的百分率=$H/30$

处方评价表 3

综合评价指标	本机构数	本地区平均数
每次就诊平均用药品种数		
就诊使用抗菌药的百分率	%	%
就诊使用注射剂的百分率	%	%
基本药物占处方用药的百分率	%	%
通用名药品占处方用药的百分率	%	%
平均处方金额	%	%
平均就诊时间	分钟	分钟
平均发药交待时间	秒	秒
按处方实际调配药品的百分率	%	%
药品标示完整的百分率	%	%
患者了解正确用法的百分率	%	%
有无本机构处方集和基本药物目录	有/无	

意见：

签名：

处方评价及填表说明：

（1）处方评价表是对医疗机构合理用药、处方管理、费用控制等情况实施的综合评价，可以由医疗机构对本机构药事管理整体情况实施评价，也可以对一名或者多名医师处方情况实施评价。卫生行政部门在对医疗机构实施监督管理过程中，也可以使用处方评价表对医疗机构药事管理情况实施评价。

（2）对本地区医疗机构实施群体评价时，可以在各医疗机构某一时段所有处方中随机抽取 30 例（张）处方进行分析评价；对某个医疗机构或者科室、医师的处方实施评价、比较时，应当随机抽取 100 例（张）处方进行分析评价。各医疗机构和各地卫生行政部门可以根据本机构和本地区实际情况，在处方评价表的基础上适当进行调整。

（3）表 1 中"药品品种"、"抗菌药（0/1）"、"注射剂（0/1）"、"基本药物品种数""药品通用名数"、"处方金额"均为每张处方的数据，其中，"基本药物品种数"为国家或者本省基本药物目录中的药物品种。

（4）填写表2时，可以从门诊取药患者中随机选取30位，由调查人员现场填写。

（5）表3中"本地区平均数"是指本地市或者本省医疗机构各项指标的平均值，计算方法为：随机抽取本地区10—20家医院，处方总量不少于600例（张）的平均值，即抽取10家医院时，每家医院随机抽取不少于60例（张）处方，抽取20家医院时，每家医院随机抽取不少于30例（张）处方。"意见"栏由医疗机构药事管理委员会或者卫生行政部门组织的药学专家，根据各项评价指标对医疗机构药事管理或者医师处方情况提出意见、建议，某项指标严重超常时，应当提出预警信息。

附录4　中药处方格式及书写规范

第一条　为规范中药处方管理，提高中药处方质量，根据《中华人民共和国药品管理法》、《麻醉药品和精神药品管理条例》、《处方管理办法》等国家有关法律法规，制定本规范。

第二条　本规范适用于与中药处方开具相关的中医医疗机构及其人员。

第三条　中药处方包括中药饮片处方、中成药（含医疗机构中药制剂，下同）处方，饮片与中成药应当分别单独开具处方。

第四条　国家中医药管理局负责全国中药处方书写相关工作的监督管理。

第五条　县级以上地方中医药管理部门负责本行政区域内中药处方书写相关工作的监督管理。

第六条　医疗机构药事管理委员会负责本医疗机构内中药处方书写的有关管理工作。

第七条　医师开具中药处方时，应当以中医药理论为指导，体现辨证论治和配伍原则，并遵循安全、有效、经济的原则。

第八条　中药处方应当包含以下内容：

（一）一般项目，包括医疗机构名称、费别、患者姓名、性别、年龄、门诊或住院病历号、科别或病区和床位号等。可添列特殊要求的项目。

（二）中医诊断，包括病名和证型（病名不明确的可不写病名），应填写清晰、完整，并与病历记载相一致。

（三）药品名称、数量、用量、用法，中成药还应当标明剂型、规格。

（四）医师签名和/或加盖专用签章、处方日期。

（五）药品金额，审核、调配、核对、发药药师签名和/或加盖专用签章。

第九条　中药饮片处方的书写，应当遵循以下要求：

（一）应当体现"君、臣、佐、使"的特点要求。

（二）名称应当按《中华人民共和国药典》规定准确使用，《中华人民共和国药典》没有规定的，应当按照本省（区、市）或本单位中药饮片处方用名与调剂给付的规定书写。

（三）剂量使用法定剂量单位，用阿拉伯数字书写，原则上应当以克（g）为单位，"g"（单位名称）紧随数值后。

（四）调剂、煎煮的特殊要求注明在药品右上方，并加括号，如打碎、先煎、后下等。

（五）对饮片的产地、炮制有特殊要求的，应当在药品名称之前写明。

（六）根据整张处方中药味多少选择每行排列的药味数，并原则上要求横排及上下排列整齐。

（七）中药饮片用法用量应当符合《中华人民共和国药典》规定，无配伍禁忌，有配伍禁忌和超剂量使用时，应当在药品上方再次签名。

（八）中药饮片剂数应当以"剂"为单位。

（九）处方用法用量紧随剂数之后，包括每日剂量、采用剂型（水煎煮、酒泡、打粉、制丸、装胶囊等）、每剂分几次服用、用药方法（内服、外用等）、服用要求（温服、凉服、顿服、慢服、饭前服、饭后服、空腹服等）等内容，例如："每日1剂，水煎400mL，分早晚两次空腹温服"。

（十）按毒麻药品管理的中药饮片的使用应当严格遵守有关法律、法规和规章的规定。

第十条 中成药处方的书写，应当遵循以下要求：

（一）按照中医诊断（包括病名和证型）结果，辨证或辨证辨病结合选用适宜的中成药。

（二）中成药名称应当使用经药品监督管理部门批准并公布的药品通用名称，院内中药制剂名称应当使用经省级药品监督管理部门批准的名称。

（三）用法用量应当按照药品说明书规定的常规用法用量使用，特殊情况需要超剂量使用时，应当注明原因并再次签名。

（四）片剂、丸剂、胶囊剂、颗粒剂分别以片、丸、粒、袋为单位，软膏及乳膏剂以支、盒为单位，溶液制剂、注射剂以支、瓶为单位，应当注明剂量。

（五）每张处方不得超过5种药品，每一种药品应当分行顶格书写，药性峻烈的或含毒性成分的药物应当避免重复使用，功能相同或基本相同的中成药不宜叠加使用。

（六）中药注射剂应单独开具处方。

第十一条 民族药处方格式及书写要求参照本规范执行。

第十二条 本规范由国家中医药管理局负责解释。

附录5 医疗机构中药煎药室管理规范

第一章 总 则

第一条 为加强医疗机构中药煎药室规范化、制度化建设，保证中药煎药质量，根据有关法律、行政法规的规定，制定本规范。

第二条 本规范适用于开展中药煎药服务的各级各类医疗机构。

第二章 设施与设备要求

第三条 中药煎药室（以下称煎药室）应当远离各种污染源，周围的地面、路面、植被等应当避免对煎药造成污染。

第四条 煎药室的房屋和面积应当根据本医疗机构的规模和煎药量合理配置。工作区和生活区应当分开，工作区内应当设有储藏（药）、准备、煎煮、清洗等功能区域。

第五条 煎药室应当宽敞、明亮，地面、墙面、屋顶应当平整、洁净、无污染、易清洁，应当有有效的通风、除尘、防积水以及消防等设施，各种管道、灯具、风口以及其他设施应当避免出现不易清洁的部位。

第六条 煎药室应当配备完善的煎药设备设施，并根据实际需要配备储药设施、冷藏设施以及量杯（筒）、过滤装置、计时器、贮药容器、药瓶架等。

第七条 煎药工作台面应当平整、洁净。

煎药容器应当以陶瓷、不锈钢、铜等材料制作的器皿为宜，禁用铁制等易腐蚀器皿。

储药容器应当做到防尘、防霉、防虫、防鼠、防污染。用前应当严格消毒，用后应当及时清洗。

第三章 人员要求

第八条 煎药室应当由具备一定理论水平和实际操作经验的中药师具体负责煎药室的业务指导、质量监督及组织管理工作。

第九条 煎药人员应当经过中药煎药相关知识和技能培训并考核合格后方可从事中药煎药工作。煎药工作人员需有计划地接受相关专业知识和操作技能的岗位培训。

第十条 煎药人员应当每年至少体检一次。传染病、皮肤病等患者和乙肝病毒携带者、体表有伤口未愈合者不得从事煎药工作。

第十一条 煎药人员应当注意个人卫生。煎药前要进行手的清洁，工作时应当穿戴专用的工作服并保持工作服清洁。

第四章 煎药操作方法

第十二条 煎药应当使用符合国家卫生标准的饮用水。待煎药物应当先行浸泡，浸泡时间一般不少于30分钟。

煎煮开始时的用水量一般以浸过药面2-5厘米为宜，花、草类药物或煎煮时间较长的应当酌量加水。

第十三条 每剂药一般煎煮两次，将两煎药汁混合后再分装。

煎煮时间应当根据方剂的功能主治和药物的功效确定。一般药物煮沸后再煎煮20~30分钟；解表类、清热类、芳香类药物不宜久煎，煮沸后再煎煮15-20分钟；滋补药物先用武火煮沸后，改用文火慢煎约40~60分钟。药剂第二煎的煎煮时间应当比第一煎的时间略缩短。

煎药过程中要搅拌药料2~3次。搅拌药料的用具应当以陶瓷、不锈钢、铜等材料制作的棍棒为宜，搅拌完一药料后应当清洗再搅拌下一药料。

第十四条 煎药量应当根据儿童和成人分别确定。儿童每剂一般煎至100~300毫升，成人每剂一般煎至400~600毫升，一般每剂按两份等量分装，或遵医嘱。

第十五条 凡注明有先煎、后下、另煎、烊化、包煎、煎汤代水等特殊要求的中药饮片，应当按照要求或医嘱操作。

（一）先煎药应当煮沸 10-15 分钟后，再投入其他药料同煎（已先行浸泡）。

（二）后下药应当在第一煎药料即将煎至预定量时，投入同煎 5-10 分钟。

（三）另煎药应当切成小薄片，煎煮约 2 小时，取汁；另炖药应当切成薄片，放入有盖容器内加入冷水（一般为药量的 10 倍左右）隔水炖 2~3 小时，取汁。此类药物的原处方如系复方，则所煎（炖）得的药汁还应当与方中其他药料所煎得的药汁混匀后，再行分装。某些特殊药物可根据药性特点具体确定煎（炖）药时间（用水适量）。

（四）溶化药（烊化）应当在其他药煎至预定量并去渣后，将其置于药液中，微火煎药，同时不断搅拌，待需溶化的药溶解即可。

（五）包煎药应当装入包煎袋闭合后，再与其他药物同煎。包煎袋材质应符合药用要求（对人体无害）并有滤过功能。

（六）煎汤代水药应当将该类药物先煎 15~25 分钟后，去渣、过滤、取汁，再与方中其他药料同煎。

（七）对于久煎、冲服、泡服等有其他特殊煎煮要求的药物，应当按相应的规范操作。

先煎药、后下药、另煎或另炖药、包煎药、煎汤代水药在煎煮前均应当先行浸泡，浸泡时间一般不少于 30 分钟。

第十六条　药料应当充分煎透，做到无糊状块、无白心、无硬心。煎药时应当防止药液溢出、煎干或煮焦。煎干或煮焦者禁止药用。

第十七条　内服药与外用药应当使用不同的标识区分。

第十八条　煎煮好的药液应当装入经过清洗和消毒并符合盛放食品要求的容器内，严防污染。

第十九条　使用煎药机煎煮中药，煎药机的煎药功能应当符合本规范的相关要求。应当在常压状态煎煮药物，煎药温度一般不超过 100℃。煎出的药液量应当与方剂的剂量相符，分装剂量应当均匀。

第二十条　包装药液的材料应当符合药品包装材料国家标准。

第五章　煎药室的管理

第二十一条　煎药室应当由药剂部门统一管理。药剂部门应有专人负责煎药室的组织协调和管理工作。

第二十二条　药剂部门应当根据本单位的实际情况制定相应的煎药室工作制度和相关设备的标准化操作程序（SOP），工作制度、操作程序应当装订成册并张挂在煎药室的适宜位置，严格执行。

第二十三条　煎药人员在领药、煎药、装药、送药、发药时应当认真核对处方（或煎药凭证）有关内容，建立收发记录，内容真实、记录完整。

每方（剂）煎药应当有一份反映煎药各个环节的操作记录。记录应保持整洁，内容真实、数据完整。

第二十四条　急煎药物应在 2 h 内完成，要建立中药急煎制度并规范急煎记录。

第二十五条　煎药设备设施、容器使用前应确保清洁，要有清洁规程和每日清洁记录。用于清扫、清洗和消毒的设备、用具应放置在专用场所妥善保管。

煎药室应当定期消毒。洗涤剂、消毒剂品种应定期更换，符合《食品工具、设备用洗涤卫生标准》（GB14930.1）和《食品工具、设备用洗涤消毒剂卫生标准》（GB14930.2）等有关卫生标准和要求，不得对设备和药物产生腐蚀和污染。

第二十六条 传染病病人的盛药器具原则上应当使用一次性用品，用后按照医疗废物进行管理和处置。不具备上述条件的，对重复使用的盛药器具应当加强管理，固定专人使用，且严格消毒，防止交叉污染。

第二十七条 加强煎药的质量控制、监测工作。药剂科负责人应当定期（每季度至少一次）对煎药工作质量进行评估、检查，征求医护人员和住院病人意见，并建立质量控制、监测档案。

第六章 附 则

第二十八条 本规范自发布之日起施行，国家中医药管理局于1997年印发的《中药煎药室管理规范》同时废止。

第二十九条 本规范由国家中医药管理局负责解释。

练习题答案

模块二　项目一

1. 单项选择题　（1）C　（2）B　（3）A　（3）C　（4）A　（5）B
2. 多项选择题　（1）ABCDE　（2）ACD　（3）ABC

模块二　项目二　任务一

1. 单项选择题　（1）A　（2）C　（3）B　（4）C　（5）D　（6）D　（7）B　（8）B　（9）A
2. 多项选择题　（1）ABCD　（2）ABD　（3）ABD　（4）ABCD　（5）BC　（6）AD　（7）ABC

模块二　项目二　任务二

1. 单选　（1）B　（2）D　（3）B　（3）C
2. 多选　ABDE

模块二　项目三

1. 单项选择题　（1）C　（2）C
2. 多选选择题　（1）CD　（2）ABCD

模块二　项目四

（1）A　（2）B　（3）A　（4）A　（5）E　（6）C　（7）E　（8）E　（9）A　（10）D

模块二　项目五

1. 单项选择题　（1）B　（2）D　（3）A　（4）D
2. 多项选择题　（1）ABCD　（2）BCD

模块二　项目六

1. 单项选择题　（1）E　（2）D　（3）B　（4）B　（5）E
2. 多项选择题　（1）ABCDE　（2）ABD　（3）ABCD　（4）ACDE　（5）ABD

模块二　项目七

1. 单项选择题　（1）A　　（2）E　　（3）B　　（4）D
2. 多项选择题　（1）ABE　　（2）ABCDE　　（3）ABCDE

模块二　项目九

1. 单项选择题　（1）A　　（2）A　　（3）A　　（4）C
2. 多项选择题　（1）ACD　　（2）ABC　　（3）BCD

模块二　项目十

1. 单项选择题　（1）E　　（2）A　　（3）A
2. 多项选择题　（1）AB　　（2）AB

模块三

1. 单项选择题　（1）C　　（2）B　　（3）C　　（4）A　　（5）A
2. 多项选择题　（1）ABCD　　（2）ABCDE

模块四

1. 单项选择题　（1）B　　（2）C　　（3）B
2. 多项选择题　（1）ABCD　　（2）ABCD　　（3）ABCD

模块五　项目一

1. 单项选择题　（1）D　　（2）B　　（3）C　　（4）D
2. 多项选择题　（1）ABCD　　（2）ABC　　（3）ABDE　　（4）BDE

模块五　项目二

1. 单项选择题　（1）C　　（2）A　　（3）B　　（4）C　　（5）B
　　　　　　　（6）D　　（7）C　　（8）A
2. 多项选择题　（1）ABCD　　（2）ABD　　（3）BCD　　（4）ABC　　（5）AD

模块五　项目三

1. 单项选择题　（1）C　　（2）B　　（3）A　　（4）D　　（5）C
2. 多项选择题　ABCD

参考文献

[1] 国家药典委员会. 中华人民共和国药典[M]. 北京：中国医药科技出版社，2020.
[2] 赵宝林，易东阳. 中药调剂技术[M]. 北京：中国中医药出版社，2018.
[3] 赵宝林，陆鸿奎. 实用方剂与中成药[M]. 北京：中国医药科技出版社，2017.
[4] 黄欣碧，傅红. 中药调剂技术[M]. 北京：中国医药科技出版社，2017.
[5] 蒋爱品. 中药调剂技术[M]. 北京：中国中医药出版社，2016.